LA BÊTE NOIRE

Collection dirigée par Glenn Tavennec

L'AUTEUR

Gin Phillips est l'auteure de cinq romans et lauréate du Barnes & Noble Discover Prize en 2009. Depuis, ses œuvres ont été vendues dans près de trente pays. Née à Montgomery, en Alabama, Gin Phillips est diplômée de journalisme politique à l'Université de Birmingham. Elle a écrit des articles pour des magazines pendant plus d'une dizaine d'années, navigant entre l'Irlande, New York et Washington, avant de revenir vivre dans sa terre natale, en Alabama. Aujourd'hui, elle habite à Birmingham, avec son mari, ses enfants et leur chien.

Le Zoo est son premier thriller, bientôt adapté au cinéma par Warner Bros.

GIN PHILLIPS

LE ZOO

Traduit de l'anglais (États-Unis) par Dominique Haas

LA BÊTE NOIRE
Robert Laffont

Ce livre est une œuvre de fiction. Les personnages, les faits et les lieux cités sont des inventions de l'auteur et visent à conférer de l'authenticité au récit.

Toute ressemblance avec des situations, des lieux et des personnes existant ou ayant existé ne peut être que fortuite.

Titre original : FIERCE KINGDOM

ISSN : 2431-6385
ISBN : 978-2-221-20216-6
(édition originale : ISBN 978-0-7352-2427-8, Viking, New York, 2017)

Dépôt légal : septembre 2017

Pour Eli,
qui a des mondes entiers en lui

« Je veux seulement savoir si un son peut créer un petit garçon. Ou si une femme devient mère quand elle croit entendre un bébé l'appeler en pleurant. »

Elizabeth Hughey,
« Questions for Emily »

16 h 55

JOAN EST RESTÉE LONGTEMPS EN APPUI sur la pointe de ses pieds nus, les genoux pliés, la jupe frôlant la terre, mais là, elle a trop mal aux cuisses, alors elle s'assied sur le sable.

Elle sent que quelque chose la pique. Elle passe la main sous sa fesse et récupère une petite lance de plastique – pas plus longue que son doigt –, ce qui n'a rien d'étonnant : elle trouve sans arrêt de minuscules armes de ce genre dans les endroits les plus inattendus.

— Tu as perdu une lance ? demande-t-elle. À moins que ce ne soit un sceptre ?

Sans répondre, Lincoln prend le petit objet de plastique qu'elle lui présente dans le creux de sa paume. Il n'attendait apparemment que l'occasion de s'asseoir sur ses genoux parce qu'il se retourne et s'installe confortablement sur le siège naturel offert par sa mère. Il n'y a pas un grain de sable accroché à ses vêtements. Il est du genre soigneux ; il n'a jamais aimé la peinture avec les doigts.

— Tu veux un nez, maman ? propose-t-il.

— J'en ai déjà un, répond-elle.

— Tu en veux un en plus ?

— Ça ne se refuse pas !

Il repousse ses cheveux bruns et bouclés de son front ; ils mériteraient un bon coup de ciseaux. La mère et le fils sont à l'abri d'un toit de bois soutenu par des poteaux ronds, mais tout autour d'eux le vent qui souffle dans les arbres provoque une pluie de feuilles et fait jouer les branches, composant une marqueterie d'ombre et de lumière sur le gravier gris.

— Où est-ce que tu trouves ces nez en plus ? demande-t-elle.

— Au magasin de nez.

Elle rit, s'appuie des deux mains sur le sol meuble, collant. D'une pichenette, elle déloge quelques grains humides sous ses ongles. L'Aire de fouille des dinosaures est toujours un endroit humide et frais où le soleil n'arrive jamais. Pourtant, malgré le sable et les feuilles sur sa jupe, c'est peut-être son coin préféré du zoo – à l'écart des allées principales, après le manège, la Ménagerie pour les petits et les volières des coqs, au-delà de la parcelle boisée envahie par les herbes folles simplement signalée par la pancarte ZONE FORESTIÈRE. Des sentiers étroits couverts de gravier serpentent entre les arbres, les rochers et les habitats de quelques animaux isolés : un vautour dans une cabane où traîne, allez savoir pourquoi, une camionnette rouillée ; une chouette qui louche sur un jouet à mâcher suspendu ; des dindes sauvages perpétuellement couchées, immobiles, au point que Joan se demande si elles ont vraiment des pattes. Elle imagine une facétie de chasseur cruel, qui arborerait en trophée un collier composé de pattes de dinde.

Elle aime l'étrangeté, le côté désordonné de ces bois qui font régulièrement l'objet de tentatives hasardeuses pour leur donner un air de parc d'attractions. En ce moment, une tyrolienne est tendue entre les arbres, mais elle ne voit jamais personne l'utiliser. Elle se rappelle avoir découvert, il y a quelques années, des animatroniques en forme de dinosaures, et une autre fois un parcours hanté où surgissaient des fantômes. On détecte encore des traces d'aménagements plus anciens : de gros blocs de pierre – réels ou pas –, des palissades de rondins fendus et une cabane de trappeur. Rien de tout cela n'a de finalité évidente. Des bassins de ciment vides ont peut-être servi d'abreuvoirs à de gros mammifères. On remarque des traces éparses de parcours nature, une signalisation aléatoire qui donne l'impression d'une promenade plus improvisée que guidée – un arbre porte la plaque SASSAFRAS tandis que la vingtaine d'autres qui l'entourent sont anonymes.

— Il faut que je te dise, commence Lincoln en posant la main sur son genou. Tu sais ce qui aurait été bien utile à Odin ?

Il se trouve que depuis quelque temps, elle en connaît un rayon sur les dieux nordiques.

— Un marchand d'yeux ? répond-elle.

— Oui, c'est ça ! Parce qu'alors il aurait pu enlever son cache-œil.

— Sauf s'il l'aime, son cache-œil.

— Sauf dans ce cas, oui, convient Lincoln.

Le sable autour d'eux est jonché de petits héros et de méchants en plastique : Thor, Loki, Captain America, Green Lantern et Iron Man. Tout tourne autour des super-héros, ces derniers temps. Des squelettes factices sont enfouis un peu partout dans le bac – derrière eux, les vertèbres d'un animal disparu dépassent du sable –, et on peut les dégager à l'aide de pinceaux usés placés à cet effet dans un seau. Elle venait ici déterrer des os de dinosaure avec Lincoln, dans son ancienne vie de petit garçon de trois ans. Mais aujourd'hui, il a quatre ans et deux mois, et son ancien moi d'archéologue a déjà laissé place à plusieurs autres vocations successives.

L'Aire de fouille des dinosaures est à présent l'Île du Silence, la prison où Loki, le frère espiègle et manipulateur de Thor, a été enfermé, et – quand il n'est pas question de nez en plus – l'air retentit des échos d'une bataille épique, tandis que Thor essaie de faire avouer à Loki qu'il a créé un démon de feu.

Lincoln se penche en avant et reprend le fil de son épopée :

— Le méchant vilain ricane, mais c'est alors que Thor a une idée !

Il appelle ça « ses histoires », et elles pourraient durer des heures si elle le laissait faire. Elle préfère celles où il invente ses propres personnages. Il a imaginé un méchant appelé l'Homme-Cheval, qui change les gens en chevaux. Son ennemi juré est Dark Cheval, qui rechange les chevaux en personnes. Un cercle vicieux.

Joan se rend distraitement compte que la voix de Lincoln change de registre selon les différents personnages qu'il incarne et leurs actions. Elle laisse vagabonder ses pensées et profite de l'instant. Le matin, ces sentiers sont encombrés de promeneurs et de mères en pantalon de yoga, mais en fin d'après-midi, la plupart des visiteurs ont quitté les lieux. Elle vient parfois ici avec Lincoln, après être allée le chercher à l'école. Ils alternent : tantôt le zoo, tantôt la bibliothèque, tantôt le parc ou le musée des Sciences et, chaque fois que c'est possible, elle l'oriente vers les bois. On y entend des criquets ou des créatures stridulantes du même genre, des oiseaux qui se répondent et des froissements de feuilles, mais aucun bruit d'origine humaine en dehors d'eux.

Lincoln connaît le jargon des super-héros par cœur et en émaille son récit : « Il a une arme secrète à la ceinture ! » « Son plan maléfique a échoué ! » Il vibre d'excitation. Chaque partie de son corps tremble, du bout de ses pieds jusqu'à ses petits poings. Thor rebondit dans l'air, Lincoln tressaute, et Joan se demande s'il est enthousiasmé par l'idée que le bien l'emporte sur le mal ou si c'est simplement l'exaltation du combat. Elle se demande aussi quand elle devra commencer à lui expliquer qu'il y a entre le bien et le mal un juste milieu où se situent la plupart des gens. Mais il est tellement heureux qu'elle ne veut pas compliquer les choses.

— Et tu sais ce qui se passe après, maman ? interroge-t-il. Quand Thor lui donne un coup de poing ?

— Non, quoi ?

Elle a perfectionné l'art de l'écouter d'une oreille tandis que les idées virevoltent et tourbillonnent dans sa tête.

— En réalité, Loki contrôle l'esprit de Thor. Et le coup de poing lui fait perdre son pouvoir !

— Oh ! Et alors, qu'est-ce qui se passe après ?

— Thor sauve le monde ! Mais il y a un nouveau méchant qui débarque, les gars ! continue Lincoln pendant qu'elle remue les orteils tout en reprenant sa rêverie.

Elle pense qu'il faut qu'elle trouve un cadeau de mariage pour son amie Nurray – elle connaît un artiste-peintre qui réalise des portraits de chien, et il y en a un qui lui paraît vraiment bien, elle devrait lui envoyer un mail et envisager de lui passer commande, bien que le terme « passer commande » soit probablement insultant pour un artiste. Elle se rappelle qu'elle avait eu l'intention d'appeler sa grand-tante ce matin-là, et elle se dit que peut-être, à la place – là, elle règle des problèmes dans tous les sens, en proie à une frénésie d'efficacité mentale, alors que Loki se fait enterrer dans le sable –, peut-être, elle devrait envoyer à sa grand-tante le singe hilarant que Lincoln a fait à l'école avec un sac en papier. Ce chef-d'œuvre vaut sûrement mieux qu'un coup de fil, même si c'est une espèce d'échappatoire, parce qu'elle déteste parler au téléphone, et, d'accord, elle se défile – elle en a bien conscience –, mais elle s'en tient quand même au singe en papier. Elle pense au gratin de courge de sa grand-tante. Elle pense au reste de chips de banane abandonné dans le placard de la cuisine. Elle pense à Bruce Boxleitner. Quand elle était au collège, elle faisait une fixation sur lui dans *Les Deux font la paire*, et elle a découvert que l'intégrale de la série était disponible en ligne, alors elle la re-regarde, épisode après épisode – ça n'a pas trop mal vieilli pour une série des années 80, avec ses espions de la guerre froide et ses coiffures absurdes – et elle se demande si c'est à la fin de la deuxième ou de la troisième saison que Lee et Amanda finissent par s'embrasser. Elle a encore six épisodes de la deuxième saison à regarder, mais elle pourrait les sauter et passer tout de suite à la troisième.

Un pivert martèle un tronc quelque part dans le coin, la ramenant au présent. Elle remarque que la verrue sur la main de Lincoln a grossi. On dirait une anémone. Lincoln fait son rire de méchant, et elle ressent avec force ce que ces après-midi au milieu des bois, avec le poids de son fils sur ses cuisses, ont d'euphorisant.

Thor tombe contre son pied, sa tête de plastique atterrit sur son orteil.

— Maman ?

— Oui ?

— Pourquoi Thor ne porte pas son casque dans le film ?

— Peut-être parce qu'on y voit moins bien avec.

— Mais il n'a pas envie d'avoir la tête protégée ?

— Je suppose qu'il le porte de temps en temps. Ça doit dépendre de son humeur.

— Moi je pense qu'il devrait se protéger tout le temps la tête. C'est dangereux de se battre sans casque. Pourquoi Captain America ne porte qu'un masque ? Ça ne protège pas bien, si ?

Paul, son mari, trouve ce bavardage sur les super-héros barbant – il préférerait infiniment parler d'équipes de football et des sélections de la NBA –, mais ça ne dérange pas Joan. À une époque, elle avait été obsédée par Wonder Woman. Spiderman. L'Incroyable Hulk. « Qui est-ce qui gagnerait le combat, avait-elle une fois demandé à son oncle, Superman ou l'Incroyable Hulk ? » Il avait répondu : « Eh bien, si Superman perdait, il pourrait toujours s'envoler », et elle avait pensé que c'était une réponse extrêmement intelligente.

— Captain America a son bouclier, déclare-t-elle. C'est avec ça qu'il se protège.

— Et s'il n'arrive pas à le lever à temps ?

— Il est très rapide.

— Quand même, dit-il, l'air pas convaincu.

— Tu sais quoi, tu as raison, reprend-elle – parce qu'il a raison. Il devrait vraiment mettre un casque.

Au fond, l'aire de fouille est fermée par une espèce de rocher artificiel beige et bombé derrière lequel elle entend rôder un petit animal. Elle espère que ce n'est pas un rat. Elle imagine que c'est un écureuil, mais elle préfère ne pas regarder pour vérifier.

Elle ouvre son sac à main et jette un coup d'œil à son téléphone.

— D'ici cinq minutes, il va falloir qu'on commence à se diriger vers la sortie, annonce-t-elle.

Selon son habitude, quand elle précise qu'il est temps d'arrêter de jouer, Lincoln fait comme si elle n'avait même pas ouvert la bouche.

— Le Docteur Fatalis porte toujours un masque ? demande-t-il.

— Tu as entendu ?

— Oui.

— Qu'est-ce que j'ai dit ?

— Qu'on allait repartir.

— Exact. Oui, le Docteur Fatalis porte toujours un masque. À cause de ses entailles.

— L'éventail ?

— Les entailles qu'il s'est fait au cours d'une expérience scientifique qui a mal tourné.

— Et pourquoi est-ce qu'il portait un masque à cause de ça ?

— Pour les cacher. Il pense que c'est moche.

— Et pourquoi est-ce qu'il trouve ça moche ?

Elle regarde tomber une feuille orange vif et répond :

— Eh bien, ça lui donne l'air différent. Et parfois, les gens n'ont pas envie d'avoir l'air différents.

— Moi, je ne trouve pas ça moche, un éventail.

Alors qu'il parle, un bruit sec, violent, retentit dans les bois. Deux *bangs* très forts, et puis plusieurs autres. On dirait des ballons qui éclatent. Ou des feux d'artifice. Elle essaie d'imaginer ce qui pourrait produire ce genre de petites détonations dans un zoo. Peut-être une animation pour Halloween ? Ils ont accroché des guirlandes lumineuses un peu partout – pas ici, dans la parcelle boisée, mais sur tous les chemins les plus fréquentés. Un transformateur aurait-il sauté ? Ou peut-être y avait-il des travaux quelque part, un marteau-piqueur ?

Il y a un autre *bang*. Et puis un autre, et encore un autre. Ça paraît trop fort pour être des ballons, trop espacé pour être un marteau-piqueur.

Les oiseaux se taisent, mais les feuilles continuent à tomber.

Lincoln est imperturbable.

— Je pourrais utiliser mon Batman pour faire le Docteur Fatalis ? questionne-t-il. Il est en noir comme lui. Tu pourrais lui fabriquer un masque comme il faut ?

— Bien sûr, répond-elle.

— Avec quoi tu le ferais ?

— Du papier alu ?

Un écureuil traverse le toit de la fosse de sable, et elle entend le petit choc élastique quand il bondit dans un arbre.

— Et qu'est-ce qu'on prendra pour l'éventail ? continue Lincoln.

Elle baisse les yeux sur lui et répète :

— L'éventail ?

Il hoche la tête. Elle acquiesce à son tour, se repassant leur conversation. Elle se concentre sur le déchiffrement des rouages de son cerveau : c'est l'un des aspects de la maternité qui l'émerveille d'autant plus qu'elle en ignorait l'existence. L'esprit de son fils est complexe et unique, il tisse des mondes qui ne sont qu'à lui. En dormant, il lui arrive de prononcer des phrases entières – « Pas dans les escaliers ! » – et parfois, certaines fenêtres s'ouvrent, par lesquelles elle entrevoit sa machinerie intérieure. Mais elle ne la connaîtra jamais dans son intégralité, et c'est ça qui est le plus excitant. Il est un être complètement distinct d'elle, et tout aussi réel.

L'éventail. Elle croit avoir résolu l'énigme.

— Tu veux parler des entailles qu'il a sur la figure ? suggère-t-elle.

— Oui. L'éventail qu'il trouve moche.

Elle se met à rire.

— Je parlais de ses cicatrices, comme celle sur le bras de papa, là où il a été brûlé par l'eau bouillante quand il était petit, tu vois ? Ou celle que je me suis faite sur le genou quand je suis tombée.

— Oh, lâche-t-il, penaud, et il rit aussi, puis il trouve rapidement le moyen de tourner sa méprise à la rigolade : Les entailles, pas les éventails. Alors il ne pense pas que les éventails sont moches ?

— Je ne sais pas vraiment ce que le Docteur Fatalis pense des éventails.

— Il n'en a pas sur la figure.

— Non, ça c'est des entailles.

Elle l'écoute tout en mobilisant une moitié de son cerveau pour se demander si elle aurait pu gérer le quiproquo avec plus de tact, l'autre moitié s'interrogeant à propos des coups de feu. Sauf que ça ne pouvait pas être des coups de feu. Si c'était le cas, on entendrait autre chose à présent. Des cris, des sirènes de police, ou une voix faisant une annonce au mégaphone.

Or il n'y a rien.

Des combats, elle en a trop vu.

Elle vérifie son portable. Plus que quelques minutes avant la fermeture du zoo, et on pourrait très bien les oublier, là, dans les bois. Elle a imaginé le scénario plus d'une fois : la nuit passée à camper, peut-être même se cacher intentionnellement et aller rendre visite aux animaux à minuit, dans les ténèbres impénétrables – le genre d'histoires qu'on voit dans les livres pour enfants. C'est ridicule, évidemment, il y aurait sûrement des veilleurs de nuit. Encore qu'elle n'ait jamais remarqué un seul vigile dans le coin.

Il faudrait qu'ils se mettent en route.

— Allez, mon cœur, on doit y aller.

Elle le soulève et attend qu'il se remette sur ses pieds, ce qu'il fait à contrecœur. Elle regrette qu'il n'ait pas pris son blouson, mais il lui a juré qu'il n'avait pas froid, alors elle lui a permis de le laisser dans la voiture.

— On ne peut pas rester un tout petit peu ? implore-t-il.

Elle se lève et remet ses sandales. Ce choix de porter des sandales est la raison pour laquelle elle n'avait aucune légitimité pour lui dire de garder son blouson.

— Non, réplique-t-elle. Il est presque cinq heures et demie. L'heure de la fermeture. Désolée. Il faut qu'on parte en vitesse, ou on va rester enfermés à l'intérieur.

Cette possibilité commence maintenant à l'inquiéter légèrement. Elle a attendu trop longtemps, et ils ont tout le trajet à refaire en sens inverse pour sortir des bois, puis le long chemin à travers le Coin des petits. Ils vont vraiment y arriver de justesse.

— On pourra s'arrêter au terrain de jeux et traverser le pont ? insiste Lincoln.

— Pas aujourd'hui. Mais on pourra revenir demain.

Il acquiesce, sort du sable et remonte sur l'herbe clairsemée. Il n'aime pas déroger aux règles. Si les gens du zoo ont dit qu'il était temps de rentrer, alors il obéit.

— Tu m'aides à mettre mes chaussures ? demande-t-il. Et tu veux bien prendre mes bonhommes dans ton sac ?

Ses « bonhommes », c'est comme ça que Lincoln appelle ses figurines.

Elle se penche, essuie le sable des petits pieds larges et dodus de son fils et enfile ses chaussettes sur ses orteils pâles. Elle détache les velcros de ses tennis et son regard est attiré par un cardinal qui s'est posé à portée de bras de l'endroit où ils se trouvent. Les animaux ne sont pas craintifs du tout ici.

Parfois, elle peut repérer une demi-douzaine de moineaux, d'écureuils ou de petit-gris à quelques pas d'eux, en train d'observer le combat que Lincoln met en scène.

Elle laisse tomber les bonhommes dans son sac.

— Allez, dit-elle. On y va.

17 h 23

UNE DERNIÈRE FOIS, Joan inspecte l'aire de fouille à la recherche de figurines oubliées, puis elle prend la main de Lincoln et se dirige vers le sentier qui mène hors des bois. Elle se demande pendant combien de temps encore il acceptera de lui tenir la main, mais pour le moment, ils semblent aussi contents l'un que l'autre de continuer à le faire. En moins de vingt pas, les arbres se sont écartés – l'isolement de cet endroit n'est qu'une illusion –, et ils entendent le fracas de la cascade qui tombe sur les rochers devant le bassin des loutres.

La loutre est l'un de leurs animaux préférés, l'un des rares qui réussissent encore à sortir Lincoln de ses histoires. Les deux loutres disposent d'un énorme décor de caverne, avec des avancées en pierre reconstituée où elles se cambrent pour s'élancer et plonger dans un bassin verdâtre fermé par une grande paroi vitrée. Les rochers surplombent le sentier, et l'eau court au-dessus de la tête des visiteurs avant de se déverser dans une mare à tortues couverte de nénuphars, de roseaux et de tiges portant des fleurs violettes. La passerelle de bois qui serpente au-dessus de la mare lui a toujours fait l'effet d'être l'endroit le plus joli de la zone forestière, mais, en cet instant, elle lui paraît seulement déserte.

Lincoln rit à côté d'elle.

— Regarde la lout'e ! Regarde comment elle nage.

Il a encore du mal avec les mots qui se terminent en -tre. Il dit « lout'e » au lieu de « loutre ». Le Spect'e. Mett'e un but au foot.

— J'aime bien ses pattes, dit-elle.

— Elle a des pattes ? Pas des nageoires ? Des vraies pattes comme les chiens, ou des pattes avec des doigts comme les singes ?

Elle est tentée de s'arrêter et de lui détailler l'anatomie des loutres. C'est peut-être ce qu'elle veut le plus au monde pour lui, qu'il voie que la vie est pleine de choses étonnantes, qu'il sache être attentif – « Regarde comme c'est joli », a-t-il lancé en regardant une flaque d'essence dans le parking du zoo –, mais ils n'ont pas le temps. Elle le tire un tout petit peu par la main, et il vient sans se faire prier, en mettant quand même un instant à détourner la tête de la loutre. Tandis qu'ils posent les pieds sur le pont de bois, avec des nénuphars de chaque côté, elle se dit qu'elle voudrait qu'il y ait quelqu'un, une autre famille de retardataires en train de bavarder. Cela dit, il n'est pas rare qu'ils aient le chemin pour eux tout seuls. Quand ils viennent l'après-midi, ils arrivent souvent à la sortie sans croiser personne et ils sont plus près que d'habitude de l'heure de fermeture. Elle presse le pas.

— Tu veux courir ? l'interroge-t-elle.

— Non.

— Tu veux sauter à cloche-pied ?

— Non, merci.

Il continue à avancer tranquillement.

Elle se demande souvent si sa détermination à ne pas faire une chose n'est pas proportionnelle à l'enthousiasme dont elle-même fait preuve. Il continue à serpenter sur le pont, prenant le temps d'esquisser un mouvement de recul devant un insecte ou d'observer dans l'eau une carpe koï tachetée. Il s'arrête complètement pour se gratter le menton. Quand elle lui répète de se dépêcher, il fronce les sourcils, et elle comprend à son expression ce qu'il va lui demander.

— Je veux que tu me portes, dit-il.

— Je ne peux pas te porter jusqu'à la voiture, rétorque-t-elle. Tu es trop grand, maintenant.

Elle le regarde avancer la lèvre inférieure.

— Je te propose un marché, ajoute-t-elle, sentant venir l'escalade qui les ralentirait encore plus. Je vais te prendre dans mes bras en arrivant aux épouvantails, et je te porterai à partir de là. À condition que tu arrives jusqu'aux épouvantails.

— D'accord, consent-il, mais d'une voix tremblante, sa lèvre avance encore plus, et il commence à gémir tout en marchant du même pas qu'elle.

Bon, elle n'a pas précisé qu'il n'avait pas le droit de pleurer tout en marchant. Techniquement, il fait ce qu'elle lui a demandé. Il se peut qu'il se laisse distraire par une idée vagabonde concernant le casque de Thor ou le bandeau sur l'œil d'Odin et cesse de pleurnicher d'ici quelques secondes. À moins qu'il ne se mette à pleurer plus fort, alors elle cédera et le prendra dans ses bras, parce qu'il est vrai qu'il a fait un long chemin à pied, sans se plaindre, sur ses petites jambes. Mais il se peut aussi qu'il continue à pleurer, et qu'elle tienne bon, qu'elle l'oblige à marcher jusqu'à la voiture, parce qu'elle ne veut pas en faire un de ces enfants capricieux.

Un vrai système d'équilibre des pouvoirs, le métier de parent, de projections, de devinettes et d'analyses coût-bénéfices.

Une libellule exécute un vol plané puis file. Un héron arpente le bord de l'eau. La passerelle en bois fait des tours et des détours à travers les arbres et les herbes folles.

Lincoln a arrêté de pleurer, et elle est à peu près sûre qu'il fredonne le chant de guerre de l'équipe de football de Géorgie – « Gloire, gloire à la vieille Géorgie ! / Gloire, gloire à la vieille Géorgie ! » – mais elle n'a pas plus tôt formulé cette pensée qu'il est passé à l'équipe des Texas Longhorns. Personne dans la famille ne supporte aucune de ces équipes, mais il est immergé dans les chants guerriers tout comme il baigne dans les super-héros et les super-vilains.

C'est un collectionneur. Il accumule.

À travers les arbres, elle voit le toit du manège, pareil à une tente d'un blanc éclatant sur le ciel couleur eau de vaisselle. Ils passent devant un enclos entouré de grillage à poule qui héberge un aigle à une patte, et un autre, presque invisible, qui abrite un couple d'aigrettes. Il y a des troncs d'arbres morts, des graminées ornementales et des herbes jaune-vert. Comme elle s'approche d'une branche en surplomb, une de ses feuilles se détache, devient un papillon jaune et remonte en zigzag vers le ciel.

Ils retrouvent enfin les trottoirs de ciment, aussi larges que des routes. Des citrouilles sont fichées sur les montants de la palissade.

Tout en faisant quelques pas vers la civilisation, elle jette un coup d'œil au manège immobile et silencieux. Les girafes, les zèbres, les ours, les gorilles et les autruches peinturlurés sont figés. Lincoln adorait le manège, mais il ne voulait monter que sur un zèbre. Maintenant, des chauves-souris en caoutchouc et des petits fantômes en Kleenex suspendus aux poutres planent autour des animaux du carrousel. Lincoln et elle sont assez près pour que le toit de toile blanche qui coiffe le manège s'étende au-dessus d'eux, calme et lumineux.

— Maman, dit-il. Porte-moi.

— Quand on sera aux épouvantails, répond-elle, ignorant ses bras tendus vers elle. On est tout près, maintenant.

Cette fois, il ne discute pas. Ils passent en vitesse devant le manège, direction l'aire de restauration et les fontaines du Coin des petits. Sur les bassins couleur de framboise bleue, les jets d'eau décrivent encore des arcs qui lui arrivent à l'épaule.

— Méduse est passée par là, annonce Lincoln en regardant, derrière les jets d'eau, l'endroit ombragé où se dressent les statues de pierre – une tortue, une grenouille et un lézard.

Ces temps-ci, toutes les statues de pierre sont l'œuvre de Méduse. Et quand il voit une toile d'araignée, il déclare : « Spiderman est passé par là. »

— Les pauvres, soupire-t-elle, parce que c'est ce qu'elle dit chaque fois qu'ils passent devant des victimes de Méduse.

— Ils auraient dû fermer les yeux, répond-il, parce que c'est ce qu'il répond chaque fois.

Elle jette un coup d'œil aux vitres sombres du Koala Café, avec ses présentoirs de gelée en pots, d'œufs durs et de sandwiches emballés, mais elle ne détecte aucun mouvement à l'intérieur. Les chaises de plastique sont retournées sur les tables carrées. Généralement, le personnel verrouille les portes des restaurants un quart d'heure avant la fermeture, alors elle n'est pas étonnée.

Sur leur droite se trouve le terrain de jeux avec les montagnes en pierre et le pont de singe. À l'époque où Lincoln s'intéressait à l'Antarctique, les gros rochers étaient des icebergs. Et puis, au printemps dernier, comme il jouait aux chevaliers et aux châteaux sur le pont de singe, il criait à des rois invisibles de sortir les canons et de charger les catapultes. Maintenant, c'est devenu le pont arc-en-ciel que Thor emprunte pour descendre sur terre. L'année prochaine, il sera au jardin d'enfants. L'ère des super-héros s'achèvera pour laisser place à une autre, dont elle ignore encore la nature. Puis le zoo lui-même ne l'intéressera plus, la vie aura poursuivi son cours et ce petit garçon qui lui tient la main se sera changé en quelqu'un de complètement différent.

Ils avancent à un bon rythme à présent. Ils passent devant la boutique de cadeaux et le panneau en contreplaqué avec le trou dans lequel un gamin peut passer la tête et jouer à être un gorille. Ils ralentissent devant les aquariums envahis par les algues, à la limite du Coin des petits – Lincoln ne peut s'empêcher de chercher la tortue géante –, et une femme plus âgée apparaît à quelques mètres devant eux, juste au détour de la vitre courbe de l'aquarium. Elle recule d'un pas mal assuré, une chaussure à la main.

— Ça y est, Tara, le caillou est parti, assure-t-elle, et il y a dans sa voix une sorte d'épuisement attendri propre aux grands-mères. Allez, viens.

Deux petites blondes, des sœurs sans doute, apparaissent à leur tour, et la grand-mère se penche, tendant la chaussure à la cadette. Elle a des nattes et paraît un peu plus jeune que Lincoln. La grand-mère enfile la sandale de caoutchouc à son pied, se redresse et dit :

— Il faut qu'on y aille.

La gamine réplique quelque chose, trop bas pour qu'on l'entende alors qu'ils ne sont plus qu'à quelques pas. Des mouches se heurtent contre la vitre de l'aquarium.

— Je te les enlèverai en arrivant à la voiture, répond la grand-mère, à bout de souffle.

Elle avance en chancelant, tenant les filles par les poignets. Celles-ci jettent un coup d'œil à Lincoln, mais la femme les entraîne dans son sillage.

— C'est une grand-mère, fait remarquer Lincoln, trop fort, s'arrêtant assez brusquement pour exercer une traction sur le bras de Joan.

— C'est aussi ce que je pense, murmure-t-elle.

Joan jette un regard vers la femme plus âgée. Une odeur fleurie, chimique, flotte dans l'air – le parfum lui rappelle Mme Manning qui, en sixième, lui avait donné, à elle et à elle seule, un exemplaire de *L'Île des dauphins bleus* le dernier jour de classe –, puis la femme et ses petites-filles ont déjà disparu derrière la courbe du dernier aquarium.

— Si j'avais une grand-mère, c'est à ça qu'elle ressemblerait ? demande Lincoln.

Il fait une fixation sur les grands-parents, depuis quelque temps. Elle espère que ça passera aussi vite que toutes ses autres phases.

— Mais tu as une grand-mère, réplique Joan en l'obligeant à se remettre en marche. Mamie. La maman de papa. Elle est venue à Noël, tu te souviens ? Elle habite loin, c'est tout. Allez, mon cœur, il faut qu'on se dépêche.

— Il y a des gens qui ont des tas de grands-parents. Moi je n'en ai qu'une.

— Non, tu en as trois, tu te souviens ? Allez, maintenant, il faut vraiment qu'on y aille ou on va avoir des ennuis.

Les mots magiques. Il hoche la tête et presse le pas, la mine grave et résolue.

Elle entend un nouveau *bang*, plus fort et plus près qu'avant, suivi d'une dizaine de détonations sèches. Peut-être un mécanisme hydraulique ?

Ils arrivent au bord d'un plan d'eau – le plus grand du zoo, presque un lac –, et elle aperçoit des cygnes qui filent à la surface. Le sentier bifurque : la branche de droite conduit de l'autre côté de l'étang, vers le secteur de l'Afrique, tandis que celle de gauche les emmènerait à la sortie en quelques secondes. Elle voit l'éclair rouge et vert des perroquets droit devant, inhabituellement silencieux. Elle aime leur petite île au milieu de tout ce béton – un bassin entouré de briques avec un monticule couvert d'herbe et d'épineux – et c'est toujours leur premier et dernier arrêt, l'ultime rituel de toutes leurs visites.

— Tu devrais t'exercer à parler comme un perroquet, lui suggère-t-elle.

— Je n'ai pas besoin de m'exercer. Je veux juste voir les épouvantails.

— Il va falloir qu'on les regarde sans s'arrêter.

Une longue rangée d'épouvantails a été dressée le long de la palissade qui fait le tour du plan d'eau. Beaucoup ont des citrouilles à la place de la tête, et Lincoln est absolument fasciné. Il aime Superman et l'astronaute – celui avec la citrouille peinte en blanc comme un casque spatial –, mais surtout le Chat qui porte un chapeau.

— Allez, mon cœur, c'est bon.

Il lui lâche la main et lève les bras.

Joan jette un coup d'œil le long de la barrière et repère la tête de citrouille bleue de Pete le Chat. Vers le milieu, plusieurs épouvantails sont tombés. Une demi-douzaine, soufflés par le vent, suppose-t-elle. Sauf que non, il n'y a pas eu de bourrasque. Et pourtant, les épouvantails sont renversés, éparpillés tout du long jusqu'à l'enclos des perroquets, et encore au-delà.

Non, pas des épouvantails. Pas des épouvantails.

Elle voit bouger un bras. Un corps beaucoup trop petit pour être un épouvantail. Une jupe, remontée de façon indécente sur une hanche pâle, des jambes fléchies.

Elle relève lentement les yeux, mais quand elle regarde plus loin, derrière les formes allongées par terre, après les perroquets, vers le long bâtiment avec les toilettes publiques et les portes marquées RÉSERVÉ AU PERSONNEL, elle repère un homme debout, immobile, à côté de la fontaine à eau. Il lui tourne le dos. Il est en jean et tee-shirt noir. Il a les cheveux bruns ou noirs, et à part cela elle ne distingue pas les détails, sauf un, quand l'homme finit par bouger : il donne un coup de pied dans la porte des toilettes, son bras remonte pour la rattraper, et elle voit qu'il tient une arme à feu dans la main droite, une espèce de fusil, long et noir, dont le bout étroit monte comme une antenne derrière sa tête alors qu'il disparaît entre les murs vert pâle des toilettes pour femmes.

Elle croit percevoir un autre mouvement du côté des perroquets, un autre personnage encore debout, mais elle n'en voit pas davantage car à cet instant elle se détourne.

Elle attrape Lincoln, le soulève – les jambes du garçon se balancent lourdement –, et le dépose sur sa hanche, sa main droite serrée autour de son poignet gauche sous les fesses de l'enfant.

Elle se met à courir.

17 h 32

ELLE AVANCE, pas vers les cadavres évidemment, mais en contournant le plan d'eau, vers la zone Afrique. Tout en progressant dans cette direction, il lui vient à l'idée qu'elle aurait pu retourner dans les bois. Elle pourrait encore rebrousser chemin et retrouver l'abri de l'aire de fouille ou des grands arbres, mais elle n'a pas envie de faire demi-tour, parce qu'elle ne sait pas si l'homme les a vus ou non, s'il ne les suit pas, en prenant son temps, parce que c'est lui qui a un fusil et qu'il n'a pas besoin de se précipiter. Et s'ils étaient plusieurs ? De toute façon, tout au fond d'elle-même, elle refuse de revenir en arrière, elle pense qu'il vaut mieux aller de l'avant. Ça doit être plus sûr.

Cours. Cours. Cours. Ces mots tournent en rond dans sa tête. Ses pieds heurtent le sol de béton au même rythme saccadé.

Elle s'imagine que l'homme au fusil les observe, fait les premiers pas dans leur direction, longe le plan d'eau, son sourire qui s'élargit. Elle l'imagine en train de presser l'allure.

Elle ne peut pas le supporter. Elle jette un coup d'œil par-dessus son épaule et ne voit personne, mais elle ne peut pas vérifier parce qu'elle ne veut pas ralentir.

Sa jupe en jersey s'étire sur ses jambes alors qu'elle sprinte. Elle voudrait la remonter, mais elle n'a pas de main libre. *Peut-être que le tissu va se déchirer*, espère-t-elle. Elle entend les gravillons crisser sous ses semelles. Elle crispe les orteils autour de la bride en Y de sa sandale, écoute claquer ses chaussures – encore une raison d'avoir peur : en perdre une.

Des guirlandes d'Halloween sont tendues tout le long du chemin, juste au-dessus de sa tête, des lumières qui brillent joyeusement à chaque mètre du sentier, des lumières blanches éclatantes, comme quand Lincoln lui braque accidentellement le faisceau d'une torche-lampe dans les yeux.

Le ciel s'assombrit.

— Pourquoi on court ? demande Lincoln, lui et ses dix-huit kilos qui rebondissent contre sa hanche, et elle s'étonne qu'il soit resté si longtemps silencieux.

Peut-être qu'il ne comprend que maintenant qu'ils ne se dirigent plus vers le parking.

Ses poumons la brûlent quand elle essaie d'aspirer suffisamment d'air pour former une réponse.

— Je vais... t'expliquer..., lâche-t-elle, haletante. Dans une minute...

Il resserre les bras autour de son cou. La voie de chemin de fer s'étend parallèlement à eux, juste au-delà des lumières vives. Qu'est-ce qu'elle ne donnerait pas pour voir le petit train rouge et noir s'arrêter à côté d'eux, là tout de suite, prêt à les emmener ! Bien qu'elle pense être capable de courir plus vite que le train ne peut avancer. Elle commence déjà à avoir mal aux bras, et elle se remémore la semaine dernière, quand ils sont allés se promener dans le parc – « Est-ce que les canards ont des dents ? Comment on sait qu'ils ne vont pas me mordre ? Est-ce que les canards ont des pieds ? Pourquoi je ne marchais pas quand j'étais petit ?

Est-ce que j'avais des pieds ? Est-ce que j'avais des jambes ? » Cet après-midi-là, sur le chemin du retour, elle avait dû le poser par terre parce qu'elle était trop fatiguée, et ça l'avait fait pleurer.

Cette fois-ci, elle ne le lâchera pas.

— Maman ! gémit-il, frustré, la main sur le visage de sa mère. Pas dans une minute.

— Il y avait un méchant monsieur, répond Joan, et elle est sûre qu'elle n'aurait pas dit cela si elle n'avait pas été aussi paniquée.

— Où ça ?

Elle a perdu le fil.

— Quoi donc ?

— Le méchant monsieur, où il est ?

Elle franchit le passage à niveau – si le train circulait, il y aurait quelqu'un pour le conduire, et elle aimerait tellement croiser un autre être humain. Maintenant le plan d'eau est derrière eux, les cadavres et l'homme sont de l'autre côté, et elle se sent un peu mieux. Le sentier qui monte en serpentant vers la zone Afrique est bordé d'arbres – une variété aux larges feuilles, comme des plantes tropicales –, ce qui est parfait pour les dissimuler. En tout cas, si quelqu'un les cherchait du regard, il serait plus difficile de les remarquer.

— Il était là-bas, affirme-t-elle.

Elle manque de trébucher. Elle entend des sirènes ; impossible d'évaluer à quelle distance, mais ça signifie que la police arrive, et que tout va s'arranger. Toutefois ça ne l'aide pas, pas dans l'immédiat.

— Je n'ai pas vu de méchant monsieur. Comment tu sais qu'il est méchant ?

Le menton de Lincoln lui rentre dans l'épaule à chaque foulée.

Quand Joan ne répond pas à ses questions, ça le met de mauvaise humeur, et elle ne veut pas qu'il commence à pleurer parce qu'elle ne veut pas qu'il fasse de bruit, et aussi parce qu'il s'agiterait, ou pire, il se ramollirait. Or il est deux fois plus lourd quand il se laisse aller.

— Il faut qu'on file, dit-elle, le souffle court. Tout de suite. Alors aide maman et cramponne-toi, d'accord ? Serre un petit peu plus tes jambes, laisse-moi trouver un endroit plus sûr, et je te répondrai.

C'est à peine si elle réussit à articuler tous ces mots. Elle a les poumons en feu, les jambes tremblantes. Le soleil est descendu derrière la cime des arbres, et sous ses pieds la végétation allonge des ombres émaciées.

Ses coudes effleurent une feuille de bananier, coriace et large comme une aile d'oiseau.

— Où ça ? continue-t-il, parce que, bien sûr, il ne cessera pas de poser des questions. Où est-ce qu'on va ?

Elle ne sait pas. Par où passer ? Et après ? Et d'ailleurs, qu'est-ce qu'elle cherche ? Ses pieds gardent le rythme, elle contracte plus fermement les orteils, et elle regrette que le chemin monte.

Elle ne va pas pouvoir continuer à ce rythme très longtemps.

Se cacher. Il faut qu'ils se cachent.

C'est la première chose à faire, ensuite ils pourront appeler la police, ou Paul, ou les deux. Elle pense qu'elle devrait appeler la police d'abord – juste pour leur faire savoir qu'ils sont piégés dans l'enceinte, Lincoln et elle. Il vaudrait sûrement mieux qu'ils sachent qui est encore à l'intérieur du zoo, non ? Elle passe Lincoln de sa hanche droite à la gauche et rajuste sa prise.

— Maman ! insiste-t-il.

Il veut vraiment qu'elle lui réponde. Il veut toujours une réponse.

Ils arrivent enfin en haut de la colline. Tournant le dos aux plantes sauvages impeccablement paysagées, Joan regarde l'enclos des éléphants d'Afrique – rien que des buttes sablonneuses, une prairie et un torrent tumultueux. Un choix s'impose à eux : gauche ou droite. À droite, le chemin mène vers les girafes, les lions et les tigres ; à gauche, il s'incurve vers les rhinocéros, les chiens sauvages et les singes.

— Maman !

Elle lui embrasse le haut du crâne et prend à gauche.

— Je me suis cogné la dent sur ton épaule, se plaint-il.

— Désolée.

Finalement, elle se félicite de ne pas être retournée vers les bois et les sentiers familiers, étroits, de l'aire de fouille, parce que même entourée par tous ces grands arbres, ils n'auraient pas trouvé grand-chose pour se cacher et les rares cachettes adéquates – la cabane de rondins et la maison des papillons, peut-être – auraient été les premiers où on serait allé les chercher. Évidemment, ils auraient eu toute la place de courir et de ruser s'ils avaient été repérés, mais dans quelle mesure pourrait-elle espérer tromper des poursuivants avec Lincoln collé à elle ? Non, ils n'ont pas besoin de place pour s'enfuir. Si quelqu'un les découvre, ce n'est pas en courant qu'ils s'en sortiront.

Cette observation lui paraît soudain fondamentale. La preuve que son cerveau stimulé par la panique réagit.

Non. Ils n'arriveront à rien en courant. Il faut qu'ils se cachent si bien que personne ne pourra les voir, même en passant tout à côté d'eux. Il leur faut un terrier de lapin. Un bunker. Un passage secret.

Il a cessé de répéter son nom ; elle a dû lui communiquer une partie de sa peur, et elle s'en réjouit, tant que c'est le bon degré de peur – suffisant pour le réduire à la docilité sans le terrifier. Elle ne peut pas en être sûre, mais elle le découvrira quand ils seront en sécurité.

L'habitat des éléphants s'étend à perte de vue. En faisant le tour de la palissade, elle entend de la musique, inintelligible au début, juste une note par-ci, par-là, mais bientôt elle reconnaît le thème de *S.O.S. Fantômes*. La musique est entraînante, et devient assourdissante lorsqu'elle passe devant les distributeurs de Coca-Cola que Lincoln prétend souvent être le Batordinateur.

« Le Joker a encore frappé ! Vite, à la Batmobile ! Maman, tu crois qu'il y a une station de lavage automatique pour la Batmobile, parce qu'elle est sale, mais c'est une décapotable, alors est-ce qu'ils pourraient la laver ? »

Elle se tord légèrement la cheville, mais ne ralentit pas. Il y a un éléphant à l'air endormi, étonnamment près de la barrière sur leur droite, et elle se réjouit de sa masse énorme. Elle perçoit le doux balancement de sa trompe, en enregistre le rythme, mais elle part dans l'autre direction, sur sa gauche, en observant le vaste bâtiment qui se trouve à peine à quelques mètres de là. Le Snack-Bar de la Savane. Ils ont mangé du raisin sous son toit de chaume géant, dans l'air estival brassé par un ventilateur de plafond, mais ils ne se sont jamais assis à l'intérieur du restaurant. Elle préfère rester dehors, pour regarder les éléphants, faire comme s'ils étaient en Afrique – elle l'y emmènera, un jour, elle se l'est toujours dit –, elle aime penser à tous les endroits qu'elle lui fera voir. « Tu es vraiment montée sur un éléphant en Thaïlande, maman ? – Oui, c'était avant ta naissance. » Elle regarde les toilettes en passant, ralentit, puis elle pense aux portes qu'on enfonce à coups de pied et accélère le pas. Le restaurant serait peut-être plus sûr : les portes ferment à clé, forcément, et il y aurait d'autres pièces à l'intérieur, des bureaux, des locaux d'entreposage avec de meilleures serrures, des endroits où se cacher et des placards, peut-être des chaises, des tables ou de lourdes caisses empilables devant une porte. La pensée est furtive et tentante, alors elle file sous l'ombre du toit de chaume et pousse les portes vitrées, mais elles ne bougent pas, et il fait tout noir dans le restaurant.

OUVERT, dit la pancarte.

BROUET DE SORCIÈRE, dit une autre pancarte, violet et rose. DIABLEMENT DÉLICIEUX !

Joan fait demi-tour et se remet à courir. Lincoln a passé ses bras autour de son cou, ce qui contribue à alléger un peu son poids sur ses propres bras, mais la déséquilibre, la fait pencher sur le côté, et elle manque de rentrer dans une colonne de béton.

Elle remarque qu'il y a un haut-parleur au-dessus de sa tête. C'est de là que se déverse la musique. « An invisible man / Sleeping in your bed / Who you gonna call ? / GHOSTBUSTERS ! »

Elle s'éloigne du pavillon et des haut-parleurs, repart dans le jour déclinant. L'éléphant et sa trompe gracieuse ont disparu, mais comment quelque chose d'aussi gros peut-il disparaître ? Elle chuchote « Tout va bien » à l'oreille de Lincoln, le lui répète, encore et encore, et presse l'allure sans savoir où elle va. Rien à voir avec le rythme régulier sur lequel elle court normalement dans les rues autour de chez elle. Elle est mal préparée. Elle pense à son grand-frère, pendant son entraînement dans l'armée, quand il était obsédé par ce qu'il appelait le *rucking* – un exercice sportif qui consiste à courir sur plusieurs kilomètres avec un sac de quinze kilos sur le dos. C'est à peine si elle le connaissait à l'époque, parce qu'il était parti s'installer dans l'Ohio avec son père. Il avait fui la maison longtemps avant elle, et elle ne le voyait que deux semaines l'été, parfois aussi pendant les autres vacances. La première fois qu'elle l'avait revu, son frère était devenu un adulte. Il lui avait mis son havresac sur le dos. Quand était-ce ? Au moins sept ans avant qu'elle coure son premier marathon. Elle avait essayé de l'impressionner, mais deux pâtés de maisons plus loin, elle avait déjà le dos trempé de sueur et elle était à bout de souffle. Comme aujourd'hui, les biceps en feu, le poids de Lincoln la faisant pencher sur le côté. Elle serait beaucoup plus en forme si elle avait pratiqué le *rucking* pendant toutes ces années.

Depuis combien de temps court-elle ? Trois minutes ? Quatre ? Depuis jamais. Depuis toujours.

Superposées aux synthétiseurs de la musique des années 80, elle peut encore entendre les sirènes. Plus fortes, maintenant.

Elle est presque arrivée à l'enclos des rhinocéros. Elle aperçoit deux adolescents, un garçon et une fille, courir vers elle, courir non comme s'ils essayaient d'atteindre la grille avant l'heure de fermeture mais comme s'ils fuyaient un danger. Elle qui croyait tomber sur des gens, elle se rend compte maintenant que ce n'est pas vrai. Les gens ne font que compliquer les choses. Ils ralentissent en la voyant – le garçon rattrape ses lunettes de soleil qui tombent de son visage – et ils parlent tous les deux en même temps, demandant quelque chose, mais Joan se contente de les contourner, d'obliquer latéralement sans cesser de courir.

La fille a une jupe orange avec un ourlet de dentelle noire, si courte et si serrée que c'est à peine si elle masque ses sous-vêtements. Quel genre de mère laisserait sa fille porter une jupe pareille ? Mais peut-être que c'est une très bonne mère en fait, une mère qui lui a appris qu'elle était belle même avec une jupe collante comme la peau d'une saucisse.

— N'allez pas vers la sortie, les prévient Joan en ralentissant à peine. Un type tire sur les gens.

— Un type tire sur les gens ? répète la fille.

Le garçon laisse échapper davantage de mots qui se perdent dans le vide.

— S'il vous voit, il vous tuera ! crie Joan par-dessus son épaule, mais il y a longtemps qu'elle les a dépassés. Allez vous cacher quelque part en attendant l'arrivée de la police.

Elle ne regarde pas en arrière. La seule chose qui compte, c'est Lincoln. Impossible qu'il se retrouve sur le béton, en train de se vider de son sang.

Tant mieux que le restaurant ait été fermé à clé. Ç'aurait été idiot. Ils auraient peut-être été bien cachés, Lincoln et elle, mais l'homme fouillerait les bâtiments en premier, non ? Il donnerait des coups de pied dans les portes, briserait les vitres et casserait tout à l'intérieur. Ça doit le soulager, de casser des choses, or il n'y a pas beaucoup de choses à casser en plein air – pas comme des meubles, des portes et des os.

Elle entend sa propre respiration et le bruit de ses pas, aussi discret que possible, elle entend aussi le vent, la rumeur de la circulation, pas très loin, et les feuilles qui frémissent sur les branches – tous les bruits de fond qu'elle ne se donne jamais la peine d'écouter. Elle en a besoin, parce que Lincoln ne sera jamais tout à fait silencieux. C'est un bon garçon, mais on ne peut pas espérer qu'il reste parfaitement muet, et s'ils se faisaient tuer à cause d'un seul, d'un unique soupir ?

En plein air, ils sont en danger. Mais cachés, à un endroit où personne ne pourra les trouver, ils seront en sécurité.

Elle jette un coup d'œil derrière elle à l'enclos des éléphants, un vaste espace jonché de rochers, en contre-bas d'une haute muraille circulaire faite de gros blocs de pierre – le sol est trop loin pour sauter. Et puis il y a les éléphants, donc c'est une idée stupide. Quoique… L'idée n'est pas si bête : les tireurs n'iraient sûrement pas fouiller dans les enclos des animaux, si ?

Elle a pensé tout cela en moins de dix pas, si vite et si lentement, mais toutes ces réflexions ne mènent nulle part. Les lions rugissent au loin – pas étonnant parce qu'ils nourrissent les animaux juste avant la fermeture, et que le lion manifeste toujours son impatience en rugissant. Il recommence. C'est presque réconfortant. Elle est entourée par des créatures sauvages enfermées dans des boîtes. Elle éprouve un pincement au cœur en guise de solidarité.

Un singe piaille, sur un registre strident, agressif, et elle commence à se demander si par hasard les soigneurs n'auraient pas loupé le nourrissage du soir. Peut-être qu'ils ont été interrompus.

C'est alors que ça lui vient à l'esprit. Le porc-épic.

Les bâtiments devraient tous être fermés, mais peut-être que non ? Peut-être que le dernier jeu de clés n'est pas arrivé jusque-là.

Elle prie comme elle ne l'a pas fait depuis très longtemps, tout en fonçant vers le bâtiment des primates. Elle dépasse le terrain de jeux à thème africain – des tambours, des masques, une balançoire et la statue du scarabée bousier –, se précipite sous les singes-araignées et leur parcours de cordes suspendues, où ils se balancent avec indolence, vautrés de tout leur long, et elle arrive à l'entrée de la Zone des primates, pousse les doubles portes, qui cèdent aussitôt. Elle s'enfonce en courant dans les couloirs sombres, frais, du bâtiment, passant devant les lémuriens avec leur queue rayée noir et blanc, et tourne au détour d'une courbe. Tout est plongé dans l'ombre, des troncs d'arbres poussent à travers le sol. Comme dans la plupart des décors du zoo, elle ne sait pas s'ils sont réels ou artificiels, mais quand elle tend la main et s'appuie contre un tronc, l'écorce lui donne l'impression d'être vraie.

— Un homme tirait sur des gens ? demande Lincoln au creux de son cou.

— Oui.

— Il nous cherche ?

— Non.

— Alors pourquoi on court ?

Elle voit de la lumière naturelle dans les habitacles, le soleil piégé dans le verre, et elle ne peut faire autrement que de remarquer que les animaux ont des rochers et des grottes pour se cacher, des grottes qui pourraient même conduire à des pièces invisibles si seulement on pouvait franchir les barrières de verre. Mais elle ne peut pas traverser les murs – qui le pourrait d'ailleurs ? La Femme Invisible ? L'un des X-Men ? –, alors elle poursuit sa course dans les couloirs crépusculaires, frôlant le verre lisse et les parois en parpaings rugueux, aux lignes bien nettes.

Elle sait qu'il y aura un moment où ses muscles la lâcheront. Où elle aura beau faire, ses bras refuseront de l'aider. Pour le moment, elle n'éprouve qu'une brûlure continue – pulsatile – qui court de ses épaules à ses poignets, de ses hanches à ses chevilles.

— Maman ?

— On est presque arrivés, le rassure-t-elle, mais les mots ont du mal à sortir.

Il y a des singes, et encore des singes, tous impassibles.

Et puis elle arrive devant une porte de verre. Elle donne un coup d'épaule, et ils se retrouvent dehors, dans une brise fraîche. Ils sont face à une rambarde usée par les intempéries qui lui arrive à la poitrine. Derrière, il y a une petite étendue sauvage de sapins et de hautes herbes entourées par une palissade. Elle est debout sur un caillebotis en bois – un patio entre les halls d'exposition. Sur sa gauche, une autre porte de verre qui doit conduire vers les babouins, les orangs-outans, et d'autres enceintes vitrées ainsi que des passages à ciel ouvert sans intérêt pour elle. Là, une pancarte fixée sur la paroi de brique détaille les habitudes du porc-épic – quant à savoir pourquoi un porc-épic a été mis dans la Zone des primates, ce n'est pas expliqué. Il y a quelques mois, un gardien de zoo avec un calepin à la main lui a appris – tout bas, pour que Lincoln n'entende pas – que le porc-épic était mort. Joan et Lincoln vérifient régulièrement s'il y a un nouveau spécimen. Elle lui a dit la vérité, parce que ce n'était pas comme s'il n'avait jamais vu des cafards écrasés, des oiseaux et des écureuils morts, et pourquoi faire comme si rien ne mourait jamais ? Il espère toujours voir un bébé porc-épic. Mais l'enclos est resté vide.

Elle espère qu'il l'est encore.

Elle se rapproche de la rambarde, parcourt du regard les arbres qui étendent leurs branches très bas sur le sol et les rondins évidés. Les plaques de terre et de gravier à nu gagnent du terrain sur les rares touffes d'herbes folles. L'endroit est négligé, mal entretenu. Elle se souvient de la section médiane de l'enclos : des rochers d'un mètre ou un mètre trente de haut. Le mur de rochers s'étend peut-être sur quatre mètres et s'incurve de telle sorte qu'on ne peut pas voir ce qui se trouve derrière. Un grillage à moitié couvert de plantes grimpantes ferme le tout. Il fait près de quatre mètres de hauteur, et la partie supérieure est inclinée selon un angle aigu, infranchissable – est-ce pour empêcher des porcs-épics de grimper ? Elle a du mal à l'imaginer. Des pins se dressent le long des côtés.

Le lieu est caché dans les tours et les détours de la maison des primates. Il n'a pas l'air prévu pour des êtres humains, c'est ce qui lui fait penser que c'est l'endroit idéal.

Elle dépose Lincoln sur la rambarde et étouffe un soupir de soulagement en s'allégeant de son poids. La rambarde sera assez facile à enjamber, et il y a une petite corniche de l'autre côté, presque de la largeur de ses pieds. Elle pourra s'y tenir pour soulever Lincoln, et même en imaginant le pire, il ne tomberait pas de très haut, d'un mètre tout au plus. Il ne se ferait pas mal, mais il pourrait se mettre à pleurer et le bruit serait… non, il n'y a pas de danger qu'il tombe. Elle ne le lâchera pas, à aucun moment.

— Voilà ce qu'on va faire, dit-elle. Tu vas rester assis là pendant que je grimpe par-dessus…

Il secoue la tête et se cramponne fermement à elle, lui serre les bras au-dessus du coude.

— Maman, on ne peut pas aller là, avec les animaux !

— Il n'y en a plus, tu te souviens ? l'apaise-t-elle en essayant de décrocher ses doigts. C'est la maison du porc-épic. Et il n'y a pas encore de nouveau porc-épic.

— Les barrières sont faites pour garder les animaux à l'intérieur et les gens dehors.

Elle n'a jamais autant regretté qu'il soit aussi respectueux des règles.

— Aujourd'hui, les règles ont changé. Il s'agit des règles à appliquer en cas d'urgence, et elles sont les suivantes : on se cache et on ne laisse pas l'homme au fusil nous trouver.

Lincoln relâche sa prise, jette un coup d'œil derrière lui, et se cramponne à nouveau à elle.

— Je vais tomber. C'est trop haut.

— Je te laisserais tomber ?

— Non, admet-il tout en se collant contre elle.

— J'aurai mes mains autour de toi, promis. Je vais juste grimper par-dessus…

— Maman…, gémit-il.

— Là… Je te tiens.

Elle bande ses muscles et enjambe la rambarde, en gardant les deux mains de part et d'autre du corps de Lincoln, afin que ses bras continuent de l'encadrer. Elle y parvient tant bien que mal, mais la plante de ses pieds est assez stable sur la corniche.

Lincoln a refermé une main légère sur chacun de ses poignets. Elle l'entend respirer, au bord des larmes. À cause d'un homme qui tue des gens en leur tirant dessus, ou à cause de cette rupture complète avec la normalité de leur quotidien ? Elle n'en a pas la moindre idée.

— Maman…

— Je te tiens, répète Joan en passant un bras autour de lui.

Elle l'attire contre sa poitrine. Ses talons heurtent la grille de métal.

— Je vais te faire descendre, et je veux que tu mettes tes pieds sur cette petite marche, là. Tu vas bien te tenir à la partie métallique avec tes mains. Ensuite je vais sauter par terre, et je te récupère, d'accord ?

Elle le soulève tout en parlant, sans lui laisser le temps de réfléchir davantage, parce que, d'habitude, réfléchir aux choses ne le rend pas plus courageux, et si elle se dépêche, ça ne prendra pas plus de deux secondes. Elle se tient bien à la rambarde d'une main, le glisse vers l'arrière, en se pliant et en s'écartant de la barrière pour lui laisser la place de passer, et il y a un moment où il est en l'air, soutenu seulement par son bras et son coude. Elle sent qu'il panique légèrement, mais elle lui fait poser les pieds sur la corniche où elle se tient debout, ses petites tennis coincées entre ses sandales de cuir. Elle lui referme étroitement les doigts autour du grillage.

— Tiens-toi bien, dit-elle.

Elle saute, atterrit doucement, en souplesse, sur la terre en dessous d'eux, dans l'herbe assez haute pour lui chatouiller les poignets. Elle l'attire contre elle, le tourne de telle sorte qu'il enroule ses bras autour de son cou. Ses jambes se referment autour de sa taille, et elle se remet en marche, en faisant bien attention où elle met les pieds, autant que possible du moins parce qu'il lui bouche la vue – elle se rappelle comment, quand elle était enceinte, son ventre changeait un sol inégal en parcours d'obstacles invisibles –, et finalement ils se retrouvent derrière les grands rochers qui avaient attiré son regard.

Elle se laisse glisser vers le bas, le dos plaqué à la roche – dure et froide –, les jambes écartées. Lincoln est toujours agrippé à elle.

17 h 42

Lincoln n'a pas relâché sa prise. D'une main, Joan prend son téléphone dans son sac et le tient devant elle, juste à côté de la tête de son fils, sa paume effleurant les boucles emmêlées, toujours un peu collantes au niveau de la nuque comme s'il y essuyait ses mains enduites de sirop. Elle passe son pouce sur l'écran et se fige, ne sachant pas très bien si elle doit appeler la police ou Paul – la police est sûrement déjà là, et peut-être qu'on aura des questions à lui poser. Mais c'est la voix de Paul qu'elle a besoin d'entendre.

Et puis elle voit un texto de lui. Elle regarde le message noir et gris, la bulle rectangulaire si familière.

Dis-moi que tu n'es pas allée au zoo cet après-midi ! Réponds-moi vite stp.

Il ne peut évidemment pas le savoir. En général, elle ne sait pas elle-même où ils vont aller avant que Lincoln n'annonce son choix pour l'après-midi, au moment où elle l'attache dans son siège-auto. Et si Paul pose cette question, c'est qu'il est au courant de quelque chose.

Elle lui répond par SMS tout en se disant qu'elle préférerait l'appeler, mais ses pouces ont commencé à pianoter automatiquement. C'est presque un réflexe.

Si. Au zoo. Tu sais ce qui se passe ? Sommes pour l'instant cachés dans l'enclos du porc-épic.

Il ne peut pas savoir où se trouve l'enclos du porc-épic. Il ne vient pas aussi souvent qu'elle, et c'est peu dire. Elle ajoute :

Dans la Zone des primates.

Elle appuie sur « Envoi » et commence aussitôt un second message.

Appelle la police. Vu des corps à l'entrée. Homme avec fusil.

Elle appuie à nouveau sur « Envoi ». Il y a quelque chose qui cloche dans l'ordre de ses messages, une sorte d'incohérence confuse, mais elle ne peut pas empêcher ses pouces de taper. Elle aime les regarder bouger, voir les lettres s'enchaîner et former des phrases, elle aime l'écran lumineux, et tant qu'elle tape, il n'y a rien, que les bulles bleues avec des mots dedans, les unes à la suite des autres.

On va bien. En lieu sûr, écrit-elle, et puis ses doigts se figent, elle réfléchit à ce qu'elle pourrait ajouter.

Les cheveux de Lincoln lui chatouillent le bras. Il commence à remuer et à se tortiller. Elle fredonne tout bas « Edelweiss », la berceuse qu'ils lui chantent tous les soirs, Paul et elle. Elle la fredonne trop vite, sur un registre trop aigu, comme en accéléré.

Il faut qu'elle tape autre chose. Elle tambourine légèrement dans le vide.

— Qu'est-ce que tu fais avec ton téléphone ? demande Lincoln d'une voix étouffée contre son épaule.

— Papa, dit-elle, alors que Paul envoie un autre message.

Lis ça. Je t'appelle tout de suite. Je t'aime.

Il y a un lien sous le message. Elle jette un coup d'œil à la ligne de lettres et de chiffres soulignés, et le téléphone se met à sonner, beaucoup trop fort – elle n'a pas eu la présence d'esprit de le mettre sur silencieux. Elle répond aussitôt.

— Je ne peux pas te parler, déclare-t-elle sur un ton presque professionnel, comme si elle était en réunion, et elle ne sait pas trop d'où vient cette voix. Il ne faut pas qu'on fasse de bruit. Je ne sais pas où ils sont.

Peut-être que si elle lui envoyait des SMS, ce n'était pas qu'une question d'habitude. Peut-être qu'inconsciemment elle savait déjà ce qu'elle vient tout juste de comprendre : le téléphone est un risque. Ça fait du bruit. En parlant, elle fait du bruit. Et le bruit va attirer les hommes.

C'est pourtant simple. Quand elle y réfléchit, sous un certain angle, c'est parfaitement sensé.

Elle reprend la parole.

— On va bien, mais…

Son mari se met à parler sans la laisser finir :

— Que se passe-t-il ? Il y a quelqu'un avec vous ? Tu as vu la police ? Et Lincoln, il va bien ? Qu'est-ce que tu veux dire, vous êtes en sécurité ? Est-ce qu'ils peuvent arriver jusqu'à vous ? Oh mon Dieu ! Je suis désolé de ne pas être là, chérie… Je suis tellement désolé…

Elle le laisse parler. Elle comprend qu'il ait besoin de l'entendre, et elle croit avoir le même besoin, mais elle n'a pas l'impression qu'il est avec elle – sa voix lui donne au contraire l'impression qu'il est plus loin, ou plutôt non, c'est elle qui a l'impression d'être loin. Comme si une partie d'elle-même planait vers lui, hors du zoo, dans la vie telle qu'elle la connaît, or elle ne veut pas planer. Elle ne peut pas. Il faut qu'elle soit là, complètement là. Elle ne peut pas le rassurer tout de suite.

— On va bien, murmure-t-elle, parlant encore de cette voix d'avocate, ou de P-DG – si tant est qu'il arrive à ces gens-là de chuchoter. On se cache.

— Qu'est-ce que tu as vu ? demande-t-il.

— Je t'aime. Et on va bien. Mais je ne peux pas parler comme ça. Il faut que je fasse attention. J'ai vu un type, de loin. Il y avait... (Elle regarde le haut du crâne de Lincoln.) Des gens se sont fait tirer dessus, près de l'entrée, mais je suis arrivée après la fusillade et on a couru se cacher. C'est tout ce que je sais. Mais ne me rappelle pas. C'est moi qui t'appellerai quand on sera en sécurité.

— J'appelle la police, et je les préviens que tu es dans l'enclos du porc-épic, souffle-t-il comme s'il était hors d'haleine, comme quand il grimpe la pente assez raide qui mène à son bureau et qu'il l'appelle pour lui chanter la sérénade, lui chanter l'air qu'il a dans la tête – il chante tout le temps –, sachant qu'elle va rire et lui raccrocher au nez. Je vous aime. Dis-lui ça de ma part. Restez en sécurité.

Elle met le téléphone sur silencieux, se tourne vers Lincoln. Il s'agite contre elle, mal à l'aise, remue les jambes, creuse le sol de part et d'autre avec ses tennis. Elle glisse ses mains sous ses aisselles pour l'aider à se retourner, et lui fait mettre ses pieds sous lui. Il se lève, mais elle garde la main autour de sa taille.

— Voilà, c'était papa, murmure-t-elle.

— Je sais.

— Ne parle pas si fort... Il dit qu'il t'aime.

— Je sais bien qu'il m'aime.

— Moins fort, répète-t-elle.

— D'accord, chuchote-t-il cette fois.

Il se dandine sur place, les deux pieds par terre, mais tout son corps rebondissant comme un ressort. Ses épaules montent et descendent dans une étrange danse désarticulée.

Le ciel commence à rosir, de longues écharpes lavande s'étirent derrière la cime des arbres.

— Tu es très courageux, mon grand, lui dit-elle.

— Le méchant monsieur nous pourchasse encore ?

— Je ne sais pas. Mais même s'il nous cherche, il ne nous trouvera jamais ici.

Sans cesser de sautiller, il tourne la tête vers la gauche, vers la droite, prenant la mesure du nouveau décor, à la fois curieux et prudent, comme toujours, scrutant chaque chose du regard. Elle observe le combat qui se livre en lui.

C'est la curiosité qui l'emporte. Il fait un pas vers le mur de brique du bâtiment et tend le doigt.

— Il y a une écuelle. Comme celle de Pagayou.

— Oui, acquiesce-t-elle.

Elle scanne à nouveau l'herbe autour d'eux. En plus du bol de plastique desséché, fendillé, qu'il a remarqué, d'autres petits objets sont dispersés dans l'enclos : un encrier, et près de la rambarde un serre-tête brillant. Elle croit voir une chaussette blanche pas loin du grillage.

— Les porcs-épics boivent dans une écuelle ? demande-t-il.

— Je crois, oui.

— Ils boivent de l'eau ?

Elle s'imagine en train de lui plaquer une main sur la bouche, de le serrer contre elle, de lui ordonner de rester parfaitement immobile et parfaitement silencieux. Elle en a désespérément envie, mais elle n'arrive pas à imaginer un scénario plausible. Si elle lui faisait assez peur pour qu'il se taise, il se mettrait probablement à sangloter.

— Chuuut. Parle un peu plus bas, fait-elle à nouveau. Tous les animaux boivent de l'eau.

— Tous ? chuchote-t-il.

— Tous.

— Alors le porc-épic buvait dans cette écuelle ? dit-il en se rapprochant, en se collant contre son côté droit. Et il était assis près de ce rocher, juste comme nous ? Tu crois que c'était un garçon ? Ou une fille ?

Elle ne détecte aucun signe de terreur en lui. Il ouvre tout grands ses yeux bleus, mais il les ouvre toujours tout grands. Il est confortablement appuyé contre elle, et il a plutôt l'air vaguement excité de se trouver dans la maison d'un porc-épic. Évidemment, il est incapable de différencier ses peurs d'enfant de ce qui est vraiment terrifiant : il est effrayé par les mascottes, Ronald McDonald et les vaches de la pub qui disent « Mangez plus de poulet ». La semaine passée, ils sont tombés sur un *Batman* à la télévision, celui avec Heath Ledger, l'interprète du Joker, qui est pour le moins inquiétant, et Lincoln a soutenu que le Joker faisait plus peur dans la version de 1960 – c'est un grand expert de tout ce qui concerne Batman.

Parfois il se met à pleurer quand une voix inattendue sort d'un haut-parleur, il déteste le Monsieur Loyal qui anime les spectacles de cirque, et à présent il tripote la verrue sur sa main droite en chantant doucement « Gloire, gloire à la vieille Géorgie ! Gloire, gloire… ».

Enfin… On ne peut pas savoir ce qui se passe derrière son visage rond et calme. Elle devrait lui fournir une espèce d'explication. Un semblant de plan. Il a toujours aimé les programmes, savoir ce qui l'attend – par exemple que le mardi, c'est le jour de la musique à l'école, que le mercredi est le jour de l'espagnol, le jeudi, celui du cours de dessin, qu'elle vient le chercher tous les jours sauf le mercredi, parce que là c'est Paul qui vient le chercher, que le dimanche soir ils vont commander chinois pour dîner, et que le samedi matin il pourra regarder toute une heure de dessins animés.

Il aime bien savoir ce qui va se passer.

— Voilà, murmure-t-elle, et il lui caresse la mâchoire avec ses doigts, à l'endroit où elle a une tache de rousseur, tout va bien se passer. On est en sûreté, ici. C'est comme dans les histoires où il y a un combat et où les méchants se font mettre en prison. On va juste rester assis là pendant un petit moment, sans faire de bruit, en attendant que le méchant s'en aille.

Il hoche la tête.

— Comment il s'appelle, le méchant monsieur ?

— Je ne sais pas.

— Il a un nom ?

— Bien sûr. Tout le monde a un nom. Mais je ne le connais pas.

Il hoche à nouveau la tête et regarde sa verrue. Joan se plaque le dos au rocher, rapproche les jambes, gardant une main sur sa jambe à lui. Elle jette un coup d'œil derrière elle – la formation rocheuse les dissimule complètement au regard de quiconque viendrait de la Zone des primates. Elle relève la tête – rien que le haut des arbres et le ciel. Personne ne pourra les voir à cet endroit.

Puis elle examine la palissade qui entoure l'enclos, l'inspecte attentivement, de gauche à droite. Elle n'a pas fait attention à ce qui se trouve derrière leur enclos, mais maintenant elle pense que les plantes qui grimpent sur le grillage ne sont pas aussi épaisses qu'elle le voudrait. À travers, elle entrevoit l'arrière des autres enclos. Elle essaie de se représenter la carte du zoo et elle se dit que ce pourrait être une partie de la zone Afrique, vraisemblablement l'habitat des rhinocéros, mais il pourrait aussi s'agir d'un des enclos désaffectés. Le long de l'autre barrière, les bambous sont hauts et épais, et elle ne voit rien derrière. Par un interstice entre les plantes, elle distingue quelques rails du petit train, et à côté, une allée goudronnée qui tourne tout de suite, de sorte qu'elle ne voit pas où elle mène. Ça pourrait être une partie du chemin normal, bien qu'elle ne se rappelle pas avoir jamais vu l'enclos du porc-épic depuis un sentier extérieur. Peut-être est-ce une voie d'accès réservée au personnel. De toute façon, la seule chose qui compte, c'est de savoir si, au cas où quelqu'un arriverait par ce chemin, il pourrait les voir.

Elle ne pense pas que les trous dans le lierre soient suffisamment grands.

Elle n'entend rien d'inquiétant pour l'instant, pas de bruit de pas, pas de coups de feu. Pas de sirènes. Elle se demande pourquoi il n'y a plus de sirènes.

Joan se rend compte qu'elle n'a pas regardé le lien que Paul lui a envoyé – elle ne peut pas se permettre de penser à retardement comme ça –, alors elle récupère son téléphone, passe son pouce sur l'écran et clique sur un site d'informations locales. Deux brefs paragraphes s'affichent sur la page d'accueil. Elle lit en diagonale « coups de feu », « un seul homme, blanc », et « plusieurs victimes probables ». Le court article se termine par : « La police est actuellement sur les lieux. »

Le caractère vague de cette dernière phrase est frustrant. Elle ne lui apprend rien. La police est-elle dans le parking ou à quelques pas ? De quoi parle-t-on, d'une dizaine de policiers, ou d'une centaine ?

Lincoln se détache à nouveau d'elle, et elle le laisse partir, supposant qu'il a besoin de se dégourdir les jambes. Au bout de quelques pas, elle l'attrape par son tee-shirt et le ramène près d'elle.

— Ne t'éloigne pas. Il faut qu'on reste sans bouger, sans faire de bruit jusqu'à l'arrivée de la police.

— La police vient nous chercher ?

Elle a oublié de lui signaler cette partie.

— Oui. On attend que la police attrape le tireur, et ensuite elle viendra nous dire qu'on peut rentrer chez nous. Mais il ne faut pas qu'on fasse de bruit, pas du tout, parce qu'on ne veut pas que le méchant nous voie. C'est comme à cache-cache.

— Je n'aime pas jouer à cache-cache.

— Parle plus bas.

— Je n'aime pas jouer à cache-cache, répète-t-il dans ce qui peut passer pour un murmure.

— Tu n'aimes pas ça quand c'est à toi de te cacher. Mais là, je me cache avec toi.

Il traîne des pieds dans l'herbe et la poussière, éraflant le bout de sa chaussure et soulevant de petits nuages de poussière. Pendant un moment, il reste sans rien dire, se contentant de regarder traîner ses propres pieds. Il promène sa main sur le rocher et commence à fredonner :

— Namba namba namba namba namba.

Au bout des cinq premières notes, elle reconnaît l'air du chant guerrier de l'État du Michigan. Il chante parfois, comme cela, des mélodies sans paroles. On dirait qu'il est rempli d'une multitude de bruits et de mouvements, et que ça finit toujours par déborder. D'habitude ce n'est pas grave, mais en cet instant précis, ça fait remonter sa terreur à la surface comme des bulles.

Une douleur lui fait prendre conscience qu'elle a les mâchoires contractées à bloc. Elle desserre les dents.

— Namba namba namba namba, reprend-il, parfaitement dans le ton.

— Trop fort ! lance-t-elle, en parlant trop fort elle aussi.

Il hoche la tête comme s'il s'attendait à cette réaction. Il regarde déjà quelque chose par-dessus son épaule. Il se tient debout sur un pied, en équilibre.

— Il faut que je te dise, chuchote-t-il avec un mouvement de menton vers le bâtiment. C'est un binet.

Elle répète, sans comprendre :

— Un binet ?

Il lève un bras, tend le doigt vers un robinet à eau qui dépasse du mur.

— Oui.

— Cette chose qui ressemble à un robinet ?

— Oui. Ce n'est pas un robinet. Les binets ressemblent à des robinets.

— Parle-moi d'eux.

— Des binets ?

— Oui.

Elle ne serre pas les dents. Elle ne respire pas trop fort. Sa voix a l'air parfaitement normale, elle ne ressemble plus à celle d'une avocate. Elle y prend garde maintenant, chaque fois qu'elle parle – veillant à prononcer chaque mot calmement, de façon détendue, s'assurant qu'elle a bien la voix d'une mère et pas d'une foldingue sur le point d'éclater en imprécations et en gémissements tout en s'arrachant les cheveux.

Il se rapproche d'elle mais ne s'assied pas. Peut-être sent-il que la foldingue n'est pas loin.

— Eh bien, explique-t-il, les binets ont une tête, une trompe et des défenses. Ils ont un long corps et des poils en guise de pattes.

— Et quoi d'autre ?

— Ils n'ont pas de bouche. Ils mangent par le nez et ils sentent par les yeux. Ils ne peuvent pas avoir de langue.

— Et ils vivent dans des zoos ?

— Oui. Seulement dans les zoos. Je n'ai jamais entendu parler de binets sauvages.

— Ils sont dangereux ?

Elle regrette aussitôt sa question. Elle essaie de le distraire, et il n'a pas besoin qu'on lui rappelle les terribles choses qui rôdent.

Ça n'a pas l'air de le perturber.

— Certains d'entre eux, oui, répond-il.

— Est-ce que celui-là est dangereux ? interroge-t-elle en regardant le robinet.

— Non. Celui-là, c'est un grimpeur. Ils aiment grimper d'arbre en arbre, mais s'ils ne peuvent pas grimper, ils rampent. Certains binets sont faits d'herbe. Il y en a qui sont faits de plantes, ou de sous-vêtements. Ou de viande.

Elle réfléchit. Et s'oblige à sourire, parce que normalement c'est ce qu'elle ferait.

Elle l'aime comme ça, inventif. Il fut un temps où, dans le hall d'un hôtel, il levait les yeux vers elle et annonçait : « J'ai deux petites filles dans ma poche. Des filles minuscules. Il y en a une qui s'appelle Lucy, et l'autre Madame Pompier. » Il fut un temps où il lui racontait que tous ses animaux en peluche allaient dans une église où personne ne portait de pantalon.

C'est bien, pense-t-elle. Mieux vaut ça que la panique.

— Mais ils ressemblent à des robinets ? insiste-t-elle, tout bas.

Elle ne savait pas qu'elle pouvait parler aussi doucement.

— C'est des prédateurs, dit-il, comme si c'était une réponse à sa question. Et des reptiles, aussi. Mais c'est comme les hippopotames – ils peuvent être agressifs.

Elle essaie de se rappeler dans lequel de leurs livres il y a le mot « agressif » – celui avec les crocodiles ? Ou les Grecs de l'Antiquité ? – quand son portable vibre contre sa cuisse. Elle le protège avec la paume de sa main pour lire le texto de son mari.

Peux pas supporter l'attente. Ça va ? Parle-moi.

Elle resserre sa prise sur le téléphone. Paul imagine le pire, évidemment. « Si tu t'attends toujours au pire, tu ne peux qu'être agréablement surprise », lui a-t-il dit quand ils ont commencé à sortir ensemble, et elle lui avait répondu : « C'est la chose la plus stupide que j'aie jamais entendue. » Son pessimisme obstiné est parfois une blague entre eux, mais pas en cet instant. Là, c'est justifié.

On va bien, écrit-elle. **On est dans un coin vraiment sûr. Je veille à ce qu'on reste à l'abri. Tu sais si la police est entrée dans le zoo ?**

Sais pas. Personne ne veut rien me dire au téléphone. Je prends la voiture et j'arrive.

— Ce binet ne peut pas bouger, maman, fait remarquer Lincoln. Il ne bouge pas du tout.

— Mais je croyais que c'en était un qui grimpait, dit-elle tout en pianotant.

Un seul homme, pense-t-elle. Contre une force de police tout entière. Il ne devrait pas y avoir des camions blindés, des lunettes à vision nocturne et des gaz ou des agents du FBI ? Il y a au moins une demi-heure qu'elle a entendu les premiers coups de feu.

Pourquoi est-ce que ça prend si longtemps ? demande-t-elle.

Aucune idée. Je vais me renseigner, chérie.

Lincoln lui parle. Et apparemment, il a déjà répété plusieurs fois la même chose.

— Quoi donc, mon cœur ?

— Avant, il grimpait. Ce binet grimpait, maman, je t'assure.

Si on l'ignore, il ne fait que répéter, inlassablement.

— D'accord, prononce-t-elle très vite. Bon, alors ce binet grimpait.

Il mordille l'encolure de son tee-shirt en regardant le robinet.

— Je crois qu'il est mort.

Elle le regarde, son téléphone toujours allumé à la main.

— Moi je crois plutôt qu'il dort.

— Nan. Il est mort. Les binets, ça meurt facilement.

Elle baisse à nouveau les yeux sur son écran et écrit à Paul qu'elle le recontactera plus tard. Elle vérifie pour la cinquième ou sixième fois que le téléphone est bien sur silencieux et s'oblige à le poser par terre à côté d'elle. Elle est à nouveau seule avec son fils, sans personne pour les aider. À part un binet mort.

— Moi, je crois qu'il dort, insiste-t-elle.

Il mâchouille toujours son tee-shirt. Normalement, elle lui dirait d'arrêter, mais cette fois elle l'ignore.

— J'ai soif.

Elle se réjouit qu'il ait changé de sujet. Elle fouille dans son sac, contente que ce ne soit pas l'un des jours où elle insiste pour le faire boire aux fontaines à eau.

— Tiens, ta flotte, dit-elle en lui tendant sa bouteille d'eau en plastique.

— Mmm, savoure-t-il après une longue gorgée, une moustache humide, brillante, sur la lèvre supérieure. Elle est encore bien froide !

Il s'octroie quelques gorgées de plus, l'eau ruisselant le long de sa mâchoire, finit par baisser la bouteille, et s'essuie la bouche avec le bas de son tee-shirt.

Une fois ou deux, en parlant avec des adultes, elle a utilisé le mot « flotte » pour dire « eau ». C'est un mot réel, accepté dans la maison, comme tous ceux du dictionnaire, un des nombreux mots qui ont changé de sens à l'arrivée de Lincoln. Un bavoir est un « gentil chien » parce qu'ils avaient un livre où un chien malpropre mettait de la nourriture partout, et où un gentil chien portait un bavoir. « Je pourrais avoir un gentil chien ? » demande-t-il quand il voit qu'il en met plein son tee-shirt. Les jointures de ses doigts sont des genoux-de-doigts. Il avait tout un vocabulaire de non-mots quand il était petit. Pendant un temps, il a appelé les balles des « dahs », et les raisins des « zuh-zahs ». Son signe pour « peindre » était un froncement de nez, parce qu'une fois, au lieu de la peinture avec les doigts, ils avaient essayé la peinture avec le nez, et apparemment, ça lui avait fait une forte impression.

Il levait un bras en l'air, le poignet replié, et c'était le signe pour « flamant rose ».

Il faisait un son sifflant pour demander davantage d'œufs, *Sssssss*, comme le crépitement que font les œufs quand on les met dans la poêle. Il a donné vie à son propre langage.

Il y a tant de choses qui n'existaient pas avant lui.

III

S'IL Y A UNE CHOSE DONT KAILYNN EST SÛRE, c'est que tout ça, c'est la faute de sa mère. Si elle ne l'avait pas privée de téléphone, on n'en serait pas là. Kailynn ne resterait pas, les bras croisés, elle appellerait la police ou son papa, enfin, quelqu'un. Alors que, sans nouvelles d'elle, les gens doivent se ronger les sangs. Elle repense au zillion de messages que Victoria, à l'école, avait postés suite au traumatisme qu'elle avait subi lors d'un accident de voiture. Tout le monde était hyper inquiet. Or ce n'est rien à côté du fait d'être piégée dans un zoo, dans une réserve.

Seulement voilà, juste parce qu'elle a eu une panne d'oreiller trois matins de suite, qu'elle a raté le ramassage scolaire et que sa mère a dû la conduire à l'école, juste à cause de ça, Kailynn a été privée de téléphone. L'avantage c'est que maintenant, il y a de bonnes chances pour que sa mère se sente tellement coupable qu'elle lui en paiera un tout neuf pour se faire pardonner.

Ça réussirait presque à la réconforter, mais pas tout à fait. La porte d'acier est compacte et froide sous sa main, elle aime le contact lisse du métal, alors elle écarte les doigts comme si elle prenait une empreinte palmaire. Sa main est collante à cause du ketchup.

Elle est toute seule. Ce qui n'arrive jamais quand elle a son portable.

Sans compter que le troisième jour où elle a été en retard, elle a regardé par la fenêtre de sa chambre, et en voyant les autres filles dans le bus scolaire qui reculait dans son allée, elle a couru pour les rattraper. Ce n'est tout de même pas sa faute si elles sont parties aussi vite. Ça n'aurait absolument pas dû compter comme un retard. Mais sa mère n'a rien voulu savoir.

Kailynn tourne le verrou, entrebâille la porte et jette un coup d'œil par un infime interstice. Rien. Personne. Elle écarte les cheveux de son visage et mord dans un Z'animo. Le biscuit est en forme de girafe. Le chocolat chasse le goût de coton qu'elle a dans la bouche, mais elle préférerait quand même des beignets d'oignon ou des frites.

La nourriture est toujours un réconfort.

Son papa se moque d'elle parce qu'elle n'aime pas être toute seule, parce qu'elle peut faire ses devoirs n'importe où pourvu qu'il y ait quelqu'un dans la pièce – dans le séjour, quand il regarde la télé, ou dans la cuisine, avec sa mère, quand elle nettoie le plan de travail. D'après lui, elle ne veut même pas avoir une chambre à elle, et ça doit être vrai parce qu'elle dort encore avec sa sœur alors qu'on lui a dit que, comme elle était l'aînée, elle pourrait descendre s'installer au sous-sol. Mais elle aime bien entendre quelqu'un d'autre respirer pendant qu'elle essaie de s'endormir.

Ah, si seulement sa mère était là…

Enfin, ça va. Elle est dans l'endroit le plus sûr qui soit, et si quelqu'un revient, elle n'aura qu'à verrouiller la porte et il ne pourra jamais l'atteindre. C'est idiot d'avoir peur. Son père n'aurait pas peur, lui. Quand il était petit, il était allé dans les bois avec un pistolet, il avait tué des animaux et leur avait ouvert le ventre pour voir comment c'était fait à l'intérieur. Il avait mis le feu à une chaise rien que pour la regarder brûler. Il ne restait jamais les bras croisés à attendre. C'était quelqu'un qui agissait.

Elle aussi voudrait être quelqu'un qui agit.

Elle grignote un autre Z'animo. Un lion cette fois.

III

MARGARET GÈRE TOUJOURS SON ALLURE de façon à arriver au niveau des éléphants à 17 h 10, moment où les soigneurs sont au nourrissage et ordonnent aux animaux d'avancer, de reculer, de s'agenouiller et de lever les pattes. Ils racontent que cette routine de fin de journée sert à vérifier les problèmes d'articulations ou de sabots, mais Margaret les soupçonne de faire ça pour frimer.

Elle aime quand même les regarder. C'est un numéro de cirque gratuit, et elle est apparemment la seule dans le zoo à en connaître l'existence. Elle n'arrive pas à comprendre ce que ces vieux en tenue de jogging qui trottinent autour des centres commerciaux ont dans la tête. Elle vient ici tous les lundis, mercredis et jeudis, en marchant aussi vite qu'elle peut pendant une heure exactement, comme le docteur l'a recommandé. Elle retourne toujours au parking quand les éléphants ont été reconduits dans leur bâtiment de brique et de métal.

Margaret est ponctuelle, contrairement aux soigneurs. Parfois, quand elle arrive, il n'y a personne dans l'enclos en dehors de deux éléphants perplexes. Ils sont plus fiables que leurs gardiens. Les soigneurs doivent être des jeunes de la génération Y, plus intéressés par le yoga et la paix intérieure que par leur boulot.

Et donc, aujourd'hui, quand elle découvre l'enclos vide, ce n'est pas l'absence d'êtres humains qui l'étonne mais celle des éléphants. Elle les aperçoit au loin, marcher pesamment dans la savane paysagée. Ils sont désorientés, leur routine bouleversée. Elle attend quelques minutes à l'ombre d'une gigantesque caisse de métal. Elle a gardé ses écouteurs – elle est presque à la fin de son Patricia Cornwell ; plus que deux chapitres. Elle regarde la pancarte apposée sur la caisse. Une question : VOUS NE VOUS ÊTES JAMAIS DEMANDÉ COMMENT ON TRANSPORTE UN ÉLÉPHANT ?

Elle finit par enlever ses écouteurs et mettre son lecteur MP3 dans sa poche, et elle sent aussitôt que quelque chose ne va pas. Elle se crispe, sans raison précise. Elle décide que c'est à cause du silence et de l'immobilité. Elle regarde sa montre en se demandant tout à coup si elle n'a pas perdu la notion du temps. Mais non, elle a encore quelques minutes avant la fermeture.

Normalement, elle devrait croiser quelques autres visiteurs qui se hâteraient de regagner la sortie. Là, elle ne voit personne.

Certes, elle est au pied d'une pente assez raide, à la limite du domaine des éléphants. Entre la colline devant elle et la caisse de métal à sa droite, elle ne distingue pas grand-chose. Elle commence à gravir la pente, essaie d'oublier son appréhension, mais avant d'arriver en haut, elle entend deux sons rapides, comme des petites décharges d'électricité statique ou des coups de tonnerre. Presque en même temps, elle entend une voix stridente, une seule note. On ne peut pas dire que ce soit un cri.

Elle avance encore, suffisamment pour voir le toit de chaume du restaurant à thème, et elle entend un bruit de pas qui approche rapidement. Elle ne saurait dire pourquoi, elle fait aussitôt demi-tour, mettant son mauvais genou à rude épreuve, et redescend vers le pied de la colline. Elle ignore la douleur et se précipite dans l'ouverture de la grande caisse de métal. À l'intérieur, il fait plus noir qu'elle ne pensait.

Elle s'adosse à la paroi de métal, qui est froid contre ses bras. Elle se sent idiote, mais elle s'enfonce plus profondément dans l'ombre sans quitter des yeux l'ouverture de la caisse, surveillant la vision inchangée du sable de l'enclos des éléphants. Elle entend encore un bruit de pas, puis des voix étouffées, et les pas accélèrent. Elle entend quelqu'un entrechoquer des objets de métal ou de verre. Une porte qui claque. D'autres détonations sèches.

Elle se demande si les éléphants peuvent être claustrophobes. La pierre turquoise de son collier est fraîche sur sa peau. Elle y porte ses doigts. Elle l'a achetée parce qu'elle était exactement de la même couleur que sa polaire. Elle retire encore une certaine satisfaction de cet accord parfait.

Elle ne sait pas combien de minutes ont passé. Elle n'a pas bougé, parce que, quoi qu'il arrive, Margaret ne croit pas aux vertus de la précipitation. Elle aime envisager les problèmes dans leur globalité. Ce qui lui a bien réussi quand elle s'est éclairci les cheveux, maintenant d'un blond de miel qui cache le gris, et elle a bien fait d'acheter une maison de ville assez récente mais sans intérêt au lieu de la jolie petite maison Art déco qui avait des problèmes de toiture, et elle a bien fait de ne rien dire quand sa fille a décidé de garder son petit-fils à la maison pour lui faire l'école alors que Dieu sait qu'il aurait besoin d'un peu d'interaction sociale.

Margaret pense à la tête de sa fille, à l'air éternellement fatigué, parce qu'elle refuse de mettre du rouge à lèvres quand elle sort de chez elle.

Une mouche plonge dans la caisse et se perd dans le noir. Il y a un certain temps qu'elle n'entend plus un bruit. Ce qui paraissait tellement réel sur le moment ressemble maintenant à une espèce de crise de panique, et elle est reprise d'une sorte d'inquiétude familière, clinique, qui touche aux préludes de la maladie d'Alzheimer, ou à une tumeur du cerveau. Il y a toutes sortes d'explications au fait de voir des gens se mettre à courir et d'entendre des cris dans le lointain. Des adolescents, probablement. Il se peut qu'elle soit déjà enfermée dans le zoo, et elle n'a plus qu'à trouver un employé condescendant pour la faire sortir, en tout cas, elle ne peut pas rester ici plus longtemps, cachée dans une caisse géante. Donc elle sort, et remarque que le soleil a disparu derrière la lisière des arbres. Elle monte lentement vers le haut de la colline afin de permettre à son genou de se dérouiller : le pire, c'est quand elle reste debout. Elle ne voit rien, que les mêmes enclos – le terrain de jeux sur la droite et les singes qui se balancent au bout de leurs cordes dans la maison des primates.

Elle n'est qu'une vieille femme trouillarde.

Elle regarde vers le bout du sentier et se dirige vers le Snack du Sahara ou quelque chose dans le genre. Elle entend le bruit de ses semelles en caoutchouc sur le ciment, et une odeur étrange plane dans l'air. Ça sent la fumée. Elle shoote accidentellement dans une tasse pour bébé abandonnée par terre. Elle passe sous le toit de chaume du restaurant, et alors qu'elle sort de son ombre, elle aperçoit un mouvement à travers une haie de plantes tropicales. Les distributeurs automatiques lui bloquent la vue. Peut-être n'étaient-ce que des plantes agitées par le vent, mais il aurait pu s'agir d'une personne sur l'un des autres sentiers. Un employé ?

Elle s'engage sur l'étendue de béton et se dirige vers le distributeur de Coca-Cola. Il y a une porte qui conduit vers le restaurant, juste avant d'arriver aux machines.

Mais elle ne la remarque qu'au moment où elle passe devant.

Elle ne la remarque que lorsqu'elle s'ouvre.

Elle ne la remarque que lorsqu'une main en jaillit et l'attire à l'intérieur.

III

Il a perdu Mark. Robby ne sait plus quoi faire, il est debout tout seul, à regarder les cochons. Mark saurait quoi faire lui, c'est sûr, et il ne peut pas avoir tout simplement disparu. L'ennui, c'est qu'il est tellement silencieux, Mark. C'est le problème. Il a le chic pour s'éclipser sans qu'on s'en aperçoive.

Personne n'a jamais dit que Robby était trop silencieux.

Ils étaient près du lac, Mark et lui, juste à côté l'un de l'autre, quand les premiers tirs ont fendu l'air – on ne pouvait pas vraiment voir les balles, mais on voyait voltiger les éclats de brique, les petits bouts de feuille et de branche de l'habitat des perroquets, et aussi les plumes, des plumes multicolores, et tout tourbillonnait dans l'air, qui était plein de choses comme dans une tornade, mais plus vite, et personne ne lui avait jamais dit que les armes à feu pouvaient faire cet effet-là. Il y avait des cris, du genre inarticulés, et aussi des tas de noms que les gens criaient – « Elizabeth ! » – encore et encore. Il est resté un instant figé par tout ça, et puis ils se sont mis à courir, Mark et lui, suivant les quelques personnes encore capables de bouger – à ce moment-là, il y en avait une douzaine à peu près étalées par terre, sur le dos, sur le ventre. Il a enjambé une femme qui marmonnaot des paroles inintelligibles et il est parti en courant vers le haut de la colline. Là-haut, ils ont essayé le restaurant, sans succès, alors ils se sont dirigés vers les félins de la jungle. Mark était encore juste à côté de lui à ce moment-là, mais quand Robby a regardé par-dessus son épaule, Mark avait disparu. Alors Robby s'est arrêté dans ce kiosque à l'ombre, près des cochons sauvages, sauf que la pancarte dit que ce sont des sangliers.

C'est un assez bon endroit, parce qu'il est entouré de murs, donc de loin on ne peut pas le voir, alors que lui il peut regarder par les interstices entre les planches et observer le sentier. Les sangliers reniflent la terre dans leur enclos, ils ont les défenses sales. Ils se fichent des armes à feu et des balles, ça, il peut le jurer.

Robby ne sait pas s'il doit repartir ou attendre ici. Est-ce qu'il doit appeler Mark ? Et s'il était entendu par les mauvaises personnes ?

Le plus simple est d'attendre. D'observer. Il est doué pour l'observation.

Il n'y a pas tellement de choses pour lesquelles il est doué. Il pense à une fête d'anniversaire, il y a très longtemps, sauf qu'il n'a pas envie d'y penser. Il essaie de se concentrer sur les sangliers, sur la taille de leur tête et leur absence de cou, et non, il ne pensera pas à l'anniversaire, mais d'une façon ou d'une autre il active le mauvais neurone, pas un qui supprime, un qui déclenche, et voilà : il pense au jour où il est allé à la fête d'Aidan, celle où sa mère lui avait dit qu'il y aurait des marshmallows grillés, or il adorait les marshmallows grillés. La mère d'Aidan avait ouvert la porte, l'avait serré sur son cœur et lui avait montré la tente qu'elle avait dressée dans le salon.

La mère d'Aidan était jolie, elle avait des cheveux noirs très longs, elle était particulièrement gentille et elle était d'accord avec lui pour dire que les Raiders avaient le logo de la NFL le plus effrayant. Dans ses souvenirs, il avait passé un bon moment à parler avec elle, et c'était tellement agréable quand quelqu'un vous écoutait. Pendant ce temps-là, les autres gamins étaient occupés ailleurs – à une sorte de jeu de pêche à la ligne, avec des épingles à nourrice et de la ficelle – et puis il avait eu besoin d'aller aux toilettes. Et quand il était revenu dans le couloir, il avait entendu la maman d'Aidan parler.

— J'ai quelque chose à vous dire, à vous tous.

Elle avait une voix très grave, et il s'était dépêché, parce qu'il ne voulait pas manquer les consignes sur les biscuits sablés et le chocolat.

— Je veux que vous soyez gentils avec Robby, continua-t-elle juste au moment où il était arrivé à la porte, juste au moment où il s'était plaqué contre le mur, se rendant invisible. Il est spécial, c'est tout.

Robby savait déjà qu'il n'était pas tout à fait comme les autres. Mais ce n'était pas pareil de se l'entendre dire. La maman d'Aidan essayait de donner l'impression qu'elle lui faisait un compliment, mais ça n'en était pas un, et il le savait, et tous les autres aussi.

Enfin, maintenant, il est là, avec rien que des cochons sauvages pour compagnie, et ils sont couverts de boue et de merde, dégoûtants, alors qu'aujourd'hui ça devait être différent, pas vrai ? Enfin, il participait à quelque chose. Il était à sa place. Mais peut-être que les autres avaient seulement fait preuve de patience, et peut-être que c'est eux qui avaient tramé tout ça depuis le début. Non. Ça n'a pas de sens.

Il s'essuie les mains sur son pantalon. Déplie les doigts, les replie. Il a les mains moites. C'était un autre problème avec les fêtes d'enfants : trop de jeux où on se prenait par la main, et ils disaient, « Oh, tes mains », et une fois même un adulte l'avait appelé « le gamin aux mains moites ». Mais la brise aide, elle sèche ses paumes, et il ne peut tout simplement pas rester planté là comme un dégonflé. Il doit réfléchir, même s'il est meilleur pour ressentir, enfin pas génial non plus, mais il ressent très fort. Il ressent *trop*. Plus que les autres gens, et il le leur dit, des fois, mais ils ne comprennent pas.

Il est censé faire attention. Il regarde à droite et à gauche, se concentre sur tout ce qui pourrait bouger. Il devrait chercher des gens. Il y a un battement de queue dans l'enclos des zèbres, plus loin le long de l'allée. Les rails du petit train. Les arbres. Des écureuils dans les branches, qui se courent après. Il essaie de regarder tout ça.

Avant de perdre Mark, Robby l'a entendu dire qu'ils allaient mourir s'ils ne sortaient pas de là. Il regarde encore les sangliers. Il pense à la femme qui marmonnait, celle qu'il avait enjambée en courant. Elle portait un uniforme du zoo kaki, et presque exactement la moitié de sa jupe était devenue d'un rouge violacé. Il regarde les sangliers et se demande comment ça ferait d'en avoir un comme animal domestique, et il pense la même chose des écureuils, des animaux domestiques, mais aussi des deux écureuils qui se pourchassent, et est-ce que c'est un jeu ou quelque chose de sérieux, et qu'est-ce que ces écureuils pensent l'un de l'autre ?

Réfléchis.

Réfléchis.

Est-ce que tous les autres ont autant de mal à garder leurs pensées bien en ordre, comme des wagons de train accrochés les uns aux autres ? Il s'égare toujours, et les sentiments reprennent le dessus. Où est Mark ? Est-ce qu'il va rester là tout seul jusqu'à ce que des hommes avec des fusils viennent lui tirer dessus et le tuent, et si c'était la plus grosse bêtise qu'il ait jamais faite de venir au zoo aujourd'hui ? Est-ce que c'était de la stupidité ? Il est stupide, la plupart du temps. Il y a des moments où il en est sûr, sa mère déteste toujours quand il dit ça, et sa mère… Il ferme les yeux, essaie de reprendre son souffle. Pourquoi est-ce qu'il fait ça ? Pourquoi est-ce qu'il se retrouve toujours, trop tard, à regretter de ne pas pouvoir défaire les choses, regretter de ne pas pouvoir recommencer de zéro, détester à quel point il a merdé, et pourtant savoir qu'il va recommencer à merder ?

L'un des sangliers pisse. Ce sont des animaux grossiers, laids, à l'air stupide, et d'abord, pourquoi est-ce qu'ils se sont laissé capturer et enfermer dans une cage ?

Il relève le fusil, prend le canon dans sa main, le soulève au-dessus de la palissade. Il presse la détente. Il entend moins bien, comme s'il avait des boules Quies, depuis qu'ils sont passés par l'entrée, et il regrette qu'ils n'aient pas pensé à apporter des cache-oreilles, mais là, les coups de feu ont l'air moins sonores. Il cherche la vitesse plutôt que la précision, et vise la tête, le ventre, la queue : il aimerait lui tirer sur la queue. Il n'est qu'à quelques mètres, au lieu de quarante ou cinquante comme au stand de tir, et sa cible ne bouge pas comme les gens, alors il est étonné par les dégâts qu'il produit. Le premier cochon est éventré, tout sort de son ventre en fumant, et le deuxième sanglier est mort aussi, alors il quitte le kiosque avant que l'odeur lui parvienne aux narines.

Personne ne lui avait jamais parlé de l'odeur.

Il garde le doigt replié autour de la détente de son Bushmaster, un classique, et il se sent à nouveau solide. Il a réussi à reprendre le contrôle de ses pensées et de son ressenti. Il ne sait pas pourquoi Mark lui raconte des conneries comme quoi il faudrait rajuster la poignée, comment la carcasse de crosse arrière prolongée lui donnerait un meilleur angle. Il l'aime juste comme il est. Il l'a bien en main.

Il entend des pas. Il se retourne, prêt à tirer.

— Du calme, crétin ! s'écrie Mark, en se penchant si bas qu'il se retrouve presque à genoux.

Il a son Glock à la main, et un Smith & Wesson dans son holster.

Robby abaisse le canon de son fusil d'assaut.

— Où étais-tu passé ?

— À la chasse. Je croyais que tu étais juste derrière moi. Tu es prêt ?

Robby hoche la tête.

18 h 00

JOAN N'A JAMAIS ÉTÉ AUSSI ATTENTIVE au changement du ciel. La bande embrasée qu'elle voyait après la disparition du soleil s'est étendue et intensifiée. Elle strie le ciel tout entier, de la couleur d'une pêche épluchée. Les couleurs ne font que s'accentuer.

Elle entend un bruit depuis la Zone des primates. Quelque chose de lourd, un claquement, une porte qui s'est refermée ou une masse qu'on a laissé tomber. À nouveau le *bang* de choses qui ne sont pas des ballons – sur un rythme semblable à des ongles qui tambourineraient rapidement sur un bureau – et puis un bruit de verre cassé. Et un couinement aigu, pas humain.

Tout cela est étouffé, comme quand on baisse un peu trop le volume, mais il est clair que quelqu'un se déplace dans le bâtiment. Quelqu'un qui n'a pas peur qu'on l'entende.

— Chht, murmure-t-elle à Lincoln. Ne dis pas un mot. Reste immobile comme une statue. Il arrive.

Lincoln ne lui demande pas qui.

— Passe tes bras autour de moi, ajoute-t-elle. Ferme les yeux et disparais.

Elle voudrait pouvoir fermer les yeux aussi, mais non. À la place, elle synchronise sa respiration sur la sienne. Elle sent qu'il croise les mains dans ses cheveux et les plaque sur sa nuque. Elle le sent contre elle, des pieds jusqu'au front.

Il n'est pas détaché, comme certains petits garçons. Il n'est qu'une boule chaude d'affection. Il sait qu'il a la permission de grimper dans leur lit à sept heures et demie, le matin – sept-trois-zéro, comme il dit –, et il respecte scrupuleusement ces conditions. Et même s'il se réveille plus tôt, il reste à chantonner dans son lit jusqu'à l'heure précise, puis il attrape une brassée d'animaux en peluche, il ouvre la porte de leur chambre et il annonce : « Il est sept-trois-zéro. Je viens faire un câlin. »

Alors elle soulève les couvertures, ouvre les bras, et certaines fois, il niche sa tête contre son épaule ou son cou, en fermant les yeux très fort, il lance : « J'ai disparu », et elle regrette que ça ne marche pas comme ça. Qu'elle ne puisse pas l'attirer contre elle et le faire disparaître là tout de suite.

Un autre piaulement de l'intérieur du bâtiment. On dirait bizarrement un perroquet, bien qu'il n'y ait pas de perroquets à cet endroit.

Le souffle de Lincoln est humide et lourd. Un sac en plastique vole par-dessus la clôture grillagée, il se gonfle et s'aplatit au gré du vent comme une méduse prisonnière d'une vague.

Elle inspire et expire, inspire, expire.

Elle pense qu'elle va entendre un bruit de pas – c'est ce qu'elle guette, parce que c'est comme ça que ça marche dans les histoires, mais elle n'entend rien qui ressemble à des pas pesants. Elle était sûre qu'il porterait de grosses chaussures, quelque chose qui ferait beaucoup de bruit, mais il n'y a que le silence pendant de longues, longues secondes, quand elle entend le soupir de la porte vitrée qui coulisse – un son beaucoup plus complexe qu'elle ne l'avait jamais réalisé, un long souffle, un bref gémissement puis un bruit d'air aspiré – et même après, après l'ouverture de la porte et la fin du gémissement, elle n'entend pas de pas qui s'approchent.

Au lieu de cela, il y a le doux murmure de la porte coulissante qui se referme, et puis plus rien. Elle regarde de l'autre côté de l'enclos, vers la clôture grillagée, vers les pins, et cherche le sac en plastique qui flottait, mais elle ne voit qu'une feuille qui vole dans le vide, piégée par une toile d'araignée. Elle commence à se dire qu'il n'y avait peut-être personne, après tout, que ce n'était peut-être que le vent, ou même qu'elle avait seulement imaginé tous ces sons.

Et puis les voix arrivent, une voix calme, l'autre non.

— Rien de rien, dit la grosse voix.

— T'es jamais allé à la chasse ? demande la voix plus douce, rauque, comme s'il venait de tousser. Ta gueule, ducon.

Ils sont deux. Il y a deux hommes. Ils doivent être sur la passerelle en bois qui surplombe l'enclos. Ça signifie qu'ils sont séparés de Lincoln et elle par la rambarde qui leur arrive à la hauteur de la taille, une douzaine de pas, et la masse rocheuse tellement dure et compacte derrière sa colonne vertébrale.

Elle ne peut s'empêcher de les imaginer d'après ces quelques schémas sonores. Celui à la voix douce, elle se le représente comme le grand garçon de son cours de maths au lycée. Il était d'une intelligence démentielle, mais généralement shooté, et il avait les cheveux trop longs, coupés n'importe comment. Il ne prenait jamais la parole à moins qu'on l'appelle au tableau, et quand la prof, Mme Vinson, le faisait, c'était toujours parce qu'elle avait remarqué qu'il regardait voler les mouches, ou qu'il renouait ses lacets, comme s'il ignorait intentionnellement le cours, alors elle aboyait son nom, d'une voix sèche, contrariée, et elle lui posait une question particulière dont il ne pouvait absolument pas connaître la réponse, sauf qu'il la connaissait à chaque fois. Il ne se loupait jamais, et il parlait toujours un peu trop doucement, de sorte qu'on était obligé de tendre l'oreille pour l'entendre, et on tendait toujours l'oreille, parce qu'il existait un combat constant et subtil entre Mme Vinson et lui, et est-ce qu'il serait pris en défaut, un jour ? Mais il ne l'était jamais.

— S'il n'y a personne..., fait remarquer la voix qui veut être entendue.

— Pas d'animaux.

— C'est pas comme...

— Plus d'animaux.

Celui qui parle fort, elle l'imagine en surpoids, et elle soupçonne qu'il a une tête trop grosse pour son corps. Le tee-shirt sorti du pantalon, les doigts boudinés. Le genre d'individu qui a l'impression de ne pas être tout à fait à sa place, alors il redouble d'efforts pour rentrer dans le moule, et ça ne fait qu'empirer les choses.

Elle ne les voit pas arabes – elle s'est posé la question, évidemment. Mais ils n'ont pas l'air d'être ce genre de terroristes. On dirait de jeunes hommes blancs détestables – n'est-ce pas toujours le cas ? – et elle ne sait pas trop si ça les rend plus ou moins dangereux que des fanatiques embarqués dans le djihad.

Elle entend s'ouvrir la seconde porte, celle qui mène vers les orangs-outans. Lincoln fait un bruit minuscule, il remue la tête, et elle sait qu'il va prononcer son nom – ou plutôt « maman », qui est presque devenu son nom –, alors elle le fait taire en lui caressant la tête, et il ne dit rien, mais elle se demande pendant combien de temps il va garder le silence.

Sa tennis s'enfonce dans sa cuisse.

La feuille se balance avec une lenteur impossible sur la toile d'araignée. Si seulement elle pouvait s'arrêter complètement, parce qu'elle n'aime pas le mouvement. Elle voudrait que tout se fige.

Elle voudrait que toute la scène se change en un tableau où personne ne pourrait bouger.

— Tu n'as jamais eu envie de tirer sur un lion ? demande le plus fort (le lourdaud). Faire un safari ? Je sais que tu l'as fait.

— Ce n'était pas un lion.

— Non, mais qu'est-ce que c'était, putain ? Tout noir et blanc, hirsute, et avec ces dents... C'était pas un singe, ce truc.

C'était un colobe, se dit-elle. Elle aime leur barbe blanche, leurs yeux tristes, et la façon dont leur fourrure fait comme des rideaux qui pendent de leurs bras. Ils sont accrochés à leurs cordes oscillantes dans un habitacle d'angle, entre les lémuriens et les gibbons.

— Tais-toi, fait le presque-garçon de son cours de maths.

— Il n'y a plus personne, déclare le gros. Et sérieusement, la façon dont ce sanglier a explosé, tu aurais dû...

— Ta gueule. Il y en a d'autres. Allez, viens.

Elle remarque la tension de ses propres muscles, la façon dont son corps s'est durci, forme une coquille. Elle serre à nouveau les dents. Lincoln dessine un schéma sur sa nuque, le bout des doigts léger, mais en dehors de ça, il est immobile.

— C'est de la triche d'amener ce truc, dit le calme sur un ton exaspéré. Où est le sport ? Tu tires trente balles d'un coup. Où est le talent ?

— Jaloux ? se moque celui à la grosse voix.

Pourquoi sont-ils encore là à bavarder ? Pourquoi n'ont-ils pas franchi la porte qu'ils ont ouverte il y a des lustres ?

— Tu es aveugle, mon bijou ? demande la grosse voix, beaucoup plus fort tout à coup, si fort qu'elle sursaute. Es-tu une taupe qui fouille dans la gadoue ? Es-tu un poisson sans yeux, plein de merde, ou une larve qui se tortille en gémissant ?

— Je ne suis pas aveugle, répond le calme, l'air moins ennuyé, sauf que ça n'a pas l'air d'être tout à fait sa voix. (Il parle plus lentement, d'une voix plus grave. Comme s'il jouait un rôle.) Je réfléchis.

— C'est pareil, mon bijou.

Il y a quelque chose de bizarre chez eux, pense-t-elle. Dans leurs voix. Dans ce « mon bijou ».

— Tu crois vraiment qu'il y en a d'autres ? demande celui qui parle fort.

Il a repris une voix normale, débarrassée du phrasé traînant qu'il affectait un instant plus tôt. Elle attend que le plus calme réponde, mais il ne le fait pas. Le silence est tellement pire que quand ils parlent. Ont-ils vu une mèche de ses cheveux voler au-dessus du rocher ? Est-ce qu'ils sont en train d'épauler leurs fusils, de lever la jambe pour franchir la rambarde ? Ou le calme se contente-t-il de hocher la tête en réponse ? Est-ce qu'ils sont en train de lacer leurs chaussures ou de rajuster leurs queues de cheval ? Est-ce qu'ils ont des queues de cheval et pourquoi pas des couteaux, et est-ce qu'ils sont intelligents ou stupides, ou fous, et est-ce qu'ils ont un plan est-ce qu'ils ont une stratégie sont-ils suicidaires sont-ils sadiques qu'est-ce qu'ils veulent ?

Comment pourrait-elle le savoir ? Elle ne peut même pas les voir. L'ennemi est tout près, elle tient une chance de savoir – quelque chose, n'importe quoi, qui lui permettrait de donner un sens à tout ça –, et elle n'a que des bribes d'informations : des singes, des « mon bijou » et des maths. Bref, rien de logique.

Elle entend le craquement de la passerelle en bois sous leurs pieds.

— Allez, viens, ordonne le calme.

— Oui, m'sieur !

Un éclat de rire. Puis la porte se referme avec son *whoosh* d'air aspiré, et un petit écho. Elle se rend compte qu'elle émet un *chhhh* continu, tout bas, près de l'oreille de Lincoln. On dirait un enfant qui imite le vent. Mais elle n'arrête pas, parce qu'il est tranquille, et qu'elle ne veut pas qu'il parle. Elle resserre les bras autour de lui. Si elle pouvait, elle se figerait avec lui pendant une bonne heure ou deux, une journée, pour toujours, assez longtemps pour qu'il ne se rappelle jamais le bruit des voix.

Lincoln s'agite. Le haut de sa tête heurte sa mâchoire.

— J'ai le roquet, murmure-t-il.

Elle ouvre la bouche, mais seule une espèce de grognement silencieux s'en échappe. Elle a la gorge nouée. Elle essaie à nouveau.

— Chhht, dit-elle.

— J'ai le roquet, répète-t-il encore plus bas.

— Oh, réussit-elle à énoncer.

C'est l'un des premiers jeux de mots qu'il a inventé : il veut dire qu'il a le hoquet. Elle a toujours pensé que c'était sa première blague, mais elle se souvient maintenant – quand elle baisse les yeux et se concentre sur son visage et sur son souffle qui sent le chocolat de son goûter – qu'avant même de savoir parler, il faisait semblant de se pencher et de boire son café, alors elle disait : « Les bébés ne boivent pas de café ! » et il se tordait de rire.

Il trouvait aussi hilarant de mettre ses pieds sur un livre.

Elle l'écarte légèrement de son propre corps et l'assoit sur ses genoux.

— Essaie de retenir ta respiration et ensuite avale l'air dans ta bouche, chuchote-t-elle.

Il fronce les sourcils et réitère :

— J'ai le roquet.

Elle le regarde en clignant des yeux plusieurs fois avant de comprendre : elle rigole toujours quand il fait la blague du roquet. C'est ça : il sait qu'elle va rire, et comme elle n'a pas ri, il essaie à nouveau.

— Je suis bête, dit-elle, et elle émet un bruit dont elle espère qu'il peut passer pour un rire.

Des coups de feu trouent le silence. Elle ne pense plus que ce sont des ballons qui éclatent. Elle tique, mais au moins maintenant elle sait qu'ils ne sont plus à côté. Cela dit, les coups de feu sont rapprochés, avec à peine une pause entre deux tirs.

Elle pense à la voix calme qui disait à la grosse voix que c'était de la triche, trente d'un coup.

Lincoln a un nouveau hoquet. Il ne mentionne pas les coups de feu, et elle non plus.

Elle regarde la ligne d'horizon. Seuls les arbres bougent.

Tout à coup, son téléphone prend vie. Il vibre sur le sol dur, annonçant sa présence alors même qu'elle a coupé la sonnerie. Elle regarde l'écran s'allumer, ramasse l'appareil pour l'empêcher de faire trop de bruit.

Il fera bientôt complètement noir, et l'écran sera encore plus visible. Le téléphone est en train de devenir un vrai problème.

Je suis devant le zoo, écrit son mari. **La police a tout bloqué, mais nous sommes un groupe sur Essex Str. à attendre. On est une dizaine pour l'instant, et on demande tous s'il y a encore quelqu'un**

à l'intérieur. Alors il doit y avoir d'autres gens là-dedans avec vous. La police ne veut rien nous dire.

Elle réfléchit au message, ne sachant trop ce qu'elle doit lui raconter. Elle sait qu'il y a d'autres personnes à l'intérieur avec eux. Elle les a vus étalées sur le trottoir. Et puis la police se trompe : le tireur n'est pas tout seul. Elle doit le lui dire, mais ça implique de lui révéler que les hommes étaient presque assez près pour qu'elle les touche.

Elle doit lui répondre.

Est-ce qu'ils sont dans le zoo ? La police ? tape-t-elle.

On ne sait pas encore. On ne voit même pas l'entrée du zoo. Ils nous disent d'attendre ici. Qu'ils gèrent la situation. Vois pas ce que je peux faire d'autre.

Elle éprouve un éclair de lassitude familier. Elle le soupçonne d'espérer en réalité qu'elle va lui dire quoi faire. Il y a des moments où elle a l'impression de devoir s'occuper de tout – ce que Lincoln doit emporter pour sa sortie scolaire, quand les gens doivent passer pour la désinsectisation et qu'est-ce qu'on va faire il n'y a presque plus de lait… Pourquoi y a-t-il un millier de petites choses qui lui retombent dessus et pourquoi Paul est-il tellement content de la laisser gérer tout ça ? Même là, il voudrait qu'elle soit quoi, plus responsable ? Plus coupable ?

Elle baisse les yeux sur son message, sur les caractères noirs, indifférents. Intolérables.

Elle préfère cent fois son écriture manuscrite. Tous les matins, il lui laisse un mot sur le comptoir de la cuisine : « Je suis amoureux de toi, et spécialement de ton cul » ou « Tu es ma prise de 1er choix ». Il lui fait son café pour qu'il soit chaud quand elle se réveille, alors qu'il n'en boit pas lui-même.

Il est le danseur le plus désinhibé qu'elle ait jamais connu.

On va bien, écrit-elle. **Au moins, il n'y a pas de mascottes ici.**

Le pire scénario possible, répond-il immédiatement.

Pour un peu, elle sourirait.

D'après les infos il y aurait un tireur. Mais ils sont deux. Je les ai entendus passer, pianote-t-elle.

Il met plus longtemps à répondre qu'elle ne pensait. Il imagine sûrement des choses terribles, même en sachant qu'elles ne se sont pas produites.

Ils sont passés à côté de vous ?

Ils ne nous ont pas vus. Dis à la police qu'ils sont deux, j'en suis sûre. Mais je n'ai entendu que des voix. Je n'ai rien vu.

Je vais le leur dire.

Elle sait qu'il voudrait prolonger l'échange, mais elle ne lui en laisse pas l'occasion. Elle écrit qu'elle doit faire attention et qu'elle l'aime, il lui répond la même chose, et puis le téléphone s'éteint à nouveau. Il y a un soulagement dans le noir.

— Le roquet est parti ? demande-t-elle à son fils.

— Je crois, répond Lincoln.

Joan essaie de se remettre dans l'état d'esprit voulu pour lui parler – tout bas, le plus bas possible – pour que tout soit normal et comme il faut. Une partie considérable du rôle de parent est de feindre des états d'esprit qu'on ne ressent pas vraiment. Elle se l'est déjà dit plus d'une fois en écoutant ses bonhommes se livrer bataille pendant des heures d'affilée, mais maintenant, il semblerait que tous ces interminables combats n'aient pas été vains – peut-être ont-ils, d'une certaine manière, servi d'entraînement.

Elle est douée pour faire semblant.

Elle regarde l'herbe. Elle croit voir un serpent, mais ce n'est qu'un bâton. Et puis les sirènes se font à nouveau entendre, mais elles ne viennent pas du parking. Elles s'intensifient : elles viennent de loin et se rapprochent. Elle a l'impression d'entendre un camion de pompiers – ou deux, ou trois –, pas une voiture de police, bien qu'elle ne soit pas sûre de pouvoir les distinguer.

Quand son langage était encore haché, Lincoln appelait toujours les pompiers depuis son siège-auto, avec son téléphone de plastique lumineux. « Allô les pompiers. Il y a le feu dans grande ville. Prenez casques. Et bottes. Et manteau. Et hache. Et tuyaux. »

Elle se demande pourquoi elle ne peut pas rester ici, dans le moment présent. Avec cet enfant. Pourquoi elle s'acharne à en ressusciter d'anciennes versions. Qui flottent autour d'elle, toutes chaudes et vibrantes.

— J'entends des sirènes, remarque-t-il.

— Moi aussi, répond-elle.

Il hoche la tête.

— Tu crois que le zoo pourrait être en feu ? À cause des fusils ?

— Je ne crois pas.

— Ils pourraient avoir des bombes.

— Je ne crois pas.

— C'étaient les méchants ? Ceux qu'on a entendus parler ? Celui qui parlait d'animaux ? Et de larves ?

Elle se rappelle qu'on leur a parlé des larves, à l'école. Peut-être quand il étudiait les papillons. Il écoute, réfléchit, tourne une idée en rond dans sa tête, comme s'il polissait une pierre, et recrache le produit fini. Elle pensait que s'il restait silencieux, c'était à cause du hoquet qui le distrayait, mais en réalité il ne faisait que peaufiner ses autres pensées.

— C'étaient les méchants, confirme-t-elle.

— Ils riaient.

Il se débat avec cette notion dans ses histoires. Il pense que les êtres malfaisants ne devraient pas sourire. « Comment les méchants peuvent-ils être heureux ? » disait-il.

Elle passe son doigt sur ses jointures.

— Parfois les méchants sont contents quand ils font du mal aux gens, tu te souviens ? explique-t-elle, et tout en prononçant ces mots, elle repense à l'une des réflexions de son fils : « Tu sais, maman, on a lu quelque chose sur les méchants, mais moi je ne connais pas de méchants. Tous les gens que je connais sont gentils. »

— Alors ces hommes riaient parce qu'ils trouvent ça drôle de faire du mal aux gens ? demande-t-il.

— C'est ça.

Il secoue la tête et lâche :

— Des vilains.

Elle regarde son visage, calme et pensif. Ses longs cils qui s'abaissent quand il cligne des yeux. Tout en lui est potelé et doux. Leur pédiatre le décrit comme un enfant « objectivement beau ».

Après sa naissance, elle l'avait surnommé le George Clooney des bébés. Paul lui avait répondu que Pagayou était le George Clooney des teckels, à quoi elle avait répliqué, naturellement, qu'il était le George Clooney des maris. Ce jour-là, elle essayait de manger une soupe au lait de coco tandis que Lincoln dormait sur son épaule, et elle avait fait tomber de la soupe sur son dos. Il avait senti la citronnelle tout l'après-midi.

Le vent se lève, lui donnant la chair de poule.

— Tu n'as pas froid ? demande-t-elle à Lincoln.

— Non.

Et c'est probablement vrai. C'est une vraie chaudière.

— Tu me diras si tu as froid.

— D'accord.

Si seulement c'était aussi simple. Si seulement elle pouvait croire qu'il lui dira toujours ce qu'il pense. Ce qu'il veut. Ce dont il a besoin.

Dans cet endroit, le pied des pins a été entouré de grillage. Le porc-épic mort devait ronger leur écorce. Il y a une fine couche d'aiguilles sur l'herbe – elle ne s'en était pas aperçue avant de s'asseoir, mais elle sent maintenant les pointes qui lui piquent les jambes et la paume des mains. Elle entend un hélicoptère dans le lointain, mais elle a beau scruter le ciel, elle ne voit rien. Elle les entend souvent, les hélicoptères, quand elle va à l'hôpital dans le centre-ville. La pulsation des rotors a toujours quelque chose d'à la fois réconfortant et un peu glaçant : d'un côté, ce bruit signifie en général que quelqu'un a été gravement blessé – une mère renversée par une semi-remorque ? Un adolescent qui a sauté d'un pont ? –, et d'un autre côté, il signifie aussi que les secours sont intervenus. Qu'une solution est en cours.

L'hélicoptère s'éloigne, mais elle perçoit un autre bruit. Pendant plusieurs secondes, elle suit l'hélicoptère, elle tend l'oreille pour l'entendre encore, ne voulant pas le laisser partir. Elle y est pourtant obligée, finalement, parce que l'autre bruit devient plus fort.

Un bébé pleure.

Un bébé.

Au début, elle ne veut pas le croire, mais le gémissement ne fait que s'amplifier, et elle sait que rien d'autre ne peut l'expliquer. On ne dirait pas un vrai enfant – le cri rouillé, nasal, ressemble plutôt au bruit que fait une poupée quand on lui appuie sur le ventre.

Mais elle sait que ce n'est pas une poupée.

Quelque chose bouge de l'autre côté de la palissade, près des bambous. D'abord, ce n'est qu'un mouvement dans le noir, pas très différent d'un arbre ployé par le vent, puis une forme se détache, se distingue des ombres, et la forme est celle d'une femme aux longs cheveux soulevés par le vent. Elle a les bras croisés sur la poitrine et marche d'un pas hésitant. La femme est encore une ombre elle-même, et la large courbe de son bras pourrait ne rien porter, ou alors juste un gros pull-over ou une besace.

Sauf qu'avec ce hurlement, c'est évident ; ce n'est pas une besace que la femme tient serrée contre elle.

— J'entends un bébé, dit Lincoln.

— Chht. Tais-toi.

— Pourquoi est-ce qu'il y a un bébé ?

Joan regarde la femme longer les bambous, et elle croit entendre un murmure. Ça pourrait n'être que l'air automnal, mais elle soupçonne la femme d'essayer de faire taire le bébé, parce qu'elle fait tous les petits mouvements qui accompagnent ce genre de tentative. Elle tressaute légèrement tout en marchant. Elle se balance à partir de la taille, passe la main sur ce qui doit être une tête avec une touffe de cheveux duveteux. Mais le bébé ne se calme pas, bien que le son ait quelque chose d'étouffé, un peu moins perçant, et Joan sait que la mère – la mère, sûrement ? – doit coller le petit visage contre son épaule.

— Je le vois ! jappe Lincoln. Il est là !

Elle lui plaque la main devant sa bouche. Ses lèvres sur ses doigts intensifient sa mémoire corporelle – souvenirs des sensations qu'elle éprouvait quand elle le tenait contre sa poitrine, ses petites jambes ramassées, si compactes, replis de graisse condensée, douceur de sa petite tête au creux de son bras, tellement moulé sur son propre corps, et cette émotion lorsqu'elle essayait de faire taire ses pleurs.

Mais à présent il se débat, essaie de se libérer. Elle ôte sa main et souffle :

— Chht…

De temps en temps, avant, il posait sa bouche sur son menton comme une carpe suceuse. Elle le tenait sur son avant-bras, tout près de son corps à elle, et faisait le tour de la maison avec lui, avec son petit corps amolli et sa colonne vertébrale en caoutchouc.

— Par pitié…

Ces deux mots planent dans l'air. Sans doute la femme qui parle à son bébé, n'imaginant pas qu'il puisse se trouver quelqu'un pour l'entendre. Il y a de la panique et cent autres choses dans ces deux mots.

— Qu'est-ce qu'ils font ? murmure enfin Lincoln.

— Ils essaient de se cacher, lui chuchote-t-elle à l'oreille. Comme nous.

La mère et le bébé sont à trente ou quarante pas de l'endroit où ils sont tapis, Lincoln et elle. Joan pourrait facilement les appeler. Elle pourrait dire à la femme que les hommes sont vraisemblablement encore tout près. Elle pourrait l'avertir de rester dehors, de ne pas mettre le pied dans les halls d'exposition parce que c'est là que les hommes sont partis chasser. Elle pourrait partager cette cachette, qu'elle commence à croire plus sûre, plus protégée et plus inattendue que n'importe quel autre endroit du zoo. Ça l'a déjà sauvée une fois.

Mais le bébé pleure si fort.

Si elle se manifeste, la femme voudra sans doute se joindre à elle… S'asseoir à côté d'elle pour qu'elles se réconfortent mutuellement.

Le bébé pleure si fort.

Quand une femme avec un enfant demande de l'aide, quel genre de personne refuserait ?

Lorsque Joan voit des femmes avec des nourrissons, elle les envie, elle se languit de ce poids dans ses bras, elle voudrait prendre le bébé de l'étrangère, sentir sa tête, passer le doigt au creux de sa paume… Qu'est-ce qu'elle aimait ça, le contact de ce petit corps contre le sien ! Elle s'est déjà demandé si elle ne devrait pas dire à Paul qu'elle voudrait vraiment avoir un autre enfant, bien qu'ils soient d'accord pour penser qu'un seul ça suffit. Quand elle voit une femme, les bras autour d'un bébé, elle le voudrait pour elle.

Ce bébé, la peau de sa tête pareille à un mouchoir en papier. La petite bouche qui réclame. Les mains qui battent l'air…

Elle ne l'appelle pas. Elle ne dit pas un mot.

Elle se contente de regarder la forme noire de la femme passer le long des bambous, sans cesser de se balancer à partir de la taille. Le bébé ne se calme pas. Et puis la forme et le bruit ont disparu, et elle se retrouve à nouveau seule avec Lincoln.

18 h 17

— MAMAN, J'AI ENVIE DE FAIRE PIPI.

Il a une vessie en acier, ce gamin. Il ne demande presque jamais à aller aux toilettes.

— Tu peux faire pipi comme un petit chien ?

— Je ne veux pas faire pipi comme un petit chien. Il fait trop noir.

Il a raison. Le ciel est bleu-noir. Elle distingue sa main devant son visage, mais seulement la forme.

— On y voit assez, réplique-t-elle.

— Je veux aller aux toilettes, dit-il – trop fort. Des vraies toilettes. Et tirer la chasse d'eau.

— Écoute, les méchants sont encore dehors. Il ne faut pas que tu fasses de bruit ou ils vont nous trouver. Quand la police sera là, on rentrera chez nous. Mais en attendant, il faut que tu fasses pipi comme un petit chien.

Il réfléchit. Quand ils lui apprenaient la propreté, pendant des mois il n'a consenti à s'asseoir sur le pot que s'il avait le droit de porter un casque de vélo.

— Ils pourraient m'entendre faire pipi, fait-il remarquer. Ils pourraient me tirer dessus.

Elle sent que son nez la brûle – un prélude aux larmes, et cette pensée la panique plus que tout au monde. Il ne faut surtout pas qu'il la voie pleurer.

— Ils ne t'entendront pas, assure-t-elle. Je serai juste à côté.

Et je peux arrêter les balles, ajoute-t-elle intérieurement. *Je ne laisserai jamais personne te faire de mal, et je suis plus forte, plus rapide et plus intelligente que tout ce qu'il peut y avoir par ici.* Et le truc, c'est qu'elle n'a même pas besoin de le dire, parce qu'il le croit déjà, sauf qu'elle voudrait bien pouvoir le croire elle aussi.

La lèvre inférieure de Lincoln tremble, elle voit ses épaules commencer à frémir. Et pour la première fois, elle lit de la peur sur son visage. Il revient près d'elle.

— Maman. Je voudrais faire un câlin.

Il y a longtemps qu'il ne l'a pas fait en dehors de leur routine du matin – c'est son vieux mot de passe quand il est inquiet, quand il entre dans une pièce pleine de gens qu'il ne connaît pas. Elle ouvre les bras, et il se fond en elle, le visage au creux de son cou. Elle l'entend respirer, sent sa bouche humide contre sa peau. Ses mains tortillent ses cheveux. Quand il était bébé, pendant qu'elle lui donnait la tétée, il enroulait ses cheveux autour de ses doigts. Elle a complètement arrêté de se faire des queues de cheval parce que, sinon, ses petits doigts cherchaient dans le vide.

— Tu es mon petit garçon à moi, lui murmure-t-elle.

Elle sent que ses propres épaules se détendent alors qu'elle absorbe son poids. Le besoin qu'il a d'elle la réconforte ; il se peut que ça révèle quelque chose de terrible sur elle. Il lui caresse la mâchoire avec son nez, en respirant un petit peu trop fort. Il recule légèrement, et elle sent une traînée de morve s'étirer le long de son menton.

Il frotte son nez humide contre sa clavicule.

Elle essuie la morve sur sa peau avec son tee-shirt. Elle s'étonne encore parfois que ça ne la dégoûte pas. Pas quand c'est la sienne.

C'est une intimité tellement différente de celle que l'on a avec un amant, par exemple. Avec un amant, on aura beau être parfaitement à l'aise avec le corps de l'autre, avoir l'impression de ne faire qu'un, on aura beau librement, spontanément, poser la main sur sa cuisse, notre bouche sur la sienne, au lit, il aura beau se lover autour de nous, hanche contre hanche, en fin de compte on sera toujours deux corps différents, et le plaisir vient justement de cette différence.

Avec Lincoln, la frontière entre les deux moi est brouillée. Elle le baigne, elle essuie tous ses fluides corporels, il lui fourre ses doigts dans la bouche ou se rattrape quand il perd l'équilibre en s'accrochant à sa jambe. Il fait l'inventaire de ses taches de rousseur et de ses grains de beauté aussi minutieusement qu'il tient le compte de ses propres plaies et bosses. Il ne sait pas vraiment qu'il est un être distinct d'elle. Pas encore. Pour le moment, son bras à elle est à sa disposition exactement comme le sien à lui, ses membres à elle sont aussi ses membres à lui.

Ils sont interchangeables.

— Tu as encore envie de faire pipi ? demande-t-elle, la bouche contre sa tempe.

— Je crois que je peux me retenir encore un petit peu.

— Non. On ne sait pas quand on trouvera des toilettes. Tu devrais y aller tout de suite. Ça vaudrait mieux.

Il secoue la tête.

— Je serai juste à côté de toi, reprend-elle. Tu peux faire ça ici.

— Là où on est assis ? dit-il, l'air horrifié.

— Non, là-bas. Tu vois là où il y a cette grande herbe ?

Elle sent qu'il lève la tête, regarde sur le côté.

— Il faut que j'enlève mes chaussures, déclare-t-il en la lâchant, et elle sait qu'elle l'a convaincu.

— Chut, pas si fort. Et n'enlève pas tes chaussures. Tu te retrouverais pieds nus dans la terre.

Et ce sera tellement plus compliqué s'il se déchausse.

Il y a des moments où elle n'a absolument aucune prise sur lui. Mais à d'autres moments il est comme une pièce dont elle connaît si bien les recoins qu'elle peut s'y déplacer dans le noir.

— Je n'aime pas avoir de la terre sous les pieds.

— Je sais.

Il s'approche de l'herbe qu'elle lui a indiquée et commence à baisser son pantalon, sans toucher à ses chaussures. Une fois qu'il commence, le bruit de l'urine qui arrose les plantes n'en finit pas, et elle se demande brièvement si elle n'avait pas tort de penser que faire pipi dans l'enclos ne serait pas un problème. Enfin, il a terminé, et il s'inquiète d'avoir mis quelques gouttes sur ses chaussures, alors elle lui dit de ne pas s'en faire et lui tend une lingette prise dans son sac pour s'essuyer.

— Maman ?

— Mm-mmm ?

— Je ne veux plus rester ici.

— Je sais, mon cœur. Mais essuie-toi les mains.

Lincoln regarde la lingette, la prend entre deux doigts, sans bouger.

Elle scrute les ténèbres, attirée par les rares points lumineux – la lueur d'un lampadaire, non loin de là, celle plus petite d'une lampe derrière les arbres, la lune. Elle jette un coup d'œil à son portable. L'obscurité change tout : elle le sait. Elle s'inquiétait pour le bruit, mais il y a la lumière aussi. La lumière est une chose rare à présent, repérable. Mais il y a sûrement de nouvelles informations. Elle prend plus de risques en ne se tenant pas informée, non ? Elle met ses mains en coupe autour de son téléphone pour masquer l'écran, et quand il s'allume, la lumière est à la fois trop intense et doucement familière. Le monde entier est contenu là, dans un petit rectangle bien net.

Elle se penche sur son portable et clique sur un site d'informations, mais elle tombe sur les deux mêmes paragraphes. Elle vérifie un autre site : rien. Après réflexion, elle consulte CNN, et tombe sur une photo de l'entrée du zoo, le genre de photo publicitaire trop parfaite. Le ruban défilant d'un flash info barre le coin de l'image, et sous le titre on peut lire : « Situation de crise au zoo de Belleville – une fusillade se transforme en prise d'otages. »

Elle sent l'impact humide d'une lingette sur son mollet.

— Je n'ai pas envie de m'essuyer les mains, annonce Lincoln.

— Chht, plus bas. Maman lit quelque chose.

— Je ne veux pas m'essuyer les mains ! s'exclame Lincoln, si fort qu'elle grince des dents.

— Chut ! siffle-t-elle en rangeant son téléphone dans son sac. Tu parles trop fort. Ils vont t'entendre.

Il lui rend son regard et elle laisse échapper un long soupir. Elle prend sa main non essuyée, l'attire vers elle, et reprend la parole d'une voix plus calme.

— Tu sais qu'il ne faut pas faire de bruit, ajoute-t-elle. Et on se lave toujours les mains après être allé aux toilettes. Sinon, on tombe malade.

Tout en disant cela, elle se demande pourquoi elle a cette discussion sur l'hygiène avec lui.

Une prise d'otages.

Des otages.

— Je veux être malade, rétorque Lincoln. J'aime bien être malade.

Elle hoche lentement la tête. Une nouvelle fois, le ton est monté. Elle reprend le fil de ses pensées et se reconcentre pleinement sur lui. Elle ne peut pas lui en vouloir de s'opposer à elle. Ils se terrent là pour échapper à des meurtriers. Et puis c'est l'heure du dîner pour lui, et son humeur est directement liée à son taux de glycémie. Il a faim ; l'escalade est inévitable. Si elle ne lui donne pas à manger, il va y avoir des jérémiades, des larmes et peut-être des hurlements.

— Tu aimes bien être malade ? relève-t-elle.

— Oui ! lance-t-il sur un ton de défi.

Trop fort trop fort trop fort. La terreur revient en un éclair, mais elle la ravale.

— Chhhht, dit-elle légèrement, délicatement, comme si elle mesurait la dose exacte de sirop contre la toux, ou comme si elle démêlait un nœud dans ses cheveux – la délicatesse fait tout. Tu sais, Superman ne peut pas tomber malade.

— Il peut, s'il y a de la kryptonite, réplique-t-il, et elle éprouve un sentiment de triomphe, le genre de chose, imagine-t-elle, qu'Edmund Hillary a dû éprouver en arrivant au sommet de l'Everest.

— De la kryptonite verte, précise-t-il. Comme dans « Le fléau dans une éprouvette » et « Skrag le conquérant de la Terre ».

— J'aime bien l'histoire avec Skrag, dit-elle.

Joan voit son visage changer avant même qu'il relève le menton et renvoie les épaules en arrière. Il est en mode rébellion.

— Moi, celle-là, je ne l'aime pas.

— Ah bon ? Je croyais que c'était une de tes préférées.

— C'est ma moins préférée.

Elle ne veut pas lui donner d'autre motif d'opposition et acquiesce :

— D'accord.

— C'est une très mauvaise BD.

— D'accord. Mais parle moins fort.

— C'est la pire BD que j'aie jamais lue.

Quand il est d'humeur belliqueuse, il est capable d'inventer des arguments. Elle se passe la main sur le visage, apprécie la tension et la traction de sa peau. Elle appuie sur ses paupières, ses globes oculaires sont fermes sous ses doigts. Quand elle enlève enfin sa main et passe le bout de sa langue sur ses lèvres sèches, elle leur trouve un goût de terre et de sel pas désagréable.

— Tu veux jouer avec tes bonhommes ? propose-t-elle.

— Non, répond-il trop vite.

Quand il répond aussi précipitamment, ça ne compte pas. Elle attend. Regarde les pensées jouer sur son visage.

— Oui, s'il te plaît, rectifie-t-il.

Et la chose sombre, revendicatrice, qui est en lui a disparu, évanouie aussi vite qu'elle était apparue. C'est toujours comme ça que ça marche. Elle réapparaîtra tout aussi vite. Mais il sera temps de s'en occuper le moment venu.

Elle ouvre son sac et fait mine de fouiller dedans tout en rallumant son téléphone de l'autre main. Elle s'inquiète à la fois de la lumière et de frustrer Lincoln en ne lui consacrant que la moitié de son attention, mais il lui semble que sous la photo du zoo et le fil d'infos, il y avait des liens vers un article en bonne et due forme. Quelques glissades de son pouce lui suffisent pour parcourir la brève colonne de texte.

« Une équipe du SWAT sur les lieux… »

« Les services de police ne donnent pas de détails. »

« Rapports contradictoires des témoins… »

Ce n'est pas encore vraiment un article. Il y a plus de questions que d'informations.

— Maman ? Mes bonhommes ? demande Lincoln, la main sur son épaule.

— Je les cherche, répond-elle en essayant d'y comprendre quelque chose.

La police pense-t-elle encore qu'ils n'ont affaire qu'à un seul homme ? Et que l'individu s'est barricadé dans une pièce ? Est-ce qu'ils estiment que le danger est localisé et circonscrit ?

— Maman, presse Lincoln avec une pointe d'agacement.

Elle se tourne vers lui, sort une poignée de figurines de plastique de son sac, enfin, et les lui tend, pas très sûre que ce soit une bonne idée. Il n'est jamais très silencieux quand il joue ses histoires – il y a des combats, des discussions violentes –, mais elle n'a pas trouvé d'autre solution.

S'il fait du bruit, elle le fera taire.

Comme si c'était toujours aussi facile… Comme si elle pouvait toujours le faire taire sur commande.

— Je peux inventer une histoire, dit Lincoln en essayant de faire tenir ses figurines debout sur le sol inégal. Est-ce que j'ai Predator ?

— Je crois, suppose-t-elle en fouillant à nouveau, d'une seule main.

Elle range son téléphone dans son sac : elle risque de rater un texto, mais elle compte sur le sac pour bloquer la lumière de l'écran. Elle tourne lentement la tête pour étudier chaque centimètre des alentours – les arbres, les bambous, les rails de chemin de fer et les espaces ouverts –, et elle ne détecte aucun mouvement dans les ombres. Elle entend un bruit dans le lointain, des sons aigus qui pourraient être des pleurs de bébé. Ce n'est pas la première fois qu'elle les entend. Elle n'est pas sûre qu'ils soient réels.

— Maman, tu l'as trouvé ? insiste Lincoln.

Elle passe les doigts dans le fond de son sac, qui est une orgie de figurines. Elle reconnaît ses clés, plusieurs stylos et une espèce de magma qui se colle sous ses ongles, puis de solides petites jambes et des casques. Elle extrait un personnage, mais c'est Wonder Woman. Elle la lâche et reprend son exploration.

Ah. Predator. Elle le sort, ôte un vieux raisin sec collé sur sa tête.

— Tiens, dit-elle en le tendant à Lincoln.

Elle a acheté Predator parce qu'il était en solde pour deux dollars chez Barnes & Noble, et que Lincoln cherchait toujours une figurine pour jouer un alien. Et puis un soir où ils zappaient, elle a vu le vieux film avec Schwarzenegger, une version édulcorée, pas de gros mots, pas gore, et elle avait laissé Lincoln la regarder, sauf qu'aujourd'hui, à la télévision, on entend sans cesse des choses comme *Fils de pute* et *Va te faire foutre*, alors comment est-ce qu'on peut laisser un enfant de quatre ans regarder quoi que ce soit ?

Il n'avait pas eu peur. Il avait regardé un homme suspendu à un arbre se faire ouvrir le ventre tout du long, et il avait demandé : « Oh, tu crois que c'étaient ses intestins ? »

Il aime bien les organes.

— Tu crois que ça peut être un zombie ? demande Lincoln en passant le doigt sur la petite tête de l'alien.

— Mais bien sûr.

Il se peut qu'il y ait des otages. Il se peut que les hommes qu'elle a entendus se frayer un chemin à grand bruit dans la Zone des primates aient rassemblé quelques pauvres gens sans défense dans une pièce – elle imagine la terreur qu'ils doivent ressentir, le cauchemar que cela doit être. Peut-être que la seule erreur de la police – ou de CNN – a été de se tromper sur le nombre de tireurs. Ou peut-être que la police a tout faux.

Ces gens qui étaient couchés sur le béton, en sang, certains étaient encore vivants, non ? Ils avaient besoin de soins médicaux, pas vrai ? Ils avaient besoin de la police, le plus vite possible. Et si les tireurs se promènent encore dans le zoo, en train de chasser leurs proies, alors il n'y a pas de temps à perdre. Le temps de la prudence est passé.

Elle pourrait dire ça à la police. Elle pourrait demander à Paul de le leur dire.

Mais si elle se trompe, s'ils foncent dans le tas et que par sa faute d'autres personnes meurent ? Et si les tireurs se sont enfermés dans une pièce, et que Lincoln et elle sont par là même complètement en sécurité ?

Et si les tireurs sont de l'autre côté de cette clôture et si elle se retrouve avec une balle dans la tête qu'elle ne sentira même pas, et si elle ne peut plus rien faire pour le protéger ?

— Les zombies ont la peau verte, déclare Lincoln.

— Oui, approuve-t-elle.

Le soir où ils ont regardé *Predator*, il était survolté. « Est-ce que Predator retourne dans l'espace ? demandait-il en sautant à pieds joints sur le tapis du salon. Qu'est-ce que je pourrais utiliser pour faire le vaisseau spatial ? »

« Est-ce que Predator est un garçon est-ce qu'il est le seul de son espèce est-ce qu'il a des amis est-ce qu'il va chez le dentiste est-ce qu'il parle anglais est-ce qu'il vit sur terre est-ce qu'il respire de l'air est-ce qu'il est réel est-ce qu'il vit dans une vraie jungle pourquoi est-ce qu'il rit à la fin est-ce qu'il saigne comme nous ? »

« Est-ce que tu seras ma maman pour toujours ? » avait-il aussi demandé, alors qu'ils venaient de regarder des hommes se faire écarteler et dépecer sous un ciel illuminé par des explosions.

« Pour toujours, avait-elle répondu.

— Quand je serai grand, tu seras encore ma maman ?

— Oui, je serai toujours ta maman.

— Est-ce que je pourrai encore vivre avec toi quand je serai grand ?

— Ah ça non, avait chuchoté Paul en passant derrière le canapé, son souffle chaud contre son oreille, mais elle avait répondu : Évidemment.

— Parce que je voudrais être toujours avec toi, » avait alors dit Lincoln, et il avait posé sa petite main sur son bras, dans le pli du coude.

Il changera sûrement d'avis en grandissant, bien sûr. Mais c'est une douce pensée.

— Maman, il faut que je te dise, annonce-t-il, alors que Predator – le zombie – semble creuser dans la terre à la recherche d'on ne sait quoi. Tous les zombies ne sont pas méchants.

— Ah non ?

— Non. Il y a des zombies appelés zombies policiers, et leur boulot consiste à attraper les méchants zombies et à les mettre dans un grand trou. C'est ce que les zombies utilisent comme prison.

— Chhht, dit-elle un peu à retardement. Parle plus bas.

Il continue son jeu, et elle hoche la tête tout en scannant pour la millième – la millionième – fois les arbres et les ténèbres qui les entourent. Lincoln manœuvre ses figurines au jugé, malgré un mince croissant de lune et une faible lueur qui vient du patio derrière eux. Elle distingue les courbes de sa tête, les silhouettes des arbres et les toits des bâtiments. Tout autour d'eux a une forme, même vague. Mais si elle devait tenter de sortir de leur enclos, il faudrait qu'elle fasse très attention : elle ne peut pas voir les trous ou les cailloux qui pourraient se trouver sous chacun de ses pas.

À quoi peuvent bien ressembler les sentiers du zoo ? Les guirlandes lumineuses sont-elles encore allumées ? Y a-t-il d'autres réverbères le long du chemin ? S'il y a des lumières, évidemment, il faudrait qu'elle les évite. Si elle devait aller quelque part.

S'ils devaient aller quelque part.

Ce n'est pas censé se passer comme ça. Elle a lu suffisamment de choses sur les tueries. Elle sait comment ça se passe normalement : le tireur arrive, arrose tout le monde avec son fusil et les gens tombent comme des mouches, morts ou blessés, ou faisant semblant de l'être, et c'est infernal, mais c'est fini en quelques minutes, puis la police débarque, et soit le tueur se tue, soit la police le tue. C'est un schéma terrible. Mais c'est un schéma. Il a quelque chose de prévisible, et c'est ce qui lui a toujours paru le plus terrible. Les tueries sont suffisamment communes pour que la séquence soit figée dans son déroulement : gros titres ronflants, photos sinistres des tireurs, photos de vacances souriantes des victimes, citations de Facebook, points à relier pour savoir où ils ont trouvé leurs armes et déclarations enregistrées des familles de victimes. Là, tout de suite, elle veut que ce soit prévisible. Elle veut le schéma.

Ce néant et ce silence, ces cadavres sur le béton, toujours là au bout d'une heure, ça ne se passe pas comme ça normalement.

Joan a besoin de réévaluer la situation. Ont-ils raison d'attendre ici ? De se cacher jusqu'à ce que les secours arrivent ? Ce n'est pas la seule option.

Elle sait qu'il y a des barrières autour du périmètre du zoo – le « périmètre », c'est un terme un peu militaire –, mais elle n'arrive pas à susciter une image de ce à quoi ressemble l'enceinte du zoo. Elle l'a forcément vue au cours de toutes les heures qu'elle a passées ici. Elle s'est forcément retrouvée à proximité. Qu'est-ce que c'est ? Un grillage ?

Un mur de brique ? Quelle est sa hauteur ? Est-il couronné de fil de fer barbelé ?

Elle se dit que si elle avait été toute seule, elle aurait déjà échafaudé un plan impliquant ce mur d'enceinte.

Paul déteste prendre l'avion. Il faut toujours qu'elle lui tienne la main pendant le décollage. Il essaie d'estimer le nombre d'avions qui décollent de leur aéroport, il multiplie ce nombre par le nombre d'aéroports qu'il y a dans tout le pays, il imagine les chiffres, il les additionne et il calcule des probabilités imaginaires de catastrophe aérienne. Les calculs le rassurent.

Elle se demande quelle est la superficie du zoo. Lincoln et elle en occupent à peu près un mètre carré. Et si le zoo fait un kilomètre et demi au carré, et qu'un kilomètre fait mille mètres – est-ce qu'on met ce nombre au carré ? Plus de deux millions deux cent mille mètres carrés, peut-être, et si elle sort de là avec Lincoln, ils n'occuperont qu'un mètre carré à la fois, alors il y aurait une chance sur des centaines de milliers que les tireurs soient dans le même espace.

Mais elle sait que ses calculs n'ont rien à voir avec la réalité.

— J'avais deux pieds, raconte Lincoln d'une voix qu'elle pense être une voix de zombie. Mais personne n'a besoin d'en avoir deux. Un pied, ça suffit.

Quelque chose remue dans les feuilles et les aiguilles de pin. Elle est soudain prise de panique – elle a l'impression que les moments de panique ne cessent de s'enchaîner. Mais cette fois, sa peur s'estompe vite. Quoi que ce soit, c'est une petite chose. Un oiseau ou un lézard, peut-être.

Quand elle était petite, elle adorait la nuit. Si vaste, alors que la maison de sa mère était minuscule, avec tous ces coins sombres pleins de choses auxquelles elle ne voulait pas penser. Les ténèbres au-dehors, c'était différent. Elle sortait pieds nus sur le petit carré de béton qui servait de patio, elle s'asseyait sur la chaise longue pleine d'échardes – sa mère n'avait jamais pris la peine de remplacer le coussin qui avait moisi –, et elle essayait d'identifier les sons. Les grenouilles et les criquets, parfois un chien qui aboyait, le bruit des voitures qui passaient et les chaînes de la balançoire qui cliquetaient dans le vent. Elle était toujours émerveillée par les bruits, une fois qu'elle prenait la peine de les remarquer.

C'est pareil ici. Il y a la même superposition de sons. Seulement, maintenant, cela ne lui inspire plus un sentiment de merveille. Elle a l'impression d'étouffer.

Elle entend de nouveau le bébé pleurer.

18 h 28

LE VENT S'EST LEVÉ, et un nouveau bruit se fait entendre – un bruit qui évoque des billes tombant sur le carrelage d'une cuisine. Il y a un chêne tout près, devine Joan, et les glands rebondissent sur le béton. On dirait, l'espace d'un instant, des tas de petits pieds en train de courir.

Quelque chose de dur lui meurtrit la hanche. Elle récupère un caillou presque aussi gros que son poing, peut-être un bout de béton. D'un mouvement de poignet, elle le jette un peu plus loin, et au même moment son téléphone s'allume dans son sac.

Tu es là ? demande Paul.

Elle voudrait que son mari soit là, avec elle. Terriblement. Enfin, elle ne le désire pas vraiment, bien sûr – jamais elle ne voudrait qu'il soit en danger – mais elle pense aux courbes dures de son corps plaquées contre elle lorsqu'ils éteignent la lumière, des cuillères emboîtées dans un tiroir, cuisses contre cuisses, son ventre à elle contre son dos à lui, son nombril contre sa colonne vertébrale.

Elle ne veut pas être obligée de lui répondre. Elle ne veut rien traduire en mots.

Un sursis lui est accordé : une alerte info clignote sur son écran. Elle éprouve un sursaut d'anticipation, soulagée d'avoir enfin de vraies réponses. Il s'est passé quelque chose : la police arrive, les tireurs sont morts. Tandis que les hypothèses s'entrechoquent dans sa tête, elle prend son téléphone, lit le message, et le relit, encore et encore, parce qu'il n'a aucun sens.

« Des dizaines de morts dans une crue subite au Texas », tels sont les mots qui sont apparus sur son écran.

Cela lui paraît inconcevable que des gens meurent quelque part, ailleurs qu'ici. Inconcevable qu'il existe un autre endroit qu'ici. Elle regarde encore ces mots tout en faisant glisser l'alerte. Elle jette un coup d'œil à Lincoln qui est assis, le poing mollement serré sur Predator.

Il faut qu'elle réponde à Paul.

J'attends, écrit-elle. **Me demande si je ne devrais pas faire autre chose.**

Elle n'a pas le temps de réfléchir que déjà sa réponse se matérialise – aucune indécision de sa part.

RESTE OÙ TU ES.

Elle se demande s'il estime que les majuscules seront plus convaincantes.

Tu sais que, commence-t-elle, et puis ses doigts se figent. Elle les regarde, recourbés dans la lumière, se dit que leur pose évoque une danseuse hawaïenne, tout en réalisant qu'elle est en train d'admirer ses propres doigts.

Une seconde. Deux secondes. Trois secondes.

Elle écoute.

Quelque chose l'a saisie. Elle sait, pendant un bref instant, qu'il y a *quelque chose*, et que ce *quelque chose* était un bruit.

Puis elle l'entend à nouveau. C'est un son qu'elle connaît pour avoir elle-même emprunté ces chemins de béton sinueux : le glissement d'une chaussure sur du gravier.

Un raclement suivi d'un glissement. Peut-être un souffle. Ça vient du chemin derrière le grillage, de la vaste zone d'ombres derrière leur enclos.

Elle éteint aussitôt le téléphone et attire Lincoln contre elle. Elle a l'impression d'avoir toujours tendu les bras vers lui, de l'avoir toujours serré contre elle, d'avoir toujours refermé ses bras sur lui, inquiète de le voir loin – *pas trop loin pas trop fort pas trop vite* – sauf, bien sûr, aux moments où c'est lui qui se cramponne à elle, l'attire contre lui, inquiet de se voir loin d'elle.

« Maman, aux b'as, s'te plaît », disait-il quand il n'arrivait pas encore à prononcer les « r ».

Aux b'as. Aux b'as. Aux b'as, s'te plaît.

Elle scrute l'obscurité, maintenant totale. Elle n'y voit rien au-delà de leur enclos. Elle sait que les bambous sont là, dehors, avec les rails du petit train et les sentiers de béton, et elle se dit, pleine d'espoir, que c'est peut-être la femme avec le bébé qui est revenue, ou quelqu'un d'autre qui cherche une cachette, et cette fois – elle le jure devant Dieu –, cette fois elle les appellera et les aidera, elle partagera sa cachette.

Elle n'y voit rien. Mais elle entend.

Des chuchotements, maintenant, impossible de s'y tromper. Des chuchotements d'hommes, comme un poste de radio dont la réception serait à peine audible.

Ils ne se sont pas enfermés quelque part.

— Silence, dit-elle à Lincoln, bien qu'il ne fasse pas un bruit. Les méchants.

— Qu… ? commence-t-il, mais elle le fait taire, et il l'écoute.

Elle formule mentalement une rapide prière, tout en se demandant pour la énième fois si Dieu la punit d'avoir pensé que son enfant était plus important que l'enfant d'une autre. Elle recommencerait sur-le-champ, sans vraiment pouvoir le regretter, malgré la culpabilité qui pèse sur elle comme un manteau de laine trempé. Elle s'interroge parfois sur l'idée qu'elle se fait de Dieu.

Ils se rapprochent, pense-t-elle, presque sûrement sur le sentier goudronné qui longe les rails du petit train. Elle entend des bruits de pas, juste un glissement et un craquement de temps en temps.

Les ombres sont uniformes, figées.

Elle ne croit pas qu'ils soient visibles, Lincoln et elle. Elle pense à la lumière fixée aux poutres qui surplombent la passerelle, et elle sait que le bord de l'enclos est éclairé, mais la zone rocheuse où ils sont cachés lui paraît presque noire. Elle agite les doigts et c'est à peine si elle distingue le mouvement.

Mais le téléphone… S'ils ont vu la lueur du téléphone…

— Là, fait une voix, tout bas, plus près qu'elle ne s'y attendait, et c'est le mot le plus terrifiant qu'elle ait jamais entendu.

— Là ? demande l'autre voix.

— Non. Par ici.

Elle ne peut pas encore les voir. Mais il lui semble qu'ils sont à quelques pas de la palissade – une vingtaine de pas, peut-être ? Trente ? Assez près pour qu'elle puisse entendre chacun des mots qu'ils prononcent, même si elle doit tendre l'oreille. Ils sont debout, immobiles, pense-t-elle, et ils attendent.

Est-ce qu'ils l'ont vue ? Est-ce qu'ils la regardent là, tout de suite, la mettent en joue ?

Un papillon de nuit aux ailes lourdes effleure son visage. Une branche craque au-dessus de sa tête. Une mèche de ses cheveux lui entre dans la bouche ; elle ne la recrache pas.

— Je ne vois rien, déclare l'un d'eux.

— Chht.

Elle baisse les yeux vers son portable qu'elle a coincé sous sa cuisse, alors même qu'elle ne le voit pas dans le noir. Elle est sûre qu'ils ont repéré la lumière de l'écran, et qu'ils vont continuer à le chercher jusqu'à ce qu'ils le trouvent. C'est entièrement de sa faute. Elle connaissait le risque, et elle ne l'a pas jugé assez sérieux.

Cette erreur, elle risque de la payer cher.

— Maman, murmure Lincoln, juste dans son oreille, et elle se demande s'il parle aussi fort qu'elle le croit.

Parfois, ils se font des bises dans le vide, à l'oreille l'un de l'autre, aussi fort qu'ils peuvent. Lincoln dit : « Je vais te faire un smack », il claque des lèvres juste devant son oreille, et il y a la douce et pénible percussion de son baiser, puis son souffle tout doux, juste comme maintenant, la chaleur moite de la respiration qui émane de lui, caresse sa peau, dérive dans l'air et s'enfuit.

— Disparais, chuchote-t-elle si doucement qu'elle ne sait pas s'il peut l'entendre, mais si, sûrement, parce qu'il laisse tomber sa tête sur son épaule.

Elle a, d'une façon ou d'une autre, réussi à se mettre à genoux, elle s'en rend compte, un pied déjà posé par terre, prête à bondir et à courir. Elle voudrait courir. Mais il fait trop sombre, et même si elle voyait quelque chose, elle ne sait pas où elle pourrait aller. Ils l'entendraient bouger. Il faudrait qu'elle grimpe par-dessus la rambarde, qu'elle le porte enroulé autour d'elle, or la rambarde est dans la lumière.

Il faut qu'elle reste tranquille.

Elle n'est pas certaine d'y arriver. Pas certaine de pouvoir s'obliger à les laisser venir jusqu'à elle.

— Tu es sûr ? demande une des voix.

Elle suppose que ce sont les deux mêmes hommes qui ont traversé la maison des primates, mais elle ne peut pas l'affirmer. Elle n'arrive plus à distinguer leurs voix l'une de l'autre. Elles sont toutes les deux étouffées.

— Il y a quelqu'un ici, dit une autre voix.

— Caché ici, hein ?

Pas de réponse. Pendant un moment, il n'y a que le vent, les feuilles, et quelque chose qui pousse un hurlement au loin. Elle est rigoureusement immobile, en dehors de sa main qui passe et repasse sur la tête de Lincoln, inlassablement.

Il y a un bruit métallique, un mouvement près de la palissade. Peut-être une chaussure ou un bras passé sur les mailles du grillage, ou bien quelqu'un qui a fait un faux-pas. Elle pense distinguer des formes de têtes et d'épaules, aussi plates et dépourvues de détails que des poupées de papier dans le noir.

— *Tu étais perdu / mais maintenant tu es trouvé*, entonne l'un des hommes sans chanter tout à fait. (Il fredonne, faux, sa voix montant et redescendant.) *Tu étais sauvage, rejeté, exilé / mais maintenant tu es à moi.*

Il continue. Plus fort. Elle imagine qu'il sourit, et elle s'attend presque à ce qu'il se mette à taper dans ses mains en cadence.

— *Tu marchais devant, mais tu savais que je te suivrais / Tu avais le cou nu / Mais la tête basse / J'ai ton collier…*

À présent, la voix porte suffisamment pour qu'elle l'entende bien. Elle pense que c'est le type calme qu'elle a entendu un peu plus tôt. Celui qui a la voix la plus douce, la plus haut perchée. Pour quelqu'un qui prétendait être un expert en matière de chasse, il n'a pas l'air très préoccupé par la discrétion.

À moins qu'il ne soit sûr de son coup.

— *J'ai ton collier*, répète-t-il, et il passe sa main – ou plutôt un objet de métal – le long du grillage, provoquant un son presque musical.

Elle essaie de respirer plus lentement, elle s'entend haleter. Des frissons montent de ses poumons.

— Une vermine m'a dit de faire comme si elle n'était pas là, lance l'un des deux, avec ce phrasé traînant qu'ils employaient un moment plus tôt.

Il a cessé de fredonner, c'est déjà ça. Elle comprend qu'ils se fichent d'être entendus : ce n'est pas par manque d'attention ou par excès de confiance en eux. Non, ils *veulent* qu'on les entende.

Encore le bruit de raclement. Régulier, métallique. Un gland tombe avec un petit claquement.

— Et qu'est-ce que tu as fait ? demande l'autre.

— Ce que j'ai fait, mon bijou ? fait la voix traînante. Je l'ai laissée là. Mais en morceaux. Ses bras, ses jambes et un doigt ou deux.

Ils rigolent tous les deux, d'une espèce de rire confortable, complice – comme une vieille blague –, et elle comprend qu'ils citent un film ou une série.

Elle ne reconnaît pas le dialogue, mais elle est sûre d'avoir vu juste. Elle a eu un petit ami qui pouvait citer des tirades entières des *Dents de la mer*, et quand son frère et elle habitaient encore ensemble – c'est à peine si elle se souvient de cette époque où elle n'était pas seule avec sa mère –, il parvenait à lui glisser des répliques de *Star Wars* dans la conversation, et ça sonnait exactement pareil. Lorsque son petit ami et son frère discutaient, ils auraient tout aussi bien pu parler dans une langue étrangère : ils se balançaient des phrases chargées de significations qui lui échappaient et elle entendait dans leurs voix les mêmes paroles ritualisées, sans queue ni tête, qu'elle reconnaît chez ces deux types qui fredonnent.

« Et c'est ainsi que sur onze cents hommes naufragés, trois cent seize survivants furent repêchés, les requins avaient eu les autres. »

« Ce ne sont pas ces droïdes que vous recherchez. »

Les deux hommes s'agrippent au grillage, le secouent. Ils n'ont aucune chance de le faire céder, évidemment – ils veulent seulement faire du boucan.

Ils ont traversé le chemin, se sont rapprochés des bambous. Elle distingue le mouvement dans le noir. Ils malmènent la palissade à présent.

— Je vois, je vois, devine quoi ? s'exclame l'un d'eux.

Mais ils ne voient rien. Elle le sait, maintenant. Ils jouent à un jeu. Espérant faire sortir leur proie, comme son père faisait s'envoler les tourterelles avec son labrador quand il était encore de ce monde. Les tourterelles se dispersaient, il tirait, le chien lui rapportait l'oiseau blessé, et s'il n'était pas mort, son père lui arrachait la tête avec ses doigts et la jetait par terre, parce qu'il disait que c'était ce qu'il y avait de moins pénible pour la tourterelle mais quand même, il y avait du sang qui coulait par le trou dans le cou et une petite tête avec un bec dans l'herbe. Il ne l'avait emmenée chasser qu'une seule fois, pour autant qu'elle s'en souvienne.

— Qu'est-ce que tu vois ? demande l'autre d'une voix normale.

— Je vois du noir.

Et ils se remettent à rigoler. Elle se demande s'ils ont bu.

Lincoln fait à nouveau un bruit contre son cou, un couinement comme quand on marche sur la patte de Pagayou.

En entendant rire les hommes, la peur qui l'envahissait refroidit, durcit, et elle se rend compte avec ravissement qu'elle est en colère. Ces crétins agitent des armes et lui chantent des chansonnettes de jardin d'enfants. Ils font gémir son fils dans ses bras. Elle se rappelle avoir visité une maison hantée, quand elle était au lycée. Elle était juste derrière un grand mec – il mesurait bien un mètre quatre-vingts –, bâti comme un joueur de football américain, si près qu'elle n'arrêtait pas de lui rentrer dedans quand il s'arrêtait. Elle n'était pas seule – c'était un rendez-vous amoureux –, mais le grand faisait un meilleur bouclier. Dans un éclair de lumière stroboscopique, un zombie masqué avait surgi avec une tronçonneuse sans chaîne, à moins de dix centimètres de son visage, il l'avait regardée dans les yeux, lui faisant pousser un cri aigu, à sa grande honte, mais il avait dû aussi faire peur au type baraqué, parce qu'il lui avait balancé son poing dans la figure, sauf qu'au lieu d'un zombie, c'était un adolescent qui s'était retrouvé étalé par terre et avait enlevé son masque, du sang lui coulait de la bouche et il gémissait. Pourtant, elle ne l'avait pas plaint. À vrai dire, elle était même très contente du réflexe qu'avait eu le joueur de foot.

Ces types armés doivent être des ados. Ce ne sont pas des hommes, ou alors ils sont tout juste adultes. Et ce sont des crétins. Elle ne laissera pas son fils se faire tuer par des adolescents stupides qui chantent des chansons absurdes.

Et s'ils veulent jouer à ce jeu-là, elle a vu des films, elle aussi. D'ailleurs, c'est à ça que ça ressemble, au fond. Et si elle n'est qu'un personnage de fiction, rien de plus facile que de jouer le jeu. Elle lâche Lincoln d'un bras – l'autre main toujours dans ses boucles emmêlées – et cherche dans les herbes le bout de ciment qu'elle a jeté un peu plus tôt. Presque aussitôt, ses doigts se referment dessus. Massif, avec des bords tranchants, elle le tient aussi fermement qu'une batte de baseball. Elle le cale contre sa cuisse et palpe à nouveau le sol, les doigts écartés, en décrivant des cercles.

Un autre caillou, plus gros que le premier : elle l'a moins bien en main.

Elle se redresse légèrement, repousse doucement Lincoln vers l'avant afin de prendre du recul avec son bras. Elle n'arrive pas à décider si elle est très futée ou complètement cinglée, mais elle resserre déjà sa prise, détend son épaule – et ça y est, elle a lancé la pierre par-dessus la clôture du fond de leur enclos, dans les branches des arbres, et avec un peu de chance vers les rails du petit train ou les broussailles qui les bordent.

Elle ne prend pas le temps, volontairement, de trop réfléchir à ce qu'elle cherche à atteindre.

Un. Deux... Joan compte les secondes, le bras encore figé en l'air, et elle entend le caillou heurter soit des branches, soit des feuilles, faisant plus de bruit qu'elle ne l'escomptait, et moins loin qu'elle ne l'aurait espéré, mais indéniablement hors de l'enclos : il a atterri approximativement dans la direction de la voie de chemin de fer. Il est tombé plusieurs mètres derrière les hommes s'ils sont encore devant l'autre clôture.

Elle se demande si cela peut leur donner l'impression que quelqu'un vient de lancer une pierre pour les tromper.

Apparemment non, parce qu'ils poussent un grognement d'excitation et se précipitent docilement vers le bruit, en écrasant sous leurs pieds les petits sapins et les ronces qui envahissent les friches en bordure des sentiers, avançant à grandes enjambées maladroites, incertaines et avides.

Elle suppose que c'est trop espérer que de souhaiter qu'ils se cassent une jambe.

Tandis qu'ils se fraient un chemin dans les broussailles, elle récupère le téléphone sous sa cuisse. Rien de plus qu'un bout de plastique entre ses mains. Non, c'est plus que ça. Le téléphone est la raison pour laquelle elle est assise avec

Lincoln, en train de se cacher d'hommes à peine capables de marcher dans le noir.

Un autre bruit : des coups de feu cette fois. On dirait presque une machine à écrire sur laquelle quelqu'un taperait lentement mais fermement. Elle ne bronche pas, et en même temps elle ignore pourquoi elle n'angoisse pas plus. Elle commence peut-être à s'habituer, elle n'a pas l'impression qu'ils tirent dans sa direction, et puis il y a l'excitation d'agir enfin au lieu de se contenter d'avoir peur.

Elle inspire lentement, longuement. Les tremblements ont cessé. Elle est calme, solide, prête, une chose sculptée et polie dans un but précis. Elle glisse son pouce sur l'écran du téléphone pour le rallumer et le lance de toutes ses forces par-dessus le grillage, vers les bambous, où elle sait qu'elle a vu des aiguilles de pin dans les creux. À droite de l'endroit où les hommes se tenaient avant de courir vers son caillou. Il y a un risque, évidemment, qu'ils voient un objet luisant voler dans les airs, et aussi que le portable explose en atterrissant sur le béton, ce qui signifierait que quelqu'un l'a lancé – ce qui gâcherait tout. Mais elle ne va pas rester là à ne rien faire, recroquevillée, impuissante, alors elle regarde tournoyer son mobile, un mouvement aérodynamique, sûr et rapide, comme si ce moment était prédestiné, et il n'y a pas de choc, juste une espèce d'atterrissage, doux comme un soupir, et elle se demande s'ils l'ont entendu.

— Quoi ? s'exclame l'un des hommes, et les pieds stupides qui aplatissent les herbes s'immobilisent, troublés.

Ils l'ont bien entendu, et que ce soit bien ou mal, elle a enfin fait quelque chose. Elle a tiré leurs ficelles comme ils tiraient les siennes, et tout d'un coup elle se sent plus chaude et plus dense.

Il y a un pouvoir en elle, qui observe.

Elle voit l'écran du téléphone briller, petit point lumineux au loin, à travers les losanges du grillage. Ce n'était peut-être pas un tir parfait, mais elle n'a pas mal visé, et il est tombé l'écran vers le haut – exactement comme elle l'espérait –, à quelques pas dans le fourré de bambous. La lueur de l'écran illumine un petit cercle de pieux de bois lisses et de feuilles qui tremblent encore.

— Là !

Elle distingue les vagues d'ombre alors qu'ils traversent le béton en courant, sous le spot fixé aux poutres de la Zone des primates, puis ils sortent du cercle de lumière, mais elle les aperçoit ensuite, penchés sur son portable, leurs mains, leurs visages et leurs bras un instant baignés d'une lueur fantomatique.

L'un d'eux porte l'objet vers son visage. Il est rasé de près ; il a les cheveux clairs et il est blanc, comme elle le pensait. Il a un visage étroit, banal, et elle se demande si c'est celui qui parle d'une petite voix, si son visage colle avec sa voix.

Mais elle n'a pas encore fini.

Pendant qu'il regarde l'écran, elle renvoie le bras en arrière, la main crispée sur le deuxième caillou, et vise un point situé derrière les hommes, plus loin sur le chemin, dans la direction opposée à l'endroit où elle se trouve et à la voie de chemin de fer. Vers le cœur du zoo et les enclos. Si elle pouvait dresser la carte des projectiles qu'elle a lancés, elle espère qu'ils traceraient une ligne droite, une ligne qui mènerait vers les trottoirs, les toilettes, les bancs et les tables, vers les cachettes évidentes, les pancartes et les panneaux. Bref, n'importe où sauf ici.

Lincoln gémit doucement, surpris par le mouvement saccadé de son bras, mais elle lance à nouveau et entend la pierre heurter quelque chose de solide et mou. De la terre, sans doute.

— Ils courent, déclare le calme, celui qui a la voix haut perchée.

Celui qui tient son téléphone.

Il a dû l'éteindre, le glisser dans sa poche ou autre part, parce que la lumière a disparu, et elle les écoute courir le long du sentier, loin d'elle et de Lincoln, courir après sa pierre, mais pas trop vite, parce qu'ils ne sont pas inquiets. Ils s'amusent.

Son plan n'était pas sorcier. Elle a probablement vu quelque chose de ce genre dans les rediffusions de *Les Deux font la paire*, dans *Predator*, ou dans n'importe quelle émission de téléréalité et d'aventure. (Comme c'est bizarre de s'imaginer devant un téléviseur, sur son canapé, Lincoln lové contre elle, en train de téter une bouteille d'eau tout en la soumettant à un feu roulant de questions, parce qu'il ne peut pas regarder une émission pendant toute une minute sans lui en poser une.) Elle est sûre que les tireurs ont vu un million de ces émissions, eux aussi, mais elle espère qu'ils sont trop arrogants et trop stupides pour réfléchir sérieusement à quoi que ce soit.

Elle n'entend presque plus le bruit de leurs pas. Rythmique et souple sur le béton.

Tout à coup, elle réalise que Lincoln est très calme. Elle a mal au bras, mais sans cela, sans le poids qui pèse sur sa hanche, elle oublierait presque sa présence.

— Mon cœur ? demande-t-elle.

Il ne lève même pas la tête. Il se contente de se coller plus étroitement contre elle.

III

ILS COURENT PRESQUE COUDE À COUDE, Mark et lui, et leur respiration haletante ne produit qu'un seul et même son. Ils n'ont repéré aucune trace de celui qui a laissé tomber le téléphone, mais dans le vent de la course, tout paraît lisse et parfait. Robby ne s'est jamais senti aussi rapide que ce soir-là. Il n'a jamais autant perçu son corps comme un instrument puissant, capable de tout. Il y a un banc de fer sans dossier devant eux, et ce serait facile de le contourner, mais il bondit par-dessus, en posant un pied sur le métal. Quand il court, il n'est plus Robby, et parfois le fusil qu'il tient à la main lui fait cet effet aussi, mais pas toujours. L'obscurité qui les entoure, les éclairs de lumière au-dessus d'eux, les grandes feuilles agitées par le vent ; tout est bien. C'est ce qu'il a toujours voulu : que ce soit bien.

Quand ça lui avait paru mal, avant – avec les cochons –, c'était parce qu'il avait oublié qu'il n'était plus Robby. Il n'y a que Robby pour se sentir aussi perdu, sans jambes, sans bras, sans cervelle, juste un tronc.

— Par ici, chuchote Mark en tournant à gauche, vers les girafes.

Il ne prend pas la peine d'attendre pour voir si Robby va le suivre. Robby le suit toujours.

Mark a ralenti, il trottine presque. Avec sa pomme d'Adam saillante sur son cou osseux, sa tête qui monte et descend comme un bouchon sur l'eau, ce type n'a jamais autant évoqué une de ces figurines à la tête qui dodeline. Il n'a pas dû prendre cinq kilos depuis le collège – « l'enfer sur terre », comme disait la mère de Robby, à moitié pour rire – mais Robby savait que si elle pouvait en rire, c'est qu'elle n'avait rien compris. C'est à cette époque-là que Robby avait invité Mark à la maison pour la première fois, et quand Mark avait vu le DVD sur l'étagère, il l'avait pris, et s'était écrié : « *The Hidden Ones* ?! » sur un ton que d'autres gamins auraient employé s'ils avaient trouvé un film porno. Il avait saisi la télécommande sans rien demander, puis ils avaient regardé la première scène, celle que Robby avait lui-même déjà visionnée une dizaine de fois, l'image toute noire où lentement, très lentement, des petits points lumineux apparaissent dans les ténèbres.

Ça fait comme quand on regarde dans l'espace, et puis la caméra recule, et en réalité, ce qu'on voit est une fente dans un tronc d'arbre. Les taches de lumière sont des espèces d'insectes, des vers ou des termites, sauf qu'ils sont phosphorescents, et puis on découvre tout l'arbre, un géant, et les autres arbres, on comprend que c'est une jungle, mais pas une jungle comme toutes celles dont on a pu entendre parler. On ne voit jamais le ciel. Les arbres sont tellement serrés que tout est plongé dans l'ombre, et les feuilles sont aussi grandes qu'un homme adulte. Ces feuilles géantes frappent contre les casques, s'enroulent autour des fusils, et Robby a toujours pensé qu'on aurait du mal à respirer si on était entouré d'arbres comme ça, et pourtant les arbres sont censés émettre de l'oxygène, au moins sur terre. En réalité, c'est ce qu'il y a de plus cool dans le film : on ne sait jamais si on est sur la Terre ou sur une autre planète. Parce que les personnages sont humains, mais la nuit, les feuilles brillent comme des lucioles et les hommes chassent des êtres qui portent des coiffes de plumes et des dreadlocks.

— Tu sais qu'on l'a perdue, hein ? lance Mark, en faisant une pause tous les deux mots pour reprendre sa respiration ; ça n'a jamais été un athlète. Impossible de savoir où elle est passée maintenant.

Robby, qui est encore à moitié dans le film, met une seconde à se reconnecter à son corps.

— Elle ? questionne-t-il.

— La femme qui a laissé tomber son téléphone.

— Comment tu sais que c'est une femme ?

Mark tend le téléphone, le tourne de telle façon que la coque attrape la lumière. Robby distingue une vague image.

— Une photo de son gamin, dit Mark. C'est forcément une femme.

Robby n'est pas convaincu, mais il ne voit pas l'intérêt d'argumenter.

— Alors pourquoi on court encore ? demande-t-il.

Mark lève le bras, le portable explose sur le sol, et c'est un bruit magnifique. Une seconde plus tard, ils bondissent par-dessus des éclats d'écran, de boîtier et de pièces électroniques.

— La chasse continue, déclare Mark. Nous sommes l'ordre. Nous sommes l'espoir.

Robby sait, alors, que Mark le ressent aussi. Comment ils ont laissé tout le reste devant la porte, dans le parking. Ici, il n'y a pas d'histoire.

Starbucks : huit mois. Domino's Pizza : quatre mois. Burger King : cinq mois, et celui-là, putain, il était prêt à partir parce que l'endroit était plein de monstres, genre sérieusement obèses, comme s'ils ne laissaient entrer que des gros avec une bedaine qui pend devant eux comme de la pâte à crêpe. Ça vous donnait envie de prendre un couteau et de tailler dedans pour voir à quoi ces pauvres types ressembleraient sans tout ce lard.

Ensuite il y avait eu Le Livre voyageur, la librairie d'occasion, KFC et H&M – deux mois –, et puis le drugstore CVS, même pas un mois.

Son connard de patron, imbu de lui-même, tout ça parce qu'il était le patron d'un drugstore. Tu parles ! Ça a quarante ans, ça dirige un drugstore, et ça croit changer le monde.

Louisa Brunson, elle avait pris du bon temps quand ils étaient allés au bowling, il l'aurait juré, mais quand il l'avait rappelée le lendemain soir, elle n'avait même pas coupé le son de la télé pour lui parler. Elle lui avait raconté que sa mère pensait qu'elle ferait mieux de se concentrer sur ses études au lieu de traîner avec des garçons, mais il savait qu'en réalité sa mère ne voulait pas que Louisa sorte avec lui, point final. Parce que c'est ce que tous les parents pensent, surtout la mère de Louisa avec ses yeux globuleux de grenouille, elle qui n'a jamais travaillé une journée de sa vie ; une de ces femmes horribles, probablement depuis le jour de sa naissance, d'ailleurs ses parents auraient mieux fait de la noyer comme un chaton. Et avant Louisa, il y avait eu Angela Willard, qui avait été gentille au début, douce, timide, mais qui s'était révélée n'être qu'une conne et une pute, il aurait dû le voir tout de suite.

Pute, *douce* et *timide*, voilà les sons que ses pieds martèlent sur le béton.

Sa cousine de huit ans a demandé si Robby payait un loyer à sa mère. Il voudrait bien savoir quelles conversations entre ses parents elle a surprises pour poser cette question.

Ce côté de la famille prétend être chrétien, mais ils adorent démolir les gens. Ce sont des salauds, des minables. Il y a tellement de salauds, un monde entier de salauds, mais ils ne se rendent pas compte qu'ils ne sont que des salauds, non, non, ils sont tous trop occupés à penser que c'est Robby qui déconne, Robby le paresseux. Ils sont tellement aveugles, et misérables, et ils ne le savent même pas.

Il les a tous effacés de sa mémoire. Il a tout effacé.

« *Nous sommes l'ordre / Nous sommes l'espoir.*

Nous sommes l'ordre / Nous sommes l'espoir. »

Le chant devient de plus en plus fort tandis que la caméra recule, et le rythme évoque les chants des soldats en marche, des voix qui montent sur le dernier « espoir », mais pendant plusieurs secondes, il n'y a que les arbres sur l'écran, jusqu'à ce qu'un personnage arrive en courant, sans bruit. Il est pourchassé par un soldat aux cheveux noirs en uniforme lisse comme une peau de requin, et on serait presque désolé pour l'ombre qui est mince et presque nue, à part son énorme coiffe. Et puis, au moment où le soldat attrape la main de la chose – mais est-ce que c'est une main, ou bien un truc plus bizarre ? –, avec son autre main elle effleure le visage du soldat, et le soldat se fige, il se cambre, sa colonne vertébrale se recourbe en arrière, et il s'effondre.

D'autres soldats arrivent – une belle rangée bien nette de soldats, parfaitement synchronisés – et la créature plonge sous un buisson. On voit le lieutenant Harding pour la première fois, il lève le bras sans dire un mot. Et puis il s'approche du buisson et il fouille dans les branches ; il tire la vermine par une cheville, et elle se débat en bredouillant. Il la prend par les poignets avec sa main gantée, empêchant ses mains empoisonnées de toucher sa peau. Il chante en souriant : « *Tu étais perdue, mais maintenant tu es trouvée* », et au moment où on voit le visage de Harding quand il enroule ses doigts autour de son cou – on comprend que c'est une femelle parce qu'elle a des seins, bien qu'ils soient recouverts par une espèce de métal violacé –, on sait que les vermines sont maléfiques, et que les soldats sont les gentils. Et quand le lieutenant lui tord le cou, on est content.

— Retournons vers le lac, dit Mark en remontant son jean. On va boucler la boucle.

— Ça marche, répond Robby.

— Chht, lui enjoint Mark.

On est content aussi quand Harding se rend compte que la mission originale, qui consiste à contenir les vermines, ne tient pas la route. Les contenir n'est pas suffisant. Les vermines ont commencé à s'aventurer au-delà des limites de la jungle et à entrer dans la ville – qui n'a pas de nom –, alors le lieutenant Harding se rend compte que les créatures pourraient facilement anéantir toute la population. Par conséquent, ce sont elles qu'il faut anéantir.

Les vermines prétendent ne leur vouloir aucun mal. Un contingent de trois d'entre elles, un peu gauches, arrive au campement des soldats. L'une s'avance – ses plumes et ses dreadlocks flottant au vent – et elle prononce le seul mot qu'elles ont l'air de connaître : « Paix, paix, paix ». Elles lèvent les mains en l'air en signe de reddition, mais leurs mains sont des armes... Elles peuvent tuer quelqu'un d'un simple contact.

Harding a apporté une longue aiguille et, le soir, autour du feu de camp, il la sort et commence à crever les ampoules que ses rangers lui ont faites aux pieds. Il glisse l'aiguille dans la peau gonflée, les ampoules éclatent, le pus coule dans la terre, et il ne change pas d'expression quand il remet ses chaussures. Par la suite, il plante l'aiguille dans le cou d'une vermine osseuse, encore et encore, et la créature se met à crier, et des larmes coulent sur son visage. Les larmes ressemblent exactement au pus qui coulait sur la terre : aucune différence.

Les vermines ont l'air fragiles. C'est ce que Robby trouve le plus détestable chez elles. Harding est plus malin, plus fort, il n'y a pas un poil de faiblesse en lui. On ne peut qu'admirer ça, hein ? Un type qui ne fait pas d'erreurs. Et s'il en fait, personne ne le remarque. C'est ça, le vrai talent, non ?

Quand ils ont viré Robby du drugstore, il leur a dit qu'il était en retard parce qu'il n'avait pas entendu son réveil – ce n'était pas la première fois. Et qu'est-ce qu'il y pouvait, hein ? Son patron – avec sa barbichette et son ego, ses jeans slim et cette façon faussement british de dire « Allez go » – avait répondu à Robby que ses histoires de réveil n'étaient pas son problème. Peut-être qu'il avait raison. Peut-être que le fait que Robby soit en retard était son problème à lui. Mais qu'est-ce qu'il peut y faire ? Comment pourrait-il défaire une chose qui est déjà arrivée ? Il est censé inventer une machine à remonter dans le temps, revenir en arrière et se faire réveiller ? De toute sa vie, il n'a jamais compris pourquoi on lui reprochait des choses qui échappaient à son contrôle. Pourquoi il était constamment puni pour ces choses. Qu'est-ce qu'il y peut s'il a le sommeil profond ? Qu'est-ce qu'il y peut s'il a oublié de regarder le compteur et s'il a accidentellement traversé une zone d'école à quatre-vingts kilomètre-heure ? Qu'est-ce qu'il y peut s'il a mal tapé une commande et si une table a reçu des Bacon Burgers au lieu de Black Bean Burgers ? Il ne l'a pas fait exprès. Même si les gens ont raison, même s'il est vraiment paresseux, malpoli ou égoïste, eh bien, c'est comme ça, pas vrai ? C'est génétique. Ce n'est pas un choix. Mais ça tout le monde s'en fout. Il fait des efforts, mais ça compte pour du beurre, hein ?

Mais non, c'est Robby qui fait des efforts. Et il n'est pas Robby. Il n'est pas le gamin qui merde constamment et qui est parti de chez lui hier.

« Tu es aveugle, mon bijou ? »

Il pense parfois que les vermines sont les méchantes les plus intelligentes jamais créées. Quand elles saignent, leur sang est rose vif, et il est impossible de savoir si c'est à cause de la lumière bizarre ou si ça veut dire qu'elles ne sont pas humaines. Le sang jaillit et coule sur la mousse, et on croirait un projet de peinture qu'il a fait une fois à l'école.

« C'est la couleur de ce machin antibiotique, avait expliqué Mark à l'époque, cet après-midi-là. L'amoxicilline, tu sais ? On ne t'en a jamais donné ? »

Et Robby avait pensé que oui, en effet, le sang était exactement de la même couleur que l'amoxicilline. Il se souvient du goût, sucré, crayeux, délicieux. Il avait dit à Mark qu'il adorait ça.

« Tu aimais ça ? » s'était étonné Mark, et il avait ajouté que tous les gens de sa connaissance trouvaient ça dégueulasse. Mark lui avait raconté que quand il était petit, il se faufilait au rez-de-chaussée en pleine nuit et il en buvait toute une bouteille.

Il y a tellement longtemps que Robby n'a pas eu l'impression d'être comme tout le monde.

Quelque temps après, sa mère leur avait apporté un saladier de Doritos, sans un mot, sans croiser leur regard, et Robby s'était senti gêné : il trouvait son intrusion malvenue, et il était sûr qu'elle en avait conscience. Il s'était demandé si ça la blessait. Il s'était demandé si elle n'essayait pas de faire en sorte qu'il se sente coupable. Et puis il l'avait surprise en train de regarder derrière son épaule, et il voit encore son sourire. Elle était tellement contente qu'il ait trouvé un ami. Elle était tellement soulagée.

Il y a des moments où il la déteste presque. Et il se déteste pour ça. Ça veut bien dire quelque chose, non ?

— C'est le moment de synchroniser nos montres, annonce Mark en se remettant à marcher, à bout de souffle.

Robby jette un coup d'œil à la sienne, qui lui fait encore un drôle d'effet sur son poignet, mais ils avaient tous besoin d'une montre.

— Ouais.

— À moins qu'on ne le fasse pas, avance Mark.

Ils sont presque revenus près du lac. Il voit les lumières clignotantes, toutes les jolies décorations d'Halloween qui scintillent.

— Non, réplique Robby.

— Tout ce qu'on a à faire, répète Mark pour la millième fois, c'est passer par-dessus le mur. On suit les rails sur tout le tour, on cherche un coin sombre et on se retrouve sur Cherry Street ou sur Havers. On retourne à ma voiture, et on part d'ici. Ni vus ni connus.

C'est tout Mark, ça : avec lui, tout est toujours facile. Il n'assume jamais les conséquences. S'il y a un devoir à rendre en classe, il n'en écrit jamais une page, il sert au prof une excuse à base de migraine, et il râle parce qu'il s'est fait coller un zéro. Robby, lui, se crève le cul au labo d'informatique jusqu'à quatre heures du mat', tout ça pour deux pages, et il décroche un cinq ou un six. Au final, ils se ramassent tous les deux ; alors qui est le plus malin, au fond ?

— Et après ? demande Robby. On partira au Pérou et on vivra sur la plage jusqu'à la fin de nos jours ?

— Y a pas de plages au Pérou, crétin, répond Mark. On verra bien ce qu'on fera. On rentrera chez nous manger des pizzas. Ça n'a pas de sens, Robby. Ça finit pareil pour lui. Il a ce qu'il voulait. On a fait ce qu'on avait prévu.

Ils retrouvent le sentier de béton, l'herbe et les aiguilles de pin sèches qui craquent sous leurs pieds. Robby voit un mouvement dans les buissons, mais ce n'est qu'un canard de l'autre côté du grillage.

— Non, rétorque Robby. Je t'ai déjà dit non.

Comme Robby ne discute jamais, Mark n'a pas l'habitude d'essayer de le convaincre, et ça se voit. Il est nul comme vendeur, il ne fait que se répéter tout le temps.

— On pourrait s'en aller, continue Mark en se rapprochant. On pourrait se réveiller demain matin dans notre lit.

Quand il était petit, Robby regardait un dessin animé où il était question d'un robot, ou d'une souris ou peut-être d'un chien. Toutes ces choses finissaient par se ressembler dans les dessins animés. Mais quand le robot-souris-chien apparaissait sur l'écran, une grosse voix s'écriait : « Et maintenant, la vedette du spectacle ! »

Robby entend parfois cette voix dans sa tête quand il voit Destin, celui qui a organisé tout ça. Celui qui a vu qu'ils avaient quelque chose de vraiment spécial. La vedette du spectacle. Robby va aller au bout du truc, parce qu'il l'a promis à Destin.

En réalité, il n'y a que la fin qui compte.

Robby regarde les lumières qui brillent sur le lac. Il sourit.

18 h 40

— J'ai faim, déclare Lincoln.

Joan doit tendre l'oreille pour distinguer les mots. Les premiers qu'il prononce depuis un bon moment. Ils sont restés assis en silence, Lincoln appuyé contre sa poitrine. Il fait beaucoup trop noir pour qu'il joue avec ses bonhommes.

Il fait trop noir pour quoi que ce soit.

Elle est contente d'entendre sa voix, ce qui est absurde vu la situation, et pourtant elle aurait donné n'importe quoi pour qu'il dise autre chose.

— Laisse-moi regarder, souffle-t-elle, alors qu'elle sait parfaitement qu'elle n'a rien du tout.

Elle fouille à l'aveuglette dans son sac, commence par palper les poches.

— Alors, quelle espèce d'entraînement tu crois que suit Batman ? Pour être plus rapide et plus fort ?

Il ne répond pas.

— Moi, je crois qu'il fait des haltères, reprend-elle.

Elle reconnaît, au toucher, des crayons. Elle se demande pourquoi elle n'a pas jeté tous ces reçus de carte bleue.

— Je crois qu'il fait du hula hoop, ajoute-t-elle, désespérée. Je crois qu'il fait de la danse.

Elle tire un Snickers miniature d'une poche de son sac, le déballe et le lui tend.

— Tiens, mon cœur. Un Snickers.

Ses doigts effleurent les siens quand il le saisit.

— Tu en as d'autres ?

— Je vais regarder.

Mais c'est le seul. Elle garde quand même les mains dans son sac en écoutant le bruit de succion de ses lèvres qui se referment sur ses doigts – il donne toujours l'impression d'enfoncer la nourriture dans sa bouche plus loin que nécessaire – et elle l'écoute mâcher.

Quelques secondes plus tard, elle l'entend se lécher les doigts.

— Tu en as trouvé d'autres ? demande-t-il, si calme, si tranquille.

Elle distingue à peine sa tête qui se tourne vers elle. Et absolument rien de ses traits, même pas ses yeux ou ses dents, qui pourraient, pense-t-elle, refléter un peu de lumière dans le noir. Elle se réappuie à la paroi rocheuse, froide et dure, ses cheveux s'accrochant un peu aux bords.

— Il n'y en a plus, mon cœur, dit-elle.

— J'ai encore vraiment faim. Tu n'as pas des crackers ?

— Non. Hé, tu as toujours tes bonhommes ?

— Non.

— Où est-ce qu'ils sont ?

Rien.

— Il ne faut pas que tu les perdes, mon cœur. Il faut qu'on les retrouve.

Il ne répond pas. Elle tend le bras, sa main se pose sur la cuisse de son fils, et elle tâtonne jusqu'à ce qu'elle trouve ses doigts. Elle lui prend la main et il la lui abandonne, mais il n'enroule pas ses doigts autour des siens comme il le fait d'ordinaire.

— On va chercher par terre pour les retrouver. Comme une chasse aux œufs de Pâques dans le noir. Sauf que c'est les bonhommes qu'on cherche.

Il aime bien Pâques.

Il lui retire sa main.

— Je vais commencer à les chercher, murmure-t-elle sur un ton bien trop joyeux, elle en a conscience. Bon, alors, qui est de sortie ?

Elle ne peut s'empêcher de combler le silence, puisqu'il ne répond pas.

— Je sais que je t'ai donné Batman, dit-elle en passant ses mains sur le sol, où l'herbe est tellement sèche qu'elle lui pique la peau.

Presque aussitôt, elle sent une pièce de plastique lisse, et elle sait de qui il s'agit à cause du casque à cornes.

— Et j'ai Loki. Qui dois-je chercher d'autre ?

— Thor, répond-il platement. Predator. Le garçon blond.

Elle en a déjà retrouvé trois. Il lui paraît crucial qu'il n'oublie rien là, dans la terre, et elle tâtonne le sol plus vite, en décrivant des cercles. Elle se pique. Un éclat de verre ? Une écharde ? Mais ça ne fait rien.

— Ils sont partis ? demande-t-il, si doucement que c'est à peine si elle l'entend.

Elle s'essuie les mains sur sa jupe. Elle referme son sac, le boucle soigneusement afin que les bonhommes ne risquent pas de tomber par accident.

— Les méchants ? questionne-t-elle tout bas.

— Oui.

— Je ne sais pas. Et tant qu'on ne saura pas, je préfère qu'on reste ici sans faire de bruit.

— La police est déjà là ?

— Je ne sais pas.

— Ils vont nous tuer ?

— Pour qui tu utilisais le garçon blond, dans ton histoire ?

— Est-ce qu'ils vont nous tuer ?

Elle l'entend respirer. Son souffle est presque plus fort que ses mots. Si seulement elle pouvait voir son visage…

— Ça se pourrait, répond-elle finalement. S'ils nous trouvent. Mais ils ne vont pas nous trouver.

Elle sent sa chaleur contre elle de la hanche à l'épaule. Il dit encore quelque chose, trop doucement – trop doucement ! – et elle se rapproche pour distinguer ses paroles.

— Quoi donc ? chuchote-t-elle.

— S'ils nous tuent, est-ce que nos corps monteront au ciel ?

— Ce sont les âmes qui montent au ciel.

— Ah oui. Et nos corps, ils resteront ici ?

— Oui. Mais ça ne nous manquera pas. C'est les âmes qui comptent.

— Mais les âmes, on ne peut pas les voir. Ni les toucher.

— Pas pour le moment.

Le vent a encore forci. Elle a froid, mais ce n'est pas insupportable. Elle ne veut pas lui demander s'il a froid, pour ne pas lui implanter cette idée dans la tête.

Il bouge un peu mais ne lui pose plus de questions. Il ne fredonne pas, il ne répète pas de mots sans signification. Elle écoute les feuilles, les criquets, elle pense à Paul – plus aucun moyen de le joindre –, et se demande si les hommes ne pourraient pas revenir après avoir fait le tour. En réalité, il est plus difficile de supporter ce silence qui palpite et se dilate.

— Il n'y en a plus pour longtemps, murmure-t-elle à Lincoln.

— J'ai encore faim.

Elle se demande pour la millième fois où peut bien être la police. Elle pourra peut-être le faire tenir tranquille pendant un moment, mais son taux de glycémie ne cessera pas de chuter, et il ressemblera un peu plus à un animal sauvage à chaque minute qui passe, jusqu'au point de rupture.

Elle pourrait le laisser dans l'enclos, retraverser la Zone des primates, passer devant le terrain de jeux et le biome des éléphants, contourner le Snack-Bar de la Savane et prendre quelque chose aux distributeurs automatiques. Si tout se passe bien, elle pourrait récupérer un paquet de crackers et être de retour en une ou deux minutes. Il pourrait l'attendre ici, et elle serait revenue dans le même temps qu'il lui faudrait à la maison pour courir aux toilettes ou monter l'escalier pour aller chercher un livre.

Mais ce n'est que pure fiction, elle le sait bien. Il ne restera évidemment jamais assis sans faire de bruit, à l'attendre sans bouger. Même pas deux minutes. Il ne la laissera pas passer par-dessus la rambarde sans lever les bras et insister pour qu'elle l'emmène avec elle. Et si elle l'ignore, il se mettra à pousser des hurlements en la regardant s'éloigner.

Et puis, que se passerait-il si ce n'était pas aussi facile que ça d'aller lui chercher quelque chose à manger ? S'*ils* étaient là, quelque part, en embuscade ? Elle ne lui aurait pas rendu service s'ils la tuaient. Lincoln continuerait à l'appeler, et ils finiraient par le trouver…

Non, même en admettant qu'il soit d'accord avec ce plan, elle a du mal à voir la chose sous un angle positif. D'une certaine façon, c'est encore plus terrible d'imaginer qu'ils pourraient le trouver tout seul, de penser qu'ils braqueraient leurs armes sur lui, tout petit et tremblant de peur. Ça lui procure une sorte de réconfort assez bizarre de penser que s'ils arrivaient jusqu'à eux, au moins elle serait avec lui, elle pourrait le serrer contre elle, et…

Elle coupe court à cette pensée. C'est fou comme elle a parfois le chic pour imaginer avec clarté des accidents effroyables – Lincoln qui recule sur la route, une voiture qui le renverse. Elle s'imagine en train de répéter ce qu'elle dirait à Paul si elle devait l'appeler pour le lui annoncer. Elle avait dû surmonter une crise de quasi-panique en regardant la sœur de Paul attacher Lincoln dans un siège-auto et partir avec lui, parce qu'elle visualisait très distinctement l'accident qui les attendait sur l'autoroute, elle s'était vue apprendre la nouvelle, entendre au téléphone la voix entrecoupée de sanglots de sa belle-sœur…

Parfois elle entre dans la chambre de Lincoln, au beau milieu de la nuit, juste pour s'assurer qu'il respire.

Quand elle le dépose à l'école, il lui arrive plus souvent qu'elle ne veut bien l'admettre d'étouffer des pensées de fusillades, d'hommes qui font irruption dans les salles de classe, de maîtresses qui hurlent, et d'enfants – combien ? – qui réussissent à sortir par la fenêtre avant que les tireurs n'enfoncent la porte, et est-ce que la maîtresse le choisirait, lui, parmi les premiers à s'enfuir ? Ce n'est pas rationnel, elle n'arrête pas de se le dire, pourtant ce qu'elle redoutait est arrivé, donc elle n'était pas complètement à côté de la plaque avec ses fantasmes.

Fantasmes morbides qui ont en réalité diminué à mesure que Lincoln grandissait. Quand il était tout petit, elle avait traversé une phase pendant laquelle c'est à peine si elle arrivait à regarder une fenêtre. N'importe quelle fenêtre. Elle le voyait toujours tomber dans le vide.

Et là, tout de suite, assise par terre, le monde entier plongé dans les ténèbres et plein de bruits qu'elle peine à déchiffrer, elle ne peut pas imaginer qu'il se fasse tirer dessus. L'image ne vient pas. Elle refuse de la laisser venir.

— Tu ne veux pas t'allonger ? propose-t-elle. Tu pourrais poser ta tête sur mes cuisses. Ou je peux te porter comme quand tu étais bébé.

Il est parfois fasciné par ce qu'elle faisait quand il était bébé. Par les parties de sa vie dont il ne se souvient pas. Il est particulièrement intrigué à l'idée que du lait pouvait sortir de ses seins.

— Non. Je voudrais manger mon dîner.

— Tu te sentirais peut-être mieux si tu te reposais un peu.

Elle sait pourtant bien qu'essayer de lui souffler une idée n'aidera pas sa cause. Mais elle n'est pas prête à renoncer au mince espoir qu'il finisse par s'endormir. Elle pourrait peut-être le serrer contre elle et lui caresser le visage jusqu'à ce qu'il s'assoupisse, et puis ils pourraient rester là éternellement. Elle regrette, pour une fois, qu'il n'ait plus de tétine, parce que c'était pavlovien : ses yeux se fermaient tout seuls dès qu'il commençait à la téter – « La tétine, c'est une amie qu'on garde dans sa bouche », lui avait-il dit un jour. Il y avait renoncé de lui-même le soir de son quatrième anniversaire, et elle est toujours sur l'étagère de sa chambre, dans sa petite maison de tétine, faite de bâtonnets de sucette, avec son lit de poupée et sa couverture.

— J'ai faim, répète-t-il. Je meurs de faim.

Il prononce « meuh ».

— Allonge-toi une minute, et tu verras si ça passe.

— Je ne veux pas m'allonger. Je veux manger.

— On va manger un peu plus tard.

— Mais je *meuh* de faim.

— Allonge-toi cinq minutes. Juste cinq minutes, et on verra.

— D'accord, concède-t-il, mais son visage se crispe, sa lèvre avance, il fronce les sourcils et sa respiration devient saccadée. D'accord. D'accord.

— Lincoln…

Quand il se met à pleurer, il commence toujours par quelques mots. Il essaie de parler entre ses larmes, les mots s'étirent en gémissements puis s'évaporent, les larmes arrivent, et lorsqu'elles roulent sur ses joues, il est entré dans quelque chose de monotone et de rythmique comme les vagues, en plus rauque.

— Chht, intime-t-elle. Il ne faut pas faire de bruit.

— D-d'ac-cord, répond-il en insistant sur chaque syllabe – ça ressemble plus à un gémissement qu'à des mots.

Elle tente de percer les ténèbres. Il fait trop de bruit trop de bruit trop de bruit. Elle lui caresse la tête, le rapproche d'elle, le caresse encore en faisant *chht*, mais rien de tout ça ne marche.

Elle ne sait plus comment gagner du temps. Il ne faut pas qu'il fasse de bruit. Quels que soient les autres facteurs en cause, c'est la pièce la plus importante du puzzle. Bientôt, les larmes vont se changer en hurlements de sirène, en battements de pieds, et elle résistera à la tentation de se boucher les oreilles pour ne plus entendre des sons qui ne sont pas tout à fait humains mais plutôt mécaniques. Comme si les rouages à l'intérieur de lui étaient à nu, ou qu'un mécanisme absorbeur de bruit avait lâché quelque part.

— D'accord, finit-elle par dire. Alors tu veux qu'on dîne ?

Les sanglots cessent presque immédiatement. Il loupe une respiration, la rattrape, et renifle sa morve, mais les sanglots ont pris fin.

Il s'essuie le nez sur la manche de son tee-shirt.

— Il y a un restaurant ?

— Qu'est-ce que tu dirais de quelque chose de vraiment chouette ? Du fromage et des crackers ? Ou des cacahuètes ? Et une barre chocolatée pour le dessert ?

Elle ne peut pas voir son visage, mais elle sait qu'il rive sur elle un regard réprobateur.

— Ce n'est pas de la bonne nourriture pour devenir fort.

— Non, mais on pourrait aller chercher quelque chose au distributeur. Qu'est-ce que tu aimerais ?

— De la nourriture du distributeur pour le dîner ?

Il a l'air plein d'espoir, à présent.

— Oui.

Ce serait différent si elle était seule. Si elle était venue se promener toute seule au zoo quand la fusillade avait commencé. Elle aurait couru, c'est sûr. Elle se serait cachée. Bon, et après ? Elle est raisonnablement en forme et raisonnablement rapide, elle est intelligente, et si elle avait été seule, depuis le temps, elle aurait décidé de ne pas attendre les bras croisés qu'on vienne la sauver. Il doit y avoir un endroit dans l'enceinte du zoo par-dessus lequel elle pourrait grimper, même si ça impliquait de s'écorcher sur du fil de fer barbelé et de saigner un peu. Elle se voit en train de grimper hors de cet enclos, jeter un coup d'œil au coin des bâtiments et s'enfuir, s'enfuir à l'air libre, avec les arbres et les sentiers qui tournent à n'en plus finir, elle irait vite, sans bruit, et ils ne la verraient pas.

Elle ne pense pas que ces hommes soient particulièrement futés, et en faisant attention, elle pourrait les éviter, elle pourrait trouver le moyen de s'en sortir. Elle chercherait les autres, aussi – elle serait altruiste si elle était seule, non seulement elle se sauverait mais elle retrouverait la femme avec le bébé, elle tendrait la main à tous ceux qu'elle verrait en train de se cacher, et elle les conduirait en sûreté. Elle resterait dans l'ombre, elle ouvrirait la voie. Elle prendrait son temps, elle ne ferait pas un bruit et elle finirait sûrement par trouver un point faible dans les milliers de mètres de clôture. Ou alors un policier en faction.

Elle se voit elle-même, une ombre.

Et si les hommes la trouvaient, elle courrait. Elle foncerait au coin d'un bâtiment, et elle pourrait courir beaucoup plus longtemps qu'eux – elle essaie de faire ses dix kilomètres quatre fois par semaine – et s'il y a une chose qu'elle aime dans la course, c'est quand le taux d'hydratation baisse et que les muscles sont détendus : au bout d'un moment, on ne pèse plus rien, on échappe à la gravité, la douleur dans les cuisses et les poumons laisse place à l'hélium, on ne sent plus rien.

Il y a des moments où elle ne sent plus ses pieds. Parfois, c'est tout son corps qui se change en air. Quand elle court.

— Maman ? demande-t-il.

— Tu es prêt ? murmure-t-elle. Il faut que tu fasses attention, que tu fasses exactement ce que je vais te dire. Et que tu ne fasses aucun bruit.

— Ou sinon ils vont nous tuer, achève-t-il.

Elle réfléchit.

— Ou sinon, ils pourraient nous tuer, acquiesce-t-elle.

Elle croit le voir hocher la tête.

Elle se lève, le prend par la main. Elle le soulève, il noue les jambes autour de sa taille, et elle absorbe son poids, prenant plus fermement appui sur le sol. Tout est parfaitement noir autour d'eux, alors elle ne peut pas voir le premier pas qu'elle fait. Elle garde un bras sous ses fesses et se maintient de l'autre main contre le rocher, par sécurité.

Il garde la tête contre sa mâchoire et remue ses mains dans ses cheveux. Elle fait le premier pas si lentement qu'elle sent jouer chacun des muscles de son pied. Son talon appuie sur la terre, et les tendons de sa cheville s'étirent, sa voûte plantaire s'incurve alors que le bout de son pied et ses orteils épousent le sol, dans un infime craquement d'herbe sèche.

Elle a l'impression de faire deux pas à la minute, la main toujours posée sur le rocher, mesurant son avance alors qu'elle progresse centimètre par centimètre sur l'arrière du rocher, vers l'aspérité de l'angle. Elle marche sur une branche qui lui fait l'impression d'être un os sous sa sandale, et qui craque, trop fort, mais peut-être pas beaucoup plus fort qu'une branche tombant d'un arbre ? et puis elle est debout devant le rocher, face aux planches de bois de la passerelle, droit devant les lumières des lampadaires qui éclairent deux portes menant l'une vers les sentiers principaux, l'autre dans les profondeurs de l'enclos des orangs-outans.

Les portes sont éclairées comme si elle se trouvait dans un jeu télévisé et qu'elle devait choisir l'une ou l'autre. La lumière la fait cligner des yeux.

Les spots vont tout du long jusqu'au bord de la rambarde et légèrement au-delà. Elle voit les toiles d'araignées tendues des planches de bois jusqu'au sol, et elles lui font penser aux filets des pompiers qui vous rattrapent quand vous tombez.

Des papillons de nuit tournent, extatiques, autour des spots lumineux. Des feuilles mortes tombent en zigzag des arbres qu'elle ne peut plus voir, sauf aux endroits où la lune éclaire les plus hautes branches. Des choses ailées, plus petites, qui ne sont pas des papillons, se jettent avec un petit choc mou contre les portes vitrées. Tout autour d'elle, il n'y a rien que l'obscurité, mais dans cette bulle d'espace éclairé, tout est frénétique.

Elle reste dans le noir encore quelques instants, puis elle court vers la rambarde et soulève Lincoln vers la corniche extérieure.

— Cramponne-toi, dit-elle, une main toujours posée sur son dos.

Elle doit le lâcher complètement pour passer elle-même par-dessus la rambarde, mais il referme étroitement ses doigts autour du bois, sans rien dire, le temps qu'elle passe ses deux pieds de l'autre côté et atterrisse. Elle est maintenant sur la passerelle où les papillons volent toujours en piqué, indifférents. Elle se penche par-dessus la rambarde, les bords coupants lui rentrent dans les hanches, elle soulève Lincoln, ses tennis font un petit bruit caoutchouteux – *choui choui* –, et le voilà à nouveau dans ses bras. Elle s'avance sous les poutres, dans un coin éloigné de la porte, et retrouve les ombres où elle reprend son souffle.

18 h 58

ÇA FAIT DU BIEN D'ÊTRE DEBOUT, le dos droit contre les briques. Joan se demande combien de temps elle est restée assise. Elle porte sa main à son sac, sur la poche extérieure, par réflexe.

Son portable.

Quand elle l'a senti quitter sa main, elle n'a éprouvé que du soulagement, et en réalité, elle n'a pas relié ce soulagement au fait que la chose étrangère qu'elle envoyait voler, la chose qui conduisait les hommes vers eux, était aussi celle qui lui permettait de parler à son mari et de garder un lien avec le monde extérieur.

Et maintenant, quoi qu'il puisse arriver en dehors du zoo, elle en est exclue.

Ça ne l'ennuie pas autant que ça devrait probablement. Le monde extérieur est hors sujet. D'une certaine façon, ça remet les choses en place de sentir son tee-shirt s'accrocher aux briques derrière elle, de sentir la douleur dans son épaule gauche, à l'endroit où le poids de Lincoln la tire vers le bas, de savoir qu'ils ne sont que tous les deux, et que c'est comme ça depuis le début. Le téléphone ne faisait que lui procurer l'illusion qu'ils n'étaient pas seuls.

Ça devait être plus ou moins pareil pour ces pauvres gens au Texas, ceux qui doivent à présent flotter sur le ventre, noyés. Peut-être qu'ils avalaient de l'eau à pleins poumons à la seconde même où elle écoutait les tueurs tirer sur une palissade.

Personne ne vient. Il n'y a pas de police, ça n'existe pas.

Tout est plus clair, maintenant qu'elle sait ça.

Il y a Paul, évidemment. Il doit être mort de peur. Mais elle n'y peut rien. Paul est hors de portée, comme presque tout, à part la porte qu'elle va ouvrir, la direction qu'elle va prendre et si elle va avancer lentement ou rapidement. Elle réfléchit à ce qui va arriver ensuite : le bâtiment est le point le plus dangereux de leur trajet. Si les hommes se cachent ou les observent, elle n'aura pas de position de repli. Il n'y a pas d'autre issue que la porte principale qui mène à la Zone des primates, celle qu'ils ont franchie en courant pour gagner leur cachette – cachette sûre, idéale, et elle est complètement idiote de la quitter, c'est stupide, elle devrait faire demi-tour tout de suite, mais Lincoln tremble presque de faim, ou peut-être pas que de faim, mais elle n'a pas de remède pour ça – mais pourquoi reste-t-elle plantée là, à perdre du temps ? Et oui, pour regagner la sortie principale, il faudra qu'ils se risquent dans l'étroit couloir aux parois lisses et aux enclos vitrés de part et d'autre, sans porte, sans échappatoire. Ils seront piégés.

Enfin, ils n'ont pas le choix, ou du moins, aucune autre option ne lui paraît meilleure.

— Maman ? fait Lincoln d'une voix plus stridente que d'ordinaire.

Est-ce qu'il ne prononcera plus qu'un mot ou deux, à partir de maintenant ? Est-ce que toutes les questions interminables, les inventions et les histoires sont finies pour de bon ?

— Tout va bien, répond-elle en le serrant plus fort contre elle.

Elle s'avance dans la lumière, des papillons traçant des trajectoires argentées au-dessus de sa tête. Elle fait quatre longues enjambées, à toute vitesse, maudissant la porte qui se referme derrière elle avec un gémissement, alors qu'elle a laissé la main dessus pour ralentir le mouvement.

À l'intérieur, le silence est aussi lourd que de la vapeur d'eau. L'air est pesant d'immobilité. De l'endroit où elle se trouve, plaquée contre le mur rugueux – elle prend conscience du fait qu'elle aime bien avoir le dos appuyé sur quelque chose –, elle ne voit que les parois de fausse pierre, les tubes fluorescents le long des plinthes, et la surface lisse, brillante, des sols. Les vitrines commencent derrière la première courbe du couloir, et pour l'instant elle pourrait aussi bien être au milieu d'une grotte futuriste ou d'un bunker souterrain. La chaleur lui arrache un soupir d'aise. D'habitude, on a une impression de froid dans le bâtiment – elle se frotte toujours les bras quand elle le traverse –, mais là, il fait quelques degrés de plus que dehors.

Elle tend l'oreille, et n'entend rien. Le système de chauffage est parfaitement silencieux, aucun cri d'animal. Pas un souffle de vent agitant les dômes transparents. Elle pourrait faire une longue liste de tous les bruits susceptibles d'être audibles et qu'elle n'entend pas.

Son garçon est tellement calme.

Elle envisage de le laisser marcher, il aimerait peut-être se dégourdir les jambes. Et elle n'aurait rien contre le fait de se reposer les bras. Mais elle trouve plus sûr de continuer à le porter. Il l'alourdit peut-être, mais enroulé comme il l'est autour d'elle, rien ne pourrait les séparer.

Elle écoute, et il n'y a rien.

— C'est parti, murmure-t-elle.

Il ne répond pas. Alors elle s'avance lentement, en mesurant les faibles sons que font ses pieds sur le carrelage brun-rouge. En deux, trois pas, elle est assez loin du mur pour ne plus pouvoir le toucher, et elle se sent déséquilibrée, comme si elle marchait sur le pont d'un bateau. Il y a trop d'espace autour d'elle. Mais encore quelques pas, et ses mains se posent sur la surface poreuse d'un autre mur. Elle arrive au premier détour du couloir, orné de photos d'espèces animales éteintes : dodos, pigeons migrateurs, bouquetins des Pyrénées et grands pingouins, mais aucun primate. La logique de cet endroit lui échappe. L'épaule collée à la paroi, les mains nouées sous Lincoln, elle jette un coup d'œil au coin du couloir. Elle a déjà rétracté sa tête lorsqu'elle comprend ce qu'elle vient de voir.

Un singe assis par terre.

Elle sort de derrière le mur de pierre, tourne et se retrouve entre deux parois de verre : les petits singes-écureuils sur sa droite et ce qui aurait dû être les colobes sur sa gauche. Mais on ne voit plus qu'un trou carré dans le mur, qui révèle des cordes et du béton. La vitre a presque disparu, en dehors des petits bouts de verre éparpillés sur le carrelage du sol. Il n'y a pas de lumière dans l'habitacle, mais les tubes fluorescents du couloir projettent une lueur sur un sol rocailleux et un faux ruisseau. Cela dit, elle ne jette qu'un coup d'œil au paysage, parce qu'elle est concentrée sur le singe qui se trouve devant elle.

C'est un colobe, évidemment, noir et blanc, la tête penchée en avant, les mains – les pattes – traînant sur le sol jonché d'éclats de verre, et à cause de l'angle de vue, elle met un moment à s'apercevoir qu'un second colobe git, inerte, par terre. Elle ne voit que ses pieds et son dos noirs. Le reste est caché.

Elle regarde attentivement ses pattes de derrière, et ne détecte pas le moindre tressaillement, le moindre soubresaut – les tourterelles que tuait son père tressautaient pendant de longues secondes après avoir perdu leur tête –, et elle est pratiquement sûre qu'il est mort. L'autre colobe, celui qui est vivant, est tellement près que ses longs poils blancs se mêlent à la fourrure du mort, et Joan ne peut dire où s'arrête l'un et où commence l'autre.

Elle referme les bras autour de Lincoln en regrettant de ne pas en savoir davantage sur les primates.

L'animal n'a pas jeté un regard dans sa direction. Il fait le dos rond, sa fourrure est lisse, soyeuse, on voudrait la caresser, et elle se demande si on en a jamais fait des manteaux.

Seuls ses doigts bougent, il les replie et les déplie, à quelques millimètres du sol. Il n'a apparemment pas de pouces.

Elle pense au jour où, dans le Mississippi, un opossum s'était aventuré sur le trottoir devant elle. Elle avait préféré traverser la rue parce que ses dents ne lui disaient rien qui vaille. Et au Honduras, pendant cette négociation contractuelle qui n'en finissait pas avec la coopérative de café, quand elle avait trouvé, en se réveillant, une vache dans sa chambre, sa grosse tête plongeant vers son matelas, sa langue épaisse balayant le vide. Son oncle lui attrapait des bébés écureuils quand elle était petite. C'était après que son père soit parti – lui, les écureuils, il aurait probablement tiré dessus. À vrai dire, ce n'étaient pas ses animaux domestiques à elle, mais ceux de son oncle. Il ne voulait pas la laisser y toucher de peur qu'ils la mordent. Il avait les pouces ensanglantés et couverts d'entailles alors que les écureuils l'adoraient : ils montaient sur son épaule et donnaient des petits coups de pattes sur les lobes de ses oreilles.

Le colobe dodeline légèrement de la tête, d'un côté sur l'autre, se tord le cou, lui faisant penser à Stevie Wonder, et elle se fait peur toute seule en partant presque d'un éclat de rire. Sa bouche esquisse un sourire avant qu'elle puisse s'en empêcher, et elle doit faire un effort pour se faire obéir par les muscles de ses joues.

Elle se demande si c'est le colobe vivant qui a traîné le mort à cet endroit. Est-ce qu'ils ont des rites funéraires ? Est-ce qu'ils portent le deuil ? Le colobe mort a-t-il survécu un moment après qu'on lui a tiré dessus et a-t-il tenté de s'échapper ? L'autre colobe indemne l'a-t-il suivi ? Et d'ailleurs, pourquoi tous les singes n'ont-ils pas fui comme s'ils avaient le diable à leurs trousses, pourquoi ne sont-ils pas partis le plus loin possible quand les premiers coups de feu ont retenti autour d'eux – pourquoi celui-ci est-il encore là ? Est-ce qu'il s'est fait piéger par les portes fermées, et a fini par revenir, ou est-il resté tout ce temps à monter la garde près du cadavre ?

Ils sont figés tous les deux, le singe et elle, refusant de se prêter attention. Il caresse sa barbe blanche d'un doigt, contemplatif, mais ne lève pas la tête.

La paroi de verre fait toute la différence. Un chien ou un chat – un animal domestique – est à l'opposé. Un animal sauvage – pas un animal familier, une vraie bête sauvage – est tout en impulsion, en soudaineté. On croit qu'il est doux et affectueux, et il se peut qu'il le soit, mais il vous fera aussi verser votre sang sans remords. Des pouces pleins de cicatrices et de petits lobes d'oreilles pendouillant. Avec une créature sauvage, on ne peut jamais savoir.

Elle ne peut pas rester indéfiniment figée. Elle pourrait faire demi-tour et repartir dans l'autre direction, mais ce serait beaucoup plus long de serpenter entre les orangs-outans, les loutres géantes et plusieurs autres animaux dont elle ne se souvient pas. Il faudrait qu'elle retourne à la passerelle éclairée, et elle préfère de loin continuer à avancer.

— Maman ? demande Lincoln.

— Mmm-mmm ?

— Qu'est-ce qu'il fait, le singe ?

— Je crois qu'il réfléchit, c'est tout.

— Ça réfléchit, les singes ? interroge-t-il, et elle pense que oui, ils ont bien fait de bouger, parce que au moins, grâce au changement de décor – des animaux sauvages tapis dans les couloirs –, il est moins catatonique.

— Oui.

— Ils mordent ?

Elle reconnaît que la question est pertinente.

— Je ne crois pas. (Ce n'est pas vrai.) Il n'y a pas de raison si on ne leur fait pas peur.

— Comme les bourdons ?

— Un peu comme ça.

À cet instant, le colobe lève le bras au-dessus de sa tête, et le mouvement soudain la fait reculer brusquement. Il ouvre la bouche, bâille, révélant des canines longues et effilées, des canines de vampire ; mais il continue juste à épouiller sa fourrure.

Joan décide d'avancer lentement, d'une façon non menaçante. Mais d'abord, elle regarde les éclats de verre par terre, à côté de ses pieds, s'accroupit et glisse prudemment les doigts autour du plus gros éclat, un triangle presque parfait. Quelque chose lui pique le creux de la main, et elle sait qu'elle s'est coupée, mais elle se relève, les cuisses en feu, et change de prise sur l'éclat de verre. Elle apprécie qu'il soit coupant.

Elle observe le singe, sa bouche fermée pleine de dents. Une fois, alors qu'ils regardaient un sujet d'actualité horrible, son oncle avait dit que s'il tombait sur un cambrioleur pointant une arme sur une personne qu'il aimait – et s'il avait lui-même un revolver à la main –, il n'était pas sûr d'arriver à presser la détente, et ça l'ennuyait. Il se demandait si ça faisait de lui une mauvaise personne, le fait de pouvoir laisser quelqu'un lui faire du mal juste parce qu'il ne pouvait supporter la pensée de tuer un autre être humain.

Si quelqu'un essayait de faire du mal à Lincoln, elle pourrait étaler sa cervelle sur le béton.

Si ce singe s'approche d'eux, elle visera ses yeux. Ou elle lui tranchera la gorge.

Elle se déplace vers la droite, se colle contre la vitrine du singe-écureuil. Elle ne quitte pas le colobe des yeux, et à un moment donné, il tourne la tête comme pour jeter un coup d'œil vers elle, elle en déduit qu'il a conscience de ses mouvements, mais il ne pose jamais vraiment les yeux sur elle. Elle avance latéralement centimètre par centimètre – la paume trempée de sang –, et finit par dépasser les deux colobes. Elle regarde derrière elle, et le singe vivant est toujours assis par terre, sa fourrure mêlée à celle du mort.

Le chemin décrit une courbe. Elle passe devant les gibbons et les tamarins, remarque une flaque humide par terre, sombre comme du soda renversé. Les lémuriens sont droit devant. Toutes les autres vitres sont intactes. Plus loin, les habitacles sont plongés dans l'obscurité, en dehors d'une vague lumière ronde, pareille à une lune, encastrée au plafond de chacun.

Elle arrive à la porte d'entrée plus vite qu'elle ne pensait, reste sur le côté et s'efforce de voir ce qui se passe au-dehors. Le terrain de jeux extérieur des singes-araignées occupe l'espace de chaque côté de la porte, alors elle ne distingue qu'un étroit tunnel de trottoir et de ciel, et puis – à peine visible –, la limite du terrain de jeux et deux bancs verts, vides.

Elle se penche, pose son bout de verre tranchant par terre. Elle ne veut pas se couper davantage, et un éclat de verre ne lui sera d'aucune aide contre des hommes armés.

— On est arrivés aux distributeurs ? demande Lincoln depuis son épaule.

— Presque, répond-elle, et elle pousse la porte.

L'air de la nuit est sensiblement plus froid qu'il ne lui paraissait il y a à peine quelques minutes, mais elle aime son contact sur sa peau. Elle préfère l'extérieur, l'ouverture, l'absence de murs, bien qu'elle soit consciente d'avoir pensé justement le contraire il y a peu de temps. Elle regarde le ciel – des nuages sont arrivés, minces et diffus comme de la gaze –, et son immensité libère quelque chose dans sa poitrine.

La porte se referme, manquant de lui coincer la jambe, et elle réagit avec lenteur, parce que, en s'avançant, elle se retrouvera sous un projecteur – encore un de ces fichus projecteurs –, mais elle relève Lincoln sur sa hanche et pique un sprint pour sortir de la lumière. Après avoir dépassé les cages des singes-araignées, elle ralentit en regagnant la sécurité des ombres. Bien que les sentiers soient ponctués de lampadaires et festonnés de guirlandes lumineuses, pour le moment, ils sont dans une poche d'obscurité au bord du terrain de jeux.

La lune est brouillée ; elle passe derrière un nuage. « La lune était un galion fantôme lancé sur la mer des nuages », elle se rappelle ces quelques mots d'un poème que son oncle lui lisait, et « Bonne nuit chambre bonne nuit lune bonne nuit personne ». Une fois, alors qu'ils venaient de se marier, Paul et elle se trouvaient sur le porche, ils avaient vu une lune orange planer très bas, si énorme qu'on aurait dit une chose atomique, une chose que Dalí aurait peinte. Ils étaient sortis sans même fermer la porte derrière eux et ils avaient suivi la lune sur plusieurs kilomètres, se rapprochant de plus en plus, main dans la main, courant parfois. Quand ils tournaient à un coin de rue, elle paraissait presque accessible, et puis, tout à coup, elle était remontée dans le ciel, d'une taille et d'une couleur normales, et ils étaient rentrés chez eux comme s'ils avaient fait un rêve à deux.

Non loin de là, la lumière coule des lampadaires, tels des cônes de lumière étalés sur le béton. C'est un patchwork de clarté et d'obscurité. Les ombres sont tropicales autour d'elle : des touffes d'herbe de la pampa. Des clôtures faites de poteaux de bois et de cordes. Des feuilles de bananier qui oscillent.

Elle scrute les structures de jeux en métal et fibre de verre. Il y a une fausse montagne en forme de cactus géant sur laquelle Lincoln aime bien grimper. Les tambours africains sont alignés, vides, silencieux. Les masques africains sont posés sur des poteaux, noir et doré, la bouche ouverte, quelque peu démoniaques ; la langue de l'un d'eux ressemble à un pénis, mais elle est trop loin pour le voir. Il n'y a rien ici qu'elle n'ait déjà vu d'innombrables fois, mais généralement au milieu d'une foule, et rarement de nuit. Il n'y a pas de corps désarticulés et pas de mares de sang. Sans le singe endeuillé et le verre brisé incrusté sous la semelle de ses sandales, qu'elle sent encore craquer légèrement, elle pourrait se dire qu'elle a imaginé les dernières heures.

Elle reste immobile, et tend l'oreille. S'attendant presque que des ombres, n'importe lesquelles, se séparent et se changent en hommes. Des carillons à vent, tout près de là, jouent un petit air comme si une fée pouvait apparaître à tout moment. Le vent en recueille les échos, s'amuse avec, et le son lui revient, doux, de toutes les directions à la fois.

Elle s'aperçoit qu'elle se balance presque en rythme avec le carillon, et elle est saisie par l'idée qu'elle est encore sous tension mais qu'elle a chassé la peur depuis qu'elle a entendu les hommes chanter. Elle s'étonne de son calme – non, ce n'est pas tout à fait exact, elle n'est pas calme mais concentrée –, et comme elle n'a plus le souffle haletant des premiers instants où elle a cru qu'elle allait se briser en morceaux, elle se dit qu'il ne doit pas être possible de maintenir indéfiniment ce niveau de peur.

Il y a une pierre près de ses pieds, couverte de mousse verte, presque lumineuse. Sa main ne saigne quasiment plus.

Un mouvement sur sa gauche la fait se figer, quelque chose de plus grand qu'une branche qui se balance, ou le battement d'ailes d'un insecte. Mais quand elle se retourne, elle ne voit qu'un lycaon d'Afrique solitaire qui arpente les ombres de son triste enclos. Le chien est trop osseux, tout en pattes et en côtes. Il rôde, fait les cent pas, va et vient le long de sa cage. D'habitude, ils sont deux dedans, mais elle ne voit que celui-ci. Il a l'air affamé, désespéré, comme s'il planifiait une évasion.

Elle s'imagine chercher le loquet de son enclos.

La lune est sortie de derrière le nuage. Le paysage autour d'elle est délavé, fantomatique, et elle longe le terrain de jeux en restant sur le côté du sentier, n'importe où pourvu que ce soit dans l'ombre. Il y a assez d'arbres pour qu'elle puisse rester sous les branches, près des troncs, en s'arrêtant souvent. Ils passent le long de la grande palissade qui cache le rhinocéros et le chien rôdeur n'est plus en vue. L'enclos des éléphants est droit devant ; le toit de chaume du Snack-Bar de la Savane apparaît, et derrière le mur du fond, les distributeurs de confiserie. Ils sont tout près.

Elle scrute le chemin devant eux. Un gobelet à couvercle et bec verseur, par terre, là, sur le béton, répand une mare humide. Elle le contourne, presse le pas pour traverser une flaque de lumière, retrouve l'obscurité et la sécurité contre la clôture de bambous de l'habitat des éléphants.

Elle s'interdit de se retourner pour regarder le gobelet abandonné.

Elle s'interdit de repenser à la femme ou au bébé, elle s'interdit de penser à cette autre femme qui a scanné leur carte d'abonnement aujourd'hui et a dit à Lincoln qu'elle aimait bien ses boucles, ou à la grand-mère et aux petites filles qui n'étaient qu'une minute ou deux devant eux, sur le chemin de la sortie – n'a-t-elle pas vu une forme portant la robe bleu marine de la femme ? Les petites jambes qu'elle a vues portaient-elles un collant rose ? –, ou au garçon plus grand, à lunettes, qui avait ramassé Thor quand Lincoln l'avait laissé tomber sur le trottoir.

Elle s'interdit de se poser ce genre de questions.

Elle sent que le petit gobelet, derrière elle, continue à goutter.

19 h 06

JOAN OBSERVE LE DOMAINE DES ÉLÉPHANTS, et ne les voit pas. Elle ne voit que l'herbe et la terre délavées par le clair de lune. Son œil est attiré au-delà – trois cents mètres derrière leur territoire, peut-être ? Quand elle regardait les éléphants se promener, leur habitat lui semblait immense, mais à présent qu'elle l'inspecte, il ne lui paraît pas si vaste. L'illusion d'Afrique persiste jusqu'à une grande barrière de pins. Derrière leurs silhouettes dentelées comme des arbres de Noël de cartes de vœux, elle voit les rails du petit train du zoo, et encore derrière, par brefs éclairs à travers les arbres, les lampadaires, l'enseigne en néon d'un drugstore, et une file de voitures au détour d'un virage.

Cette image la choque : le flux régulier des voitures qui passent tous phares allumés, sans se presser. On n'aurait pas dû empêcher les gens d'aller acheter du papier hygiénique ou boire un martini ? Il ne devrait pas y avoir des cônes orange, les rubans jaunes de la police, des sirènes, peut-être des chars d'assaut et des camions blindés ?

Les voitures défilent, indifférentes, et cela lui est insupportable.

Elle regarde à nouveau les courbes dures de la voie de chemin de fer. La lueur de la lune se reflète çà et là sur les rails argentés. Elle se concentre sur les reflets. Son oncle l'emmenait à la pêche et pique-niquer dans la campagne, et heureusement, parce que si ça n'avait tenu qu'à sa mère, Joan ne serait jamais allée nulle part en dehors de l'école et du centre commercial. À la campagne, il n'y avait rien, que des vaches, des fermes et la terre saupoudrée d'écailles de mica, qu'elle séparait en épaisses lames d'argent. Elle pensait que cela avait de la valeur, mais son oncle disait que non, c'était juste brillant, et elle faisait comme si les éclats de mica étaient des fragments de météorite. Il était si beau, ce mica. Une fois, elle en avait rempli un sachet de plastique, comme un savant aurait recueilli de précieux échantillons, et elle l'avait rapporté à la maison pour le montrer à sa mère qui n'allait jamais à la campagne – sa mère et son oncle défiaient toutes les théories sur les gènes ou l'hérédité, ils n'avaient rien à voir l'un avec l'autre. Mais ce jour-là, sa mère s'épilait les sourcils, semant de petites apostrophes noires sur tout le plan de vasque de la salle de bains, et quand Joan lui avait montré le mica, sa mère avait répondu : « Je ne veux pas de cailloux dans la maison. » Joan était encore suffisamment jeune pour ne pas laisser tomber. Elle avait essayé d'expliquer : « Il faut retirer la couche supérieure, et ça brille comme un trésor, regarde juste sous la partie poussiéreuse. » Sa mère avait répondu quelque chose du genre : « Ça ne vaut rien du tout, Joan », ce que cette dernière savait, évidemment. Mais elle n'avait pas les mots pour faire comprendre à sa mère la merveille que c'était, sa beauté, et de toute façon, celle-ci ne l'écoutait pas vraiment, elle n'avait même pas jeté un regard au sachet. Pas un coup d'œil. Sa mère était là, à s'épiler, une main sur le front, en se scrutant dans la glace tandis que des petits bouts de ses sourcils tombaient comme des feuilles mortes sur le lavabo.

Joan détourne le regard de la voie de chemin de fer et caresse, avec sa joue, la tête de Lincoln. Il n'a jamais vu de mica. Elle aimerait lui montrer comment l'éplucher avec l'ongle.

Et puis elle entend un claquement, une sorte de choc ou de craquement, et elle est à moitié par terre – sur un genou – recroquevillée sur Lincoln, avant de comprendre que ce n'était probablement qu'une branche ou une noix. Elle se tourne dans toutes les directions, ne voit rien, que des taches de lumière et de ténèbres, des ombres et des plantes.

Elle reste accroupie et observe, sans faire un bruit.

Finalement, elle se relève. Elle ne peut supporter de penser à tout ce qui pourrait arriver, ici, sur ce coin de béton. Sur le béton, à dix pas devant eux. Ou vingt pas plus loin, dans l'obscurité du grand toit de chaume.

Elle met un pied devant l'autre.

Elle observe à nouveau les rails, qui forment un cercle régulier. Le petit train l'a emmenée un nombre incalculable de fois avec Lincoln, si près du mur d'enceinte qu'ils auraient pu en sauter – le train avance très lentement –, poser leurs mains sur le grillage ou la brique, à deux doigts du monde extérieur.

Elle n'a pas cessé d'avancer pendant qu'elle examinait les rails du petit train. Ils longent encore l'enclos des éléphants, se rapprochent du Snack-Bar. Les haut-parleurs déversent « I Put a Spell on You » et le chanteur fait un vacarme assourdissant. Elle essaie de repérer les haut-parleurs, mais elle n'est pas encore assez proche.

— Je peux marcher ? chuchote Lincoln, et le son de sa voix la surprend presque autant que la musique.

— Tu veux descendre ?

Elle pourrait compter sur les doigts d'une main le nombre de fois où il a demandé à marcher alors qu'elle le portait.

— Oui.

Alors elle le dépose à terre, en lui tenant la main avec celle qui est intacte. Le soulagement qu'elle éprouve d'être libérée de son poids – cette soudaine légèreté – est contrarié par une sensation de vide. Elle referme ses doigts sur les siens. Il se rapproche de la palissade de bambous, l'entraînant derrière lui, et demande :

— C'est quoi, ça ?

Elle essaie de suivre la direction de son doigt tendu. L'enclos des éléphants a quelque chose de stupéfiant la nuit, c'est indéniable. Les arbres rabougris, les fourrés semblent léviter au-dessus des bosses de la colline, le sable brille d'une lueur dorée : on dirait un paysage extraterrestre, comme la Lune, ou Mars.

— La plante, là ? interroge-t-elle, remarquant un buisson qui semble hérissé de tentacules.

— Non. Ça, là, par terre.

Elle regarde à nouveau, met plusieurs secondes à distinguer la forme pareille à une tache d'encre, et encore plus de temps à reconnaître ce que ça doit être.

Les hommes ont tué un éléphant.

Le corps est massif, sombre et compact, mais la trompe incurvée sur le sol remonte comme un serpent. D'une certaine façon, elle a l'impression qu'elle est distincte du reste du corps, encore vivante, et qu'elle s'efforce de se libérer en rampant. Mais elle ne bouge pas.

— Qu'est-ce que c'est, maman ? insiste Lincoln.

— L'éléphant, murmure-t-elle.

Alors que les nuages filent dans le ciel, elle croit pouvoir distinguer les poils de sa peau rugueuse agités par le vent.

— Il est couché ?

— Oui.

— Pourquoi est-ce qu'il est couché ?

Elle pourrait lui répondre que l'éléphant dort. Ce serait probablement la réponse la plus anodine, mais elle ne veut pas lui raconter cela. Lui mentir froidement serait presque une insulte alors qu'il vient de tenir le coup pendant toutes ces heures avec elle, mâchoire contre mâchoire, main dans la main, et puis aussi elle a envie de dire ces mots à quelqu'un, et il n'y a que lui dans les parages. Alors elle les prononce :

— Il est mort.

— Oh. C'est les hommes qui l'ont tué ?

— Oui.

Elle ne peut en détacher ses yeux. Sa queue pareille à un ver a quelque chose de pitoyable.

— Comment s'appelle-t-il ?

— Je ne sais pas. Et toi, comment tu crois qu'il s'appelait ?

Il émet un « hum » qui indique qu'il réfléchit.

Elle s'éloigne d'une démarche mal assurée, l'entraînant avec elle, pressant le pas, ennuyée d'avoir perdu du temps et de l'énergie sur l'éléphant au lieu de rester concentrée sur tous les recoins, les parois et les cachettes qui les entourent, et il la suit, mais il a la tête encore tournée vers l'animal. Il aime donner des noms aux choses : il joue avec une famille de petits lapins habillés. Il y en a un qui s'appelle Softball, un autre appelé Baseball, il y a un frère appelé Petit Lapin Sans Oreilles – Pagayou les lui a mangées –, et une sœur appelée Suzie Cat. Il y avait aussi un bébé appelé Suzie Witch, mais celui-là, Pagayou l'a carrément avalé. Il a un million de joueurs de foot en plastique, un terrain de foot pliant en tissu, et il n'arrête pas de donner des noms aux joueurs, et de les rebaptiser. Il y a un joueur de ligne appelé Chewed Humpy et un receveur appelé Susan.

— S'appelait ? relève Lincoln.

Elle a perdu le fil de la conversation.

— Pardon ?

— Il n'a plus de nom ? On n'a plus de nom quand on est mort ?

— Pardon, il « s'appelle ». Comment tu crois qu'il s'appelle ?

— Marshmallow.

Elle lui serre la main plus fort.

Quand il joue avec ses figurines de foot, il crie des discours d'encouragement à ses quarterbacks : « On joue fort, tout le monde ! On joue vite ! Est-ce qu'on fait des plaquages méchants ? Non ! Est-ce qu'on fait des plaquages gentils ? Oui ! »

C'est un enfant exceptionnellement gentil. Il serait tellement facile de le blesser.

Il s'est arrêté à nouveau et s'est retourné vers l'éléphant. À moins qu'un papillon de nuit, ou une feuille qui tombe, n'ait attiré son attention.

— Lincoln, dit-elle en se penchant vers son oreille. Il faut qu'on continue à avancer. On ne peut pas regarder des choses sans importance.

Il y a tellement d'espace à cet endroit. Tant de cachettes potentielles qu'elle n'aurait jamais remarquées avant que quelqu'un ne sorte de nulle part, une arme à la main. Elle inspecte partout, encore et encore, mais elle sait qu'elle ne peut pas tout voir.

Si elle commence à y penser – à tout ce qu'elle ne peut pas voir –, elle ne va plus pouvoir respirer.

Marche plus vite. Fais attention, mais marche plus vite.

L'éléphant est déjà plusieurs mètres derrière eux. Ils sont presque au restaurant, avec son pavillon et ses haut-parleurs. Un autre haut-parleur est fixé sur la palissade, elle s'en rend compte en entendant la musique enfler, oblitérant tout le reste. Pourtant, elle reste tout près de la barrière de bambou et de la bande d'herbe sombre que les lampadaires n'atteignent pas. Elle tire sur la main de Lincoln. Elle ne peut pas supporter de rester là beaucoup plus longtemps. Non seulement elle ne peut pas tout voir, mais avec cette musique assourdissante – « Le loup-garou de Londres » –, elle n'entend plus rien d'autre.

Le Snack-Bar est juste sur sa droite, et le pavillon de chaume s'étend devant elle. Mais entre le bâtiment et eux, il y a une étendue de béton illuminée où normalement les enfants courent, tombent ou boivent des jus de fruits en brique. Les chemins qui mènent aux divers enclos se croisent à cet endroit, et c'est un espace à ciel ouvert terriblement dégagé. Si elle met le pied sur ce béton vide, ils seront exposés, et elle sera sourde à tout, sauf aux hurlements des loups et au martèlement du clavier.

La musique lui casse les oreilles.

Elle décide de remonter un peu plus loin, vers l'enclos des tortues, où un arbre immense déploie ses branches en travers du chemin bétonné, et à l'abri duquel ils pourront traverser. Une fois cette décision prise, elle se lance, concentrée. Ils avancent tout doucement, accroupis. Elle ne se serait pas laissé distraire si la musique ne s'était pas interrompue quelques secondes, juste le temps de passer au morceau suivant.

Dans ce bref moment de silence, elle entend le bébé pleurer. Elle pense tout d'abord que c'est un singe, mais dans le cri, elle devine un contretemps, un souffle ravalé, et elle sait que ce n'est pas un animal. C'est un cri gargouillant, rageur, qui vient de tout près. Assez près pour lui rappeler l'époque où lorsqu'elle était au lit, dans la maison silencieuse aux petites heures du matin – le berceau de Lincoln dans la pièce voisine, à dix pas de là –, elle se réveillait une fraction de seconde après le moindre son indiquant qu'il n'était pas content : elle sautait du lit avant même d'avoir ouvert les yeux.

Elle tourne la tête vers un banc, à quelques pas devant eux – une petite plate-forme d'observation pour les éléphants –, où elle s'attend à voir la mère aux cheveux longs penchée sur l'enfant, essayant de le faire taire, mais il n'y a personne.

Puis la musique reprend, un rythme disco qui couvre tout le reste, et pour un peu elle se raconterait qu'elle a tout imaginé – que son esprit lui joue des tours. Mais elle sait. Et elle n'a pas besoin de prendre une nouvelle décision : sa trajectoire initiale l'amène près du banc, placé dans un V de la palissade en zigzag. Il n'y a rien à cet endroit, juste la carcasse de fer du banc et à côté la forme compacte d'une poubelle en métal.

Elle s'arrête, le dos rond, encore dans l'ombre. Il n'y a visiblement personne à cet endroit, ni mère, ni bébé. Lincoln tortille ses doigts entre les siens, non dans l'espoir de se libérer, mais d'impatience. Elle sent qu'il se penche en avant, comme s'il espérait la faire avancer plus vite.

Aucun signe d'une quelconque présence.

Joan attire Lincoln plus près d'elle, le dos de son petit garçon contre ses jambes, avance jusqu'à ce qu'elle ait les mains sur le métal de la poubelle, froid et légèrement collant, et soulève le couvercle d'un seul mouvement. Elle sait ce qu'elle va trouver – bien qu'elle se dise que ce n'est pas possible, elle sait ce que ça va être – et oui, elle voit un bébé dont les hurlements montent vers elle.

C'est à peine si elle parvient à l'entendre dans ce vacarme, et pourtant elle voit bien qu'il hurle. Le clair de lune est faible, mais cela suffit. Niché à une trentaine de centimètres de profondeur dans la poubelle, le bébé est sur une couverture, qui recouvre presque complètement les ordures. Il est petit, tout doux, et il se tortille. C'est Moïse dans son couffin.

Elle pose le couvercle de la poubelle sur le béton et se penche à l'intérieur en faisant des bruits apaisants qu'elle n'entend pas elle-même. Elle regarde les petits doigts tendus. Les mains qui battent l'air. Une petite tête couverte de cheveux sombres, pas un nouveau-né mais un bébé de quelques mois à peine, vaguement emmailloté dans une autre couverture, à la couleur pastel indéterminée – vert, jaune ou blanc ? – mais qui a été suffisamment dégagée par les gigotements du nourrisson pour qu'elle voie sa grenouillère, de couleur pastel aussi, et ses grosses cuisses. Surtout, elle est pétrifiée par la colère de l'enfant, ses yeux étroitement fermés, tout plissés, comme son front crispé et sa bouche ouverte qui, malgré tous ses efforts, ne peut pas rivaliser avec le système de sonorisation.

Cette femme – ou une autre – a laissé son bébé dans les ordures. Dans la poubelle.

C'est impensable.

Lincoln la tire par la main en lui disant quelque chose. Elle ne comprend pas ce qu'il essaie de lui raconter. Elle se penche sur lui.

— Parle-moi à l'oreille.

— Qu'est-ce qu'il y a, maman ?

Il hurle, mais c'est à peine si elle arrive à l'entendre.

Il ne voit rien, comprend-elle. Il est trop petit pour voir par-dessus le bord de la poubelle, il n'entend que la musique, tandis qu'elle reste plantée là, pétrifiée.

— Rien du tout, répond-elle, sans trop savoir pourquoi elle lui ment.

— Alors qu'est-ce que tu regardes ?

Elle se redresse sans quitter le bébé des yeux. Puis elle se rend compte qu'elle a les mains dans la poubelle, et qu'elle fouille dedans. Elle recule. Et lâche :

— Je croyais avoir entendu quelque chose.

La mère a dû paniquer. Peut-être qu'elle a aperçu les tireurs, ou peut-être qu'elle était simplement faible ou égoïste, et comme elle n'arrivait pas à faire taire l'enfant, elle a renoncé. Elle s'est sauvée. Il est vraisemblable qu'elle soit terrée quelque part, à l'abri, et qu'elle ait laissé son bébé mariner avec les canettes de soda vides et les emballages de hamburgers, et Joan la hait de tout son cœur. Ses mains planent à nouveau au-dessus de la poubelle, mais pourquoi est-ce qu'elle ne touche pas le bébé ?

Lincoln tire à nouveau sur l'ourlet de sa jupe.

Elle ne peut détacher ses yeux de l'enfant. Ce n'est pas une cachette si terrible que ça, une fois qu'on a dépassé la réaction instinctive due au fait qu'il s'agit d'une poubelle. Si on peut faire abstraction de l'idée que la femme a littéralement jeté son enfant aux ordures, c'est même une idée assez brillante. Juste en dessous des haut-parleurs, le bébé peut hurler aussi fort qu'il veut – au fait, est-ce un garçon ou une fille ? –, personne ne l'entendra. Et bien sûr qu'il va hurler, parce qu'il est tout seul, terrifié, probablement affamé et qu'il n'y a pas de douce chaleur à l'endroit où le corps de sa mère devrait se trouver, or les bébés jugent énormément par l'odeur, et ça doit sentir bizarre, la saleté, la pourriture. Mais au moins on n'entend pas ses pleurs, et puis la poubelle constitue une sorte de couffin rudimentaire, bien fermé, un endroit d'où le bébé ne risque pas de sortir en rampant.

Il pourrait y avoir des rats ou des cafards, là-dedans, qui lui entreraient dans les yeux et la bouche. Des cafards. Ce n'est pas un endroit sûr. C'est une poubelle. Lincoln pourrait marcher, et ce bébé ne pèserait rien. Elle pourrait même les porter tous les deux, sur de courtes distances.

La musique disco résonne dans son crâne.

Elle tend les mains à l'intérieur de la poubelle et caresse le visage du bébé, qui est rouge violacé, même sous le clair de lune. Sa peau est toute douce, comme elle s'y attendait. Ses pleurs ne cessent pas. Il tourne la bouche vers elle, happe son pouce, et elle le laisse sucer un instant. Il y a un papier de bonbon près de son visage ; elle l'écarte. Le bébé donne un coup de pied, et elle aperçoit quelque chose sous sa petite cuisse pâle. Elle glisse sa main dessous et trouve une tétine.

Elle l'essuie sur l'intérieur de son bras, la tend à l'enfant, et un autre détail lui revient en mémoire : le O parfait d'une petite bouche et la succion satisfaisante lorsque la tétine est acceptée.

Le bébé tète deux fois et la recrache en braillant.

Lincoln n'arrête pas de tirer sur sa jupe. Elle baisse les yeux, il l'attire vers lui et lui hurle à l'oreille :

— Je croyais que tu avais dit qu'on ne pouvait pas regarder des choses sans importance.

Elle se redresse rapidement, se réoriente. Et se rend compte qu'elle est en pleine lumière – la même flaque de lumière qui éclaire le bébé s'étale sur ses bras. Et elle a lâché la main de Lincoln. C'est la première fois qu'elle n'a plus aucun contact avec lui depuis le moment où ils sont sortis de l'enclos du porc-épic. Et elle ne le regardait pas. S'il s'était éloigné, elle ne l'aurait pas vu. Si les hommes avaient été là, tout de suite, l'avaient mis en joue, elle ne l'aurait pas vu.

Elle ne regardait pas.

Le bébé hurle toujours.

Elle s'accroupit, à nouveau dans l'ombre, enroule son bras autour de son fils et lui dit :

— Oui. Tu as raison.

Elle doit faire vite. Elle ne peut pas faire autrement. Elle se redresse à moitié, restant le plus bas possible, et passe à nouveau la main sur la tête du bébé. Elle présente son pouce devant ses lèvres, il les entrouvre, la mordille – de ses gencives encore édentées –, puis elle lui remet la tétine dans la bouche et se détourne rapidement, voulant croire que le bébé ne la recrachera pas cette fois. Elle se penche, ramasse le couvercle de la poubelle par terre, le remet en place.

Ce qui est plus long qu'elle ne voudrait – il faut que les bords coïncident exactement –, et pendant tout ce temps, elle regarde un point dans le noir. L'espace d'un instant, le bébé est une vague lueur pâle en dessous d'elle, puis la lueur disparaît et seul demeure le dôme sombre de la poubelle.

— Allez, souffle-t-elle à Lincoln.

Elle s'accroupit à nouveau près du sol, fait quelques pas, et déjà la musique est légèrement moins forte, elle ne lui martèle plus la tête. Un autre pas, encore un, et elle n'a qu'à continuer à parler, c'est tout, elle n'a pas besoin de ressentir quoi que ce soit.

Elle n'a qu'à protéger Lincoln.

— Qu'est-ce qu'il y avait là-dedans ? demande Lincoln, le visage plaqué contre ses cheveux.

— Rien du tout.

Il continue à parler, peu disposé à laisser tomber aussi facilement, mais elle l'oblige à aller plus vite, laissant la poubelle derrière eux. La musique s'intensifie. Une guitare électrique s'élève en spirale vers une acmé extatique et un tourbillon de feuilles, jaunes même dans l'obscurité, s'éparpillent sur l'herbe devant leurs pieds. Arrivés à la vaste masse de l'arbre près de l'enclos des tortues, ils traversent en courant, main dans la main, l'étendue de béton non éclairée, et elle s'agenouille devant une palissade assez basse. Une pause, un regard aux alentours. Ils ne sont qu'à quelques pas des distributeurs automatiques, qui sont presque dissimulés derrière un rideau de bambous, mais elle voit les lumières électriques qui forment des bandes rouges et blanches entre les tiges.

Encore quelques pas. Elle met la main dans son sac, palpe la poche latérale, tire sa carte de crédit à tâtons et referme ses doigts dessus.

— Quels genres de crackers tu crois qu'ils ont ? demande Lincoln.

— Au fromage, sûrement, répond-elle, irrationnellement agacée qu'il remette le sujet des crackers sur le tapis. Et ne parle plus bas.

— Je veux ceux au fromage.

Elle sent qu'il ralentit, et sa résistance s'accroît telle une ligne de pêche empêtrée dans un obstacle sous la surface. Sa hanche frôle le bambou.

Encore dix ou douze pas et elle pourra lui donner à manger.

— Je ne veux pas de beurre de cacahuète, dit-il en élevant la voix. Je veux ceux au fromage. Sauf s'ils ont ceux qui sont comme des cookies avec du beurre de cacahuète dedans que papa aime bien.

— Chut ! lance-t-elle.

Comment peut-il, à ce stade, attacher plus d'importance à du beurre de cacahuète qu'à des coups de feu ? Il ne se rend donc pas compte de tout ce qu'elle fait pour lui ? Bien sûr que non. Et c'est tant mieux d'ailleurs. Mais elle ne va pas se disputer avec lui pour des crackers.

Elle reprend sur un ton plus apaisé :

— Il y en aura sûrement au fromage.

— Promis ?

Elle en a les larmes aux yeux. Elle se trompait : ce n'est pas vraiment de la colère qu'elle refoule, et d'une main légèrement collante elle l'attire plus près d'elle, en s'obligeant à ne pas penser au magma sirupeux du couvercle de la poubelle. Lincoln se rapproche en trébuchant, avec un gémissement, un grondement comme quand elle essaie de le réveiller trop tôt le matin. Mais au moins ils sont derrière la barrière maintenant.

Elle se fige.

Puis elle recule, repasse derrière la clôture et plaque Lincoln contre ses jambes. Elle est à nouveau prise d'une crise de panique, et c'est une bonne chose parce que ça étouffe toutes les autres émotions.

Entre la palissade de bambou où ils se trouvent et le mur de brique du Snack-Bar de la Savane, il fait clair comme en plein jour. Les distributeurs étincelants sont alignés le long du mur : Coca, Pepsi, eau minérale, et tout au bout, une boîte de métal pleine de petits conditionnements. C'est la première fois qu'elle les voit de nuit. Les lumières paraissent agressives. Comme si les machines ne se souciaient absolument pas de leur triste sort, et elle les déteste pour leur éclat indifférent.

Elle est obligée de s'abriter les yeux de la lumière.

À gauche des distributeurs, la palissade de bambou s'incurve jusqu'à toucher le mur du restaurant. Des bananiers poussent, hauts et épais, à l'angle, formant ainsi, de ce côté au moins, une sorte de barrière naturelle.

Mais de l'endroit où elle se trouve jusqu'à la fente de paiement par carte de crédit – Mon Dieu, faites que le lecteur de cartes fonctionne, parce qu'il lui arrive de tomber en panne, or elle n'a jamais de pièces sur elle –, de là jusqu'aux machines, il n'y a nulle part où se cacher. Rien que du béton. Non seulement les distributeurs sont éclairés de l'intérieur, mais les lumières encastrées le long des plinthes illuminent toute la zone.

Elle étudie la touffe de bananiers qui se trouve derrière les machines. Leurs feuilles s'étendent comme des parasols, et dessous, leurs gros troncs s'enfoncent dans les plates-bandes de paillis. Il y a trois poubelles dans un coin, mais l'angle à côté du bâtiment est sombre et vide. Les bananiers offrent un abri, et elle pense qu'ils pourraient se cacher au milieu, contre la barrière.

Il n'y a rien à gagner à rester immobiles. Ils n'y sont pas plus en sécurité.

Elle examine tout ce qu'elle peut voir, et tout ce qu'elle ne peut pas voir. Elle soulève à nouveau Lincoln, attend qu'il ait enroulé ses bras et ses jambes autour d'elle.

— Par ici, dit-elle en fonçant à travers la lumière – formant une ombre massive et sans forme sur le ciment – devant les distributeurs de boissons et de snacks, et jusqu'à la limite des bananiers.

De près, elle voit les pierres décoratives encastrées dans le sol, une mosaïque de carrés noirs et blancs. Elle dépose son fils dans les feuilles. La machine est assez près pour qu'elle puisse la toucher. Selon l'angle, elle les dissimule. Elle détache doucement sa main de celle de Lincoln et le repousse un peu en arrière, le stabilisant, pas après pas, sur la plate-bande.

— Reste debout sur la pierre, chuchote-t-elle. Reste là, je vais chercher à manger.

Elle est satisfaite de la position de Lincoln. C'est à peine si elle le voit, même d'aussi près.

De ce côté du distributeur, elle peut rester dans l'ombre et n'exposer que son bras. En trifouillant un peu maladroitement – elle a le bout des doigts tout rêche –, elle parvient à introduire sa carte dans la fente. Elle choisit les crackers au fromage et à la farine complète, enfonce le poignet dans la trappe en bas de la machine et attrape le paquet de crackers avant qu'il ne tombe au fond. Elle le prend et tend l'oreille. Ensuite, elle achète un second paquet – qu'est-ce cinq secondes de plus ? Mais elle tape sur le mauvais bouton, A6 au lieu de B6, et c'est une barre chocolatée qui tombe. Elle la récupère quand même.

Elle recule dans les ombres et sent les feuilles humides contre sa nuque.

19 h 12

LINCOLN S'ASSIED SUR SES GENOUX, et son tee-shirt remonte. Elle pense à ses vertèbres saillantes et à l'étroitesse de ses hanches. C'était un énorme bébé – quatre kilos et demi – et il avait eu un double menton pendant un moment, des jolis plis de graisse qui amenaient des inconnues à l'arrêter dans la rue pour lui pincer gentiment ses cuisses dodues. Il était resté longtemps rondouillard, mais depuis il s'est bien allongé et affiné.

Elle déballe les crackers et lui en tend un. L'emballage fait plus de bruit qu'elle ne voudrait, mais elle le déchire au milieu, et elle se repositionne de façon à être fermement campée sur la pierre et non plus sur le paillis. Les larges feuilles plates, froides, tombent sur sa tête et ses épaules. Les haut-parleurs passent maintenant le thème instrumental tourbillonnant qui introduit toujours la Méchante Sorcière du *Magicien d'Oz*. Les instruments à vent retentissent, frénétiques, et le son est crapoteux, mais elle ne veut pas qu'il s'arrête. Elle ne veut rien entendre d'autre.

Lincoln a mangé deux crackers avant qu'elle s'en aperçoive. Elle prend sa « flotte » dans son sac, secoue la bouteille, et heureusement elle est encore à moitié pleine. Elle ôte le bouchon et la place entre les genoux de Lincoln, coincés entre ses genoux à elle.

— Merci, dit-il.

Il rebondit légèrement, ses fesses lévitent presque au-dessus du sol. Les crackers ont eu un effet presque magique.

— Tu as une barre chocolatée ? demande-t-il. C'est quoi ? Je peux en avoir ?

Elle en casse un bout et le lui tend. Les mots lui viennent lentement, comme au ralenti :

— C'est un Zéro. Chocolat blanc et caramel.

— Tu n'aimes pas le chocolat blanc. Ça te fait vomir.

C'est vrai. Un vieux souvenir de son passage en Thaïlande. Elle travaillait avec des religieuses en Irlande avant de partir pour Bangkok, au moment du carême, et elle avait renoncé au chocolat parce que quand on est parmi les religieuses, on adopte des idées d'abnégation. Mais le jour de Pâques, elle avait acheté un gros lapin en chocolat blanc – comment se faisait-il qu'ils aient des confiseries de Pâques en Thaïlande ? –, elle l'avait mangé en entier et elle avait vomi. Après cela, elle n'avait plus jamais touché au chocolat blanc.

— J'aimais bien le chocolat blanc, dans le temps.

Le bord de la roche lui rentre dans les cuisses, et quand elle se déplace pour améliorer sa position, elle s'érafle la main contre la pierre. Elle sent une piqûre puis le liquide couler de la plaie : elle a rouvert l'entaille qu'elle s'était faite dans la paume.

— Avant ma naissance ? demande Lincoln.

— Oui, acquiesce-t-elle en fermant et rouvrant le poing – sa main est poisseuse de sang. Bien avant ta naissance.

— Quand tu allais dans des tas de pays.

— Oui, à cette époque-là.

Il goûte la friandise, pour voir, pousse un soupir de satisfaction, et toute la barre disparaît dans sa bouche.

— Tu en mangeais tout le temps avant. Quand tu aimais le chocolat blanc. Mais il n'y avait pas de chocolat blanc avant ma naissance, alors ça ne peut pas être vrai.

— Ah non ?

Il y a quelque chose qui cloche avec le distributeur de Coca-Cola. Comme s'il n'y en avait plus. Le bouton Sprite clignote mollement, s'allume, s'éteint.

— Avant ma naissance, il n'y avait pas de chocolat du tout. Il n'y avait pas de maisons, rien que des châteaux. Il n'y avait pas de meubles. Pas d'assiettes, pas de chapeaux, pas de terre. Il y avait des dinosaures. Il n'y avait pas de monde. Il n'y avait rien du tout. Mais il y avait un hôpital, où je suis né.

Elle le regarde.

Une fois, il s'était mis à pleurer à cause du haut-parleur de l'épicerie. Il pense que les monstres de *Scooby-Doo* sont terrifiants. Et pour le moment, il donne l'impression de n'avoir aucun souvenir de l'heure écoulée. Il est redevenu lui-même.

— Je ne savais pas, murmure-t-elle.

— Je sais que tu ne le savais pas.

Il va bientôt falloir qu'ils repartent. Ils sont juste à côté du bâtiment, tout près d'une allée principale. Elle se recroqueville contre le mur de brique, s'assure qu'ils sont tous les deux bien cachés et le regarde manger grâce à un filet de lumière qui filtre entre les feuilles.

— C'est bon, mon cœur ?

— Miameux, répond-il, la bouche pleine de miettes humides, car il est revenu aux crackers. Miameux. Si bon que j'ai dit miameux deux fois.

— Chht, fait-elle. Pas si fort. Je te rappelle de ne pas les engloupir. Savoure-les.

Une autre de ses inventions verbales : « engloupir », au lieu d'« engloutir ». Et un jour il lui avait demandé : « Pourquoi est-ce qu'on dit "Bon sang" ? On ne devrait pas plutôt dire "mauvais sang" ? »

— Je les savoure, dit-il, et il le prouve en prenant une miette si petite qu'elle entame à peine le cracker.

Elle lui dit souvent de savourer ce qu'il mange, mais là, elle veut plus que jamais qu'il mange lentement. Elle aime le regarder, tout au plaisir du fromage industriel. Il fait du bruit en mâchant, pas tout à fait la bouche ouverte, mais il mastique plus que nécessaire. Il se lèche le poignet ; sans doute y avait-il des miettes dessus.

Elle veut qu'il ne pense qu'aux crackers.

Il se tortille pour se rapprocher d'elle, sa hanche heurte la sienne, et elle pense à son oncle dans son vieux fauteuil inclinable – de couleur bronze – se poussant sur le côté pour lui faire de la place (elle était si petite à l'époque), et lui disant : « J'en connais une qui devrait grandir. » Son oncle sentait toujours l'herbe coupée et la sueur – mais la bonne transpiration. Quand elle était coincée dans le fauteuil avec lui, il posait sa joue sur sa tête, elle sentait son cœur battre contre sa tempe, et elle était tellement contente de le sentir tout près d'elle, solide et rassurant.

Si elle en croit les films, les livres et les déjeuners avec ses amis, personne n'est jamais content de son sort. Tout le monde veut changer de boulot ou d'époux, et à son âge, elle devrait traverser une grave crise existentielle au cours de laquelle elle devrait commencer à mettre en cause tous ses choix et regretter de ne pas pouvoir repartir de zéro, et bien sûr ce serait d'autant plus grave qu'elle est une femme, qu'elle a un enfant et qu'elle travaille, et elle devrait vouloir tout ça et en même temps être gênée aux entournures, écartelée entre son désir de se tailler une place dans le monde du travail et ses aspirations maternelles.

Or elle ne ressent pas ça.

Elle a lu une histoire, quand elle était petite, à une époque où elle était obsédée par toutes les affaires de combustion spontanée et de vaudou, une histoire sans doute tirée d'un de ses gros livres pleins de fantômes. Il était question d'un homme à qui le diable donnait une montre capable d'arrêter le temps : il n'aurait qu'à appuyer sur un bouton de la montre pour que sa vie se fige et ne change plus jamais. Il ne mourrait pas. Il cesserait de vieillir. Chacune des journées de sa vie serait exactement comme celle qu'il venait de vivre. Il n'avait qu'une chose à faire, choisir le moment où il appuierait sur le bouton. Mais il n'était jamais tout à fait prêt à appuyer. Il n'arrêtait pas de se dire qu'il voulait rencontrer la femme idéale, puis, une fois qu'il croyait l'avoir trouvée, il décidait qu'il voulait être père. Et après la naissance de son enfant, il n'était pas sûr d'avoir trouvé la femme idéale. Ensuite il voulait gagner encore un peu plus d'argent, et finalement, quand il était devenu très vieux, le diable était venu lui réclamer son âme. Le diable lui avait révélé qu'il utilisait cette ruse depuis une éternité : personne n'appuyait jamais sur le bouton. Personne ne voulait jamais dire que ce moment – ce moment précis – était le moment parfait.

Elle, elle arrêterait la montre. N'importe quel jour. À n'importe quel moment.

Il se peut que le contentement soit son plus grand don. Elle apprécie ce qu'elle a. Son fils tout chaud, collé contre elle, suffirait presque à lui faire oublier tout le reste.

Mais elle a de nouveau la main humide. Le sang coule le long de ses doigts.

Elle la soulève, prête à compresser l'entaille, mais c'est le côté de son bras qui saigne, à présent, un endroit à vif juste au-dessus de son poignet, et en le regardant, elle se rend compte qu'elle s'est frottée contre le bout de pierre acéré par terre, dans un sens puis dans l'autre, et elle se souvient que ça lui a fait mal, et en même temps – une goutte rouge s'est écrasée sur sa cuisse, trop près de Lincoln, alors elle retire brusquement sa main – elle voudrait continuer.

Elle appuie le coin de peau éraflée contre sa jupe.

Elle voudrait arrêter la pendule. Récemment, elle a surpris son reflet en chemise de nuit de dentelle, peut-être celle avec le corselet ajouré et les fentes qui remontent jusqu'à la hanche, celle que Paul lui demande de mettre quand il rentre déjeuner à la maison le jeudi, et elle se dit : « Un jour, je ne porterai plus ça. Un jour, ma peau se relâchera, elle fera des creux et des bosses, je serai une vieille femme qui ne portera plus de lingerie sexy, et un jour, Paul sera mort et je n'aurai plus personne pour qui la porter, de toute façon. » Ou elle fait la roue, elle enchaîne les roues pour Lincoln, elle les compte – dix-huit, dix-neuf, vingt – et quelque part elle est fière d'elle, elle rit, et en même temps elle se dit aussi : « Un jour, je ne pourrai plus faire la roue, et j'espère qu'au moins il se souviendra de l'époque où je pouvais, et si je mourais demain dans un accident de voiture, est-ce que c'est le souvenir qu'il garderait de moi ? Est-ce qu'il se souviendrait des mots magiques qu'on disait pour que le feu rouge passe au vert ? Et comment on changeait la table de salle à manger en château fort ? »

Elle ne sait plus quand elle a commencé à imaginer la fin de sa vie. C'est peut-être à cause de la quarantaine, ou bien Lincoln, quand de bébé il est devenu petit garçon et qu'elle a compris qu'il allait disparaître, encore et encore, jusqu'à ce qu'il finisse par être grand et par s'en aller, à moins qu'elle n'ait ce genre d'idées noires précisément parce qu'il n'y a rien qu'elle n'attende plus fortement de la vie que de rester exactement telle qu'elle est, sans jamais changer, et peut-être qu'elle l'aime d'autant plus qu'elle sait que ça ne peut pas durer. Elle se demande si tout le monde a ces pensées d'accident de voiture et de maris morts, ou si c'est elle qui est particulièrement morbide.

« It's close to midnight and something evil's lurking in the dark ! » braille la voix de Michael Jackson dans les haut-parleurs. Il est près de minuit et le mal menace dans l'ombre.

Il n'y a plus qu'un cracker dans le paquet. Il faudrait qu'elle se lève. Qu'ils trouvent un endroit plus abrité.

Non. Il faudrait qu'elle décide quoi faire ensuite. Elle n'a pas besoin de retourner dans la lumière tant qu'elle n'est pas sûre de l'endroit où aller. Et puis il est tellement calme. Tellement silencieux. Quand il est comme ça, ils sont presque invisibles. Et quand ils bougeront, il faudra qu'elle choisisse une direction, et donc qu'elle décide de repasser devant la poubelle ou de l'éviter.

La peau écorchée de son bras la lance, et elle se dit que quelques frottements de plus sur le bord tranchant de la pierre feraient peut-être disparaître la douleur, comme quand on gratte une démangeaison.

Cette pulsion lui fait peur. Elle n'est pas du genre à avoir de telles pensées.

— Tu veux le reste de la barre chocolatée ? demande-t-elle à Lincoln.

Il prend son dernier cracker d'une main et tend l'autre pour qu'elle la lui donne.

— Oui, s'il te plaît.

Quelque chose passe sur le pied de Joan, léger, rapide, et elle se garde bien de baisser les yeux pour voir ce que c'était. C'est ce qu'elle a appris dans la maison de sa mère : si on peut éviter de le voir, on peut faire comme si ça n'existait pas.

Et pourtant, elle l'imagine. Elle voit des carapaces noires, luisantes, et des antennes qui frémissent.

Il y a une scène dans *Les Deux font la paire* où Lee et Amanda se cachent dans un marécage. Ils sont dissimulés dans les plantes et la terre tout comme elle en cet instant ; Amanda tremble et Lee l'entoure de ses bras. C'est le secret de Joan : elle n'a jamais avoué à personne combien d'épisodes de cette série elle a re-regardés. Tous ces épisodes qu'elle a visionnés pendant des heures lui font l'effet que l'alcool ou le porno font à d'autres personnes. Parfois, elle abandonne son bureau à la maison et en regarde un à l'heure du déjeuner. Parfois, elle se relève, la nuit, dépose un baiser sur l'épaule de Paul et enchaîne les épisodes jusqu'à trois heures du matin.

Elle ne devrait pas penser à la télévision tout de suite. Ou peut-être que si. Il y a des choses bien pires.

Elle trouvait Bruce Boxleitner si beau, et elle le trouve encore beau d'ailleurs – enfin, dans la version des années 80 –, et elle peut retrouver cette version de lui chaque fois qu'elle le désire, parce que ces gens – non, ce ne sont pas des gens, ce sont des personnages – n'ont pas changé du tout. Plus jeune, Lee et Amanda étaient pour elle des adultes. Maintenant qu'elle est plus vieille qu'ils ne l'étaient dans la série, ils sont restés magnifiquement conservés.

Quand elle était petite, elle s'asseyait par terre, sur le bois trop brillant du parquet du salon, à côté de la table basse qui était toujours collante, limite écœurante, parce que sa mère mettait toujours trop de cire dessus. Mais le sol était pire, à cause des cafards qui le traversaient sans bruit, comme s'ils glissaient sur la glace. Ces éternels cafards… Sa mère avait peur que le désinsectiseur ne tue le chien par accident. Joan allumait la télévision dès qu'elle rentrait de l'école. Était-elle la seule à ne jamais vouloir quitter l'école ? À sortir le plus lentement possible par les doubles portes quand sonnait la dernière cloche ? À regarder dans les salles de classe pour voir s'il ne restait pas des professeurs avec qui elle pourrait engager la conversation sous un prétexte ou un autre, et peut-être aller jusqu'à s'asseoir sur leur bureau afin d'attirer leur attention ? Les professeurs l'aimaient bien. En sixième, ils n'avaient choisi que douze filles pour la danse du mât, elle en faisait partie, et ça avait exigé de longues heures d'entraînement après l'école. Le paradis : elle ne rentrait qu'à la nuit tombée.

Mais ils ne vous laissaient pas rester à l'école éternellement. Alors elle allumait la télé et elle regardait ses séries jusqu'à ce que sa mère rentre et s'empare de la télécommande – elle avait ses propres séries à regarder. Joan attendait que sa mère aille se coucher, tard dans la nuit, et elle retournait allumer la télévision. Elle s'asseyait tout près, la tête levée, le cou tordu, parce qu'elles avaient perdu la télécommande – non, ce n'était pas seulement ça, elle aimait être tout près de la télévision pour être plus dedans que dans le salon. Et là, elle était contente. Mais parfois, alors qu'elle était assise en tailleur par terre, dans le noir, pieds nus, sur le sol lisse, glissant, un cafard passait sur sa cheville, sa cuisse ou le bout de son doigt, et elle se précipitait vers le canapé en ravalant un cri. Pourtant elle retournait toujours vers la télé, même si elle ne savait pas dans quelle direction le cafard était parti, ce qui l'obligeait à regarder sous les fauteuils. Le grand moment de terreur, c'était toujours l'instant où elle voyait, du coin de l'œil, une forme noire détaler. Elle n'arrivait jamais à se rapprocher suffisamment pour les tuer. Elle leur lançait des chaussures en espérant avoir un coup de chance, et parfois, elle les aspergeait de laque à cheveux jusqu'à ce qu'ils se noient dedans. Elle aimait les regarder mourir comme ça. Mais même quand elle se sentait menacée par les cafards, elle retournait toujours vers la télévision. Elle ne pouvait pas s'en éloigner.

Le voyant Sprite du distributeur palpite comme un code morse. Lincoln mastique toujours. Les haut-parleurs chantent *Amityville*, d'Eminem : « Dahh-dum, dahh-dum... dum... »

Elle regardait un épisode de *Les Deux font la paire*, elle revenait au début – elle les enregistrait toujours sur cassette – et elle se repassait les meilleurs moments. Retour arrière, pause, lecture. Retour arrière, pause, lecture. Elle se rappelle un épisode où Lee et Amanda vont à l'hôtel, il lui tient la main alors qu'ils prennent un ascenseur, et il la lâche pour appuyer sur un bouton, alors Amanda cherche sa main à tâtons, et Lee a une expression merveilleuse quand il se rend compte qu'Amanda tend la main vers lui. Joan a revisionné cette scène une centaine de fois. C'était l'époque où ils s'aimaient mais ne se l'étaient pas encore avoué, alors chaque regard était chargé de sens, et Joan se demandait si quelqu'un la regarderait comme ça un jour.

Ce coin de parquet devant le meuble de télévision est le seul endroit de la maison de son enfance qu'elle revoit avec autant de netteté. Le mur qui disparaît derrière les étagères peintes en beige, les napperons de dentelle qui pendent sur tous les rayonnages, à droite, la table basse luisante, avec les fleurs de soie dans une coupe de cuivre et les magazines en désordre. La télévision, le magnétoscope, les boutons argent, les boutons noirs, le ronflement de la cassette qui se réenroule.

Elle n'aimait pas les autres pièces. C'est la cuisine qui attirait le plus les cafards. Une fois, elle avait mis la main dans un sac de chips et elle avait senti une carapace dure, lisse, remuer sous ses doigts. Le couloir était long, tapissé de moquette, et elle courait dedans à toute vitesse – tant d'espace vide à couvrir, la plante de ses pieds toute chaude sur les poils de moquette vert pâle – et sa chambre, au bout. Elle sautait du couloir sur son dessus-de-lit bleu, en espérant que rien ne bouge entre ses draps.

Il ne se passait jamais une nuit sans qu'elle voie au moins cinq ou six cafards. Parfois, quand elle ne dormait pas, elle écoutait le bruit de leurs petites pattes qui trissaient. Parfois elle n'arrivait même pas à dormir.

Sa mère ne les voyait jamais. Joan aurait pu ériger un monument avec les choses que sa mère ne remarquait jamais – un petit-fils, par exemple, qu'elle n'était venue voir que deux fois depuis sa naissance –, mais elle éprouve encore un frisson de rage à l'idée que sa mère ne voyait jamais les cafards.

Joan lui avait demandé, encore et encore, de les empoisonner. « Tu dramatises, soupirait sa mère. Tu sais que Daisy pourrait les attraper. Et il n'y en a pas tant que ça. »

Elle se rappelle qu'elle aimait utiliser le tapis du salon comme décor pour ses saynètes, et elle demandait à sa mère de la regarder jouer. « Fais donc ça pendant que je me repose les yeux », disait sa mère, allongée sur le canapé, les yeux déjà fermés.

Elle se rappelle que sa mère insistait pour l'emmener chez la manucure : « Ce sera amusant », lançait-elle. « Non, répondait Joan, qui était plus grande à ce moment-là, et avait un caractère plus affirmé. Je n'irai pas. Je déteste me faire faire les ongles. Je déteste l'odeur, et tous ces instruments qui font mal. C'est toi qui aimes ça. Moi j'ai horreur de ça. »

Sa mère claquait sa brosse à cheveux sur le meuble de la salle de bains, faisant trembler son miroir à maquillage, et le lendemain, elles allaient chez Lovely Nails. Elle jurerait que sa mère est encore persuadée à ce jour que Joan adorait aller chez la manucure.

Sa mère ne voyait jamais rien.

Sa mère ne se donnait jamais la peine de regarder.

On est censé avoir plus d'indulgence envers ses parents, non, quand on a eu des enfants soi-même ? Quand on a compris ce que ça voulait vraiment dire, être parent ? Mais pour elle, ça avait eu l'effet inverse. Quand elle avait une vingtaine d'années, elle avait conclu un semblant de trêve avec ses parents, mais à la naissance de Lincoln, la rage était revenue. Le mieux était de les maintenir à distance afin qu'ils restent une forme noire, rampante.

Lee Stetson disait des choses comme « Ce Bordeaux est à se damner », il conduisait une voiture de sport argent, il faisait le baisemain à Amanda, et pour Joan, c'était ça, être adulte. Tout le monde était beau et avait de l'esprit, buvait des cocktails et voyageait dans des lieux exotiques. Elle avait une mère qui dormait avec un Lhassa Apso, qui se fichait qu'il y ait des traces de merde de chien sur ses draps, mais qui frémissait à l'idée de toucher des pierres brillantes comme un trésor, et elle avait un père qui pouvait passer des journées entières à chasser des petits animaux, mais ne retrouvait jamais le chemin vers sa propre fille.

Le voyant Sprite clignote plus vite, frénétiquement.

Elle se rend compte que Lincoln ne bouge pas, peut-être dort-il. Ses doigts pleins de chocolat blanc sont détendus et pointent vers le ciel. Sa tête est tombée sur le biceps de Joan. Elle regarde les douces courbes de ses joues caressées par ses cils, et son nez terminé par une petite boule, un point final parfaitement rond. Hier, il a utilisé le mot « arsenal » dans une phrase. Il a des mots entiers plein la tête.

Elle le voit.

Elle referme les doigts de sa main qui ne saigne pas autour de son poignet, doucement, comme un bracelet. Elle sent les os sous sa peau.

Elle le voit.

Elle ne voit que lui.

Elle doit rester concentrée.

— Je voudrais bien avoir Sarge, murmure-t-il, et elle est surprise, à la fois parce qu'il ne dort pas, et parce que Sarge n'est que son second animal en peluche préféré, après une girafe toute molle.

Sarge était son propre chien en peluche, il y a plus de trente ans maintenant ; il a dans l'oreille gauche un trou assez grand pour y passer le doigt, et son nez a en partie disparu. Son oncle le faisait ramper sur la table du petit déjeuner pour mendier un peu de ses œufs, et tout à coup, Sarge lui manque à elle aussi, son corps de berger allemand en peluche, son velours usé. Il a connu tous ceux qu'elle a un jour aimés.

— Pourquoi tu veux Sarge ? demande-t-elle.

— Parce que c'est un chien policier, répond Lincoln en soulevant légèrement la tête. Il protège les choses.

Elle s'apprête à le rassurer, à lui dire qu'elle sera toujours là pour le protéger, mais il y a un bruit, et un mouvement au milieu de la lumière vive.

Dans la seconde qu'il lui faut pour se rendre compte qu'une porte s'ouvre – la porte de l'autre côté du distributeur de Coca-Cola –, il y a déjà une voix, puis un visage éclairé en rose par les spirales rouges et blanches de la machine.

Un visage. De longs cheveux qui se balancent. Des yeux noirs qui les regardent.

Il lui faut une autre seconde – le temps est visqueux et ralenti, comme les pattes d'un cafard dans la laque à cheveux

– pour réaliser que la voix est celle d'une fille, et elle réussit de justesse à ne pas crier.

La fille tend un bras en signe d'invite, et tout son corps apparaît juste un instant puis redisparaît derrière le distributeur. C'est une jeune Noire, une adolescente aux longues tresses striées de mèches écarlates comme du rouge à lèvres. Son visage est tout petit sous tous ces cheveux.

— Vite, s'écrie la fille. Venez !

19 h 23

JOAN RESTE PARFAITEMENT IMMOBILE et étudie le visage de la fille afin de décider si ce n'est pas une petite amie des tireurs envoyée pour jouer à une sorte de jeu cruel. Mais elle a l'air très jeune et nerveuse, et il est difficile de la soupçonner de quoi que ce soit.

— Enfin, si vous voulez, ajoute-t-elle.

Seul l'arrière de sa tête est encore visible alors qu'elle se retourne et regarde dans l'obscurité, l'air à la fois incertain et ennuyé.

C'est son air ennuyé qui la convainc. Joan passe son bras autour de Lincoln, le remet debout, attend qu'il prenne appui sur ses deux pieds, s'agenouille et écarte les feuilles de bananier de son visage. Les cuisses endolories, elle pousse son fils devant elle, derrière le distributeur de Coca-Cola, le guidant précipitamment, pauvre petit poussin maladroit, accroché d'une main à son tee-shirt, puis ils sont dans le restaurant, et la porte vitrée se referme derrière eux, trop bruyamment.

Ramassée sur elle-même, elle garde un bras autour de la taille de Lincoln. Elle remarque une longue fissure dans la porte, une ligne argentée en forme de patte de poulet qui traverse le verre.

La fille est devant elle, immobile, presque accroupie elle aussi. Elles sont à côté du comptoir des sandwichs, la caisse enregistreuse sur leur gauche, tout un mur vitré sur leur droite. Les lumières du plafond sont éteintes, mais les présentoirs éclairés de l'intérieur baignent la pièce d'une lueur fluorescente, teintant les tables et les chaises de plastique blanc – elle pense qu'elles sont blanches – en vert pâle, comme autant de créatures sorties des profondeurs marines.

La fille s'est tournée vers eux, tend la main au-dessus de leurs têtes. Elle sent la poudre et le pain, des odeurs agréables.

— La porte, explique-t-elle en tournant le verrou.

Puis elle se penche à nouveau, avance le long du comptoir, et ils la suivent. Sur quelques tables, les chaises sont soigneusement retournées, les pieds en l'air, mais d'autres chaises, et même des tables, sont repoussées de guingois un peu partout. Un cordon rouge tendu entre deux poteaux, comme ceux que l'on utilise pour organiser une file d'attente, traîne par terre, les poteaux renversés et leurs bases rondes posées sur la tranche.

— Par ici, indique la fille en leur faisant signe d'avancer, comme s'ils n'étaient pas déjà assez près pour qu'ils puissent lui marcher sur les pieds.

— C'est qui ? demande Lincoln d'une voix chaude et humide contre la joue de Joan.

Il a toujours la main entortillée dans l'ourlet de son tee-shirt et tire dessus.

— Je ne sais pas, répond-elle.

Et elle se rend compte qu'il y a bien des choses qu'elle ne sait pas, par exemple pourquoi elle a décidé de s'enfermer dans ce bâtiment avec une étrangère. La porte s'est ouverte devant un autre être humain, qui semblait envoyé de Dieu – sauf que si Dieu devait envoyer quelqu'un, pourquoi choisir une adolescente ? – et peut-être que c'est une terrible erreur. Pourtant, elle ne peut pas envisager de faire demi-tour. Elle se sent obligée d'avancer, mais pourquoi ?

Tout tourne dans sa tête, c'est un sacré méli-mélo. Toutefois ses pieds la portent, elle les pose l'un devant l'autre. Ils passent, le dos rond, devant les vitrines de verre et de métal vides où se trouvaient les plats – les muffins, pense-t-elle, et les chaussons aux pommes. Ils restent en dessous du niveau des vitres qui occupent toute la façade. En regardant par ces vitres, elle voit le dessous du toit de chaume et l'obscurité au-delà des spots. L'obscurité n'avait pas l'air aussi totale quand elle était dehors – elle ne voit plus le domaine des éléphants, ni les pins, au loin, ni les rues éclairées. Le toit de chaume s'étend à perte de vue, et le monde au-delà pourrait aussi bien être vraiment l'Afrique.

Elle s'interroge sur le contre-champ, la vue que l'on a de l'extérieur quand on regarde dans le restaurant. À quel point sont-ils visibles ? Y a-t-il quelqu'un dehors qui trouve qu'elle a la peau vert pâle, comme un animal marin ?

Elle se tourne à nouveau vers l'avant. Les cheveux de la fille sont teints en rouge foncé par la lumière. Des mèches noir et rouille.

La musique est réduite à un bourdonnement monotone.

Il y a une coccinelle morte par terre. Lincoln ne la voit pas et la carapace craque sous sa chaussure.

La fille presse le pas. Lincoln se cramponne à Joan, mais au moins il marche tout seul. Elle a les cuisses en feu à force d'avancer à moitié accroupie.

Au bout du comptoir, ils tournent vers les cuisines. Ils passent devant des paillasses en acier, un énorme fourneau et beaucoup de boutons de toutes les tailles. Le sol carrelé est légèrement collant, et elle fait très attention où elle met les pieds. Elle tient la main de Lincoln bien serrée dans la sienne.

— On y est presque, chuchote la fille.

La cuisine se termine – plus d'appareils, et le sol carrelé devient un bref couloir qui donne sur une porte d'acier. La fille la pousse, et elles entrent dans une pièce meublée sur deux côtés de comptoirs en métal sous lesquels sont empilés des cartons. La lumière est éteinte, évidemment, mais une fenêtre carrée, tout en haut du mur, laisse filtrer un mélange de clair de lune et de la lumière des lampadaires au-dehors.

Une femme est assise par terre. Une Blanche âgée, aux cheveux blancs, adossée à une pile de cartons. Elle porte un pantalon large et un sweat-shirt, et elle hoche la tête une fois, le visage dans l'ombre.

— Entrez, dit-elle.

— Par ici, Lincoln, enjoint Joan en le guidant dans la pièce tout en rendant son salut à la femme.

Les cartons occupent chaque centimètre carré du sol, en dehors d'un étroit chemin au centre. Joan distingue des fourchettes et des cuillères en plastique dans l'un, des filtres à café dans un autre, mais la plupart sont fermés avec du ruban adhésif. Au-dessus des comptoirs, au moins une dizaine de louches sont suspendues à un support magnétique. Il y a aussi un bloc de couteaux. Plus loin, une mare rouge vif la fait tiquer, mais elle voit des bouteilles de ketchup. Sept – non, huit : une rangée bien nette de bouteilles de ketchup. Elles sont débouchées et à un endroit, le ketchup s'est renversé sur le comptoir et a coulé par terre.

— J'étais en train de les transvaser, explique la fille en faisant coulisser le verrou de la porte d'acier.

Joan regarde derrière elle : la porte est tellement polie que malgré la maigre lueur, la fille se reflète sur la surface. On voit une silhouette fantomatique imiter le mouvement de ses bras qui se lèvent et retombent. La fille de la porte s'effondre mollement exactement comme la vraie, elle croise les jambes jusqu'à se retrouver assise en tailleur.

La vraie fille porte un béret marron de la même couleur que ses tresses, et un jean qui flotte sur ses hanches. Ses os sont fins comme ceux d'un d'oiseau.

— Le ketchup, je veux dire, reprend la fille en s'accoudant sur un carton étiqueté *CRÈME À CAFÉ SANS LACTOSE*. Je transvasais les bouteilles quand je les ai entendus entrer, j'en ai un peu renversé, et ça paraissait idiot de nettoyer après.

— Du ketchup, répète Lincoln en se rapprochant, les pieds butant sur ceux de Joan alors qu'elle pousse un carton dans l'espoir de faire de la place.

Joan s'assied et étudie la pièce. Une seule porte. Et l'unique fenêtre est assurément trop haute pour qu'on puisse regarder à l'intérieur. Elle trouve plus facile de se concentrer sur l'espace qui l'entoure – ses avantages et ses inconvénients – que d'essayer de comprendre ce que la fille raconte avec ses sauces.

En dehors de sa voix, tout est silencieux dans la pièce. Joan n'entend plus la musique d'Halloween. Elle n'est pas sûre d'aimer ce silence.

Elle s'aperçoit que ses pieds touchent presque ceux de la femme plus âgée, qui la regarde sans rien dire. Joan replie ses jambes sous elle et assied Lincoln sur sa cuisse. Une des jambes de son fils atterrit dans l'espace entre ses genoux.

— Alors vous étiez là quand les tireurs sont entrés dans le restaurant ? murmure-t-elle à la femme.

— Non, répond celle-ci tout bas. J'étais près des éléphants. J'avais mes écouteurs, et je n'ai même pas entendu tirer, au début. Mais elle m'a trouvée. Comme elle vous a trouvés.

— Ils ne savaient pas, fait la fille, qui ne chuchote pas, comme si elle était assise sur un canapé quelque part, à bavarder autour d'une pizza en regardant *Danse avec les stars*. Les tireurs. Ils ne savaient pas que j'étais là. Ils n'ont même pas bien regardé. C'est bizarre, non ? Ils auraient dû vérifier, vous ne croyez pas ? Genre, faire les choses vraiment sérieusement ? On n'est pas censé avoir un plan quand on fait des trucs comme ça ?

La fille semble être une incorrigible bavarde.

— On ne devrait pas parler plus bas ? chuchote Joan.

— Pourquoi ? dit la fille avec un haussement d'épaules. On n'entend rien de l'autre côté de la porte. Faites-moi confiance. Je le sais, parce que quand la chef veut souffler dans les bronches à quelqu'un, elle l'emmène ici et elle ferme la porte. Il y avait une fille comme ça qui mangeait tout le temps des gâteaux au café, comme si elle était vraiment accro aux gâteaux au café, c'était dingue, et on se demandait tous, je veux dire… Enfin, je vous racontais que j'étais ici quand les hommes sont entrés. Il n'y avait pas un seul client, et c'était tant mieux, je veux dire, parce que… mais quand les hommes sont ressortis, j'ai rouvert la porte et je les ai regardés partir, par la fenêtre j'ai vu un homme et une femme qui descendaient sur le chemin, j'ai entendu des coups de feu et ils sont tombés. Enfin, peut-être qu'ils se sont relevés après.

Joan est obligée de se concentrer sur chacun des mots qu'elle prononce. C'est comme si elle était arrivée dans un pays dont elle pensait comprendre la langue, et puis un chauffeur de taxi ou une concierge commence à lui parler à toute vitesse, et elle se rend compte qu'elle a eu beau pratiquer toute sa vie, écouter des CD, elle n'était pas préparée à ça : elle a le vocabulaire, mais elle ne saisit qu'un mot sur quatre.

— Peut-être, dit-elle à la fille, et elle croise le regard de la femme aux cheveux blancs.

Elles s'étudient mutuellement pendant un instant. Elle remarque que, bien que la femme porte un sweat-shirt, elle a des boucles d'oreilles en argent, un collier, et sa coiffure est très tendance – si on tirait dessus, ses boucles se remettraient aussitôt en place, comme des petits ressorts. Elle a les ongles manucurés. Rien de voyant, une sorte de couleur pastel. De bon goût. Sobre.

Joan la soupçonne d'être le genre de femme qui ne sort jamais de chez elle sans se maquiller.

Elle regrette d'avoir suivi la fille. Elle n'a pas envie d'être là.

La fille renvoie la tête en arrière et regarde en l'air. Elle se balance légèrement, faisant flotter ses cheveux sur ses épaules, puis elle remet ça :

— Vous avez jamais entendu dire que si quelqu'un essaie de vous obliger à monter dans une voiture en braquant une arme sur vous, vous avez intérêt à vous sauver en courant, parce que les chances qu'on vous tue en vous tirant dessus à, mettons, rien que six pas de distance, ne sont que de soixante pour cent environ ? Et qu'elles ne sont que de trente pour cent si vous êtes à dix pas ? Alors, même si on vous tirait dessus, ça ne vous tuerait probablement pas. Et si vous étiez à trente, quarante ou même cinquante pas, ce serait très improbable.

Joan baisse les yeux sur Lincoln qui a changé de position sur sa cuisse. Il a l'air totalement absorbé par un presse-purée – elle ne sait pas comment il s'est retrouvé dans sa main –, mais il écoute souvent plus attentivement qu'il n'y paraît. Elle ne veut pas discuter des tenants et des aboutissants d'une blessure par balle.

— Vous avez quel âge ?

— Seize ans.

La fille a l'air d'en être fière. Joan a presque oublié cette sensation – se délecter d'avoir l'âge qu'on a.

— Alors, qu'est-ce qui s'est passé ? demande-t-elle à nouveau, parce que plus elle en saura sur les tireurs, mieux ça vaudra. Quand les hommes sont entrés ici ?

La fille se cale plus confortablement contre son carton. Elle remue légèrement la mâchoire, comme si elle suçait une pastille ou mâchait un chewing-gum.

— Au début ? J'ai d'abord entendu un cri, dehors. Mais il y a parfois des cris, vous voyez ? Comme des gamins qui jouent à se courir après – vous connaissez la statue de l'éléphant qui crache de l'eau ? Et puis ils les laissent nourrir les girafes, et il arrive qu'un enfant ait peur de leur langue. Et la musique est tellement forte, aussi… bref, j'étais occupée avec l'inventaire de fermeture. Ensuite, les cris se sont éloignés, et tout a été assez tranquille pendant un moment. Vous avez entendu les coups de feu ?

La fille parle encore trop fort. Joan doit se contrôler pour ne pas la secouer. Elle se retient de lui dire : « Si tu continues à parler comme ça, on va tous se faire tuer. » Elle comprend, c'est logique, la porte étouffe les bruits, mais la logique ne se décrète pas.

— On les a entendus de loin, répond Joan, calmement, rationnellement. On était dans les bois, lui et moi, dans le Coin des petits. Je ne savais pas que c'étaient des coups de feu.

Lincoln lâche son presse-purée et se lève pour aller le récupérer. La vieille femme le lui tend. Il le prend prudemment.

La fille hoche la tête avec enthousiasme.

— Moi non plus. Ils étaient loin, au début. On était déjà fermés – la porte verrouillée et tout ça –, et j'étais ici quand j'ai entendu quelqu'un à la porte.

— Chht, fait Joan, incapable de se retenir. Pas si fort !

— Ils ne peuvent pas nous entendre, répète la fille.

La femme aux cheveux blancs pose la main sur le bras de la fille. Pas légèrement, mais fermement, ses doigts aux ongles manucurés se referment sur son avant-bras.

— Chut, intime la femme avec une autorité surprenante. Elle a raison. Baissez d'un ton.

La fille a l'air étonnée, mais elle acquiesce. La femme lui tapote le bras avant de le lâcher et dit :

— Très bien.

Joan réfléchit, la considère à nouveau et revoit son jugement.

— Enfin bref, reprend la fille, en chuchotant cette fois, je transvasais les bouteilles de ketchup – je m'en mets toujours plein les mains, et on a beau faire, on a des éclaboussures sur les bras et les poignets, et on ne s'en aperçoit pas avant que ce soit sec –, quand j'ai entendu frapper, et au début j'ai cru que c'était quelqu'un qui avait besoin d'aller aux toilettes.

La fille étend ses jambes minces devant elle et les replie l'une sur l'autre comme si elle faisait un origami. Elle n'arrête pas de bouger.

Maintenant, Lincoln regarde la fille en ouvrant de grands yeux attentifs. Le presse-purée est oublié.

— Non, poursuit la fille en reprenant sa mastication, vous savez ce que je me suis dit en réalité ? Je vous ai raconté que je travaillais au Hawaiian Ice ? La dame qui tient la boutique est de mon église. Enfin, il y avait cette vieille femme qui venait tous les samedis…

Elle s'interrompt, mais elle n'a pas l'air d'attendre une réponse. Les pauses font juste partie de son rythme.

— Elle voulait toujours me toucher les cheveux, continue-t-elle. Les femmes font parfois ça, les femmes blanches, ne le prenez pas mal, mais elle ne voulait pas partir avant d'avoir touché mes cheveux, et des fois elle était en retard, les fenêtres étaient fermées parce que c'était l'heure de la fermeture, mais elle tapait à la porte jusqu'à ce que j'ouvre.

La pause fournit à Joan une perche. Elle n'est plus très sûre que la fille soit capable de s'arrêter toute seule.

— Vous parliez des tireurs..., lui rappelle-t-elle.

— Ouais. Alors j'ai légèrement entrouvert la porte – elle indique, d'un mouvement de tête, la porte massive derrière elle –, j'ai vu les hommes ouvrir la porte latérale à coups de pied, et c'est là que j'ai aperçu le fusil. Une espèce de carabine ou je ne sais quoi. Ils sont entrés et ils ont commencé à balancer des choses, ce qui était stupide, vous ne trouvez pas ? Je veux dire, je n'aurais même pas su qu'ils étaient là s'ils n'avaient pas fait de bruit. Mais quand les deux hommes sont entrés et ont commencé à tout casser, j'ai juste verrouillé la porte derrière moi. Le verrou est à l'intérieur. Quelqu'un était resté coincé ici, une fois, je crois. On peut ouvrir du dehors aussi, mais pour ça, il faut la clé, et c'est moi qui ai la seule clé. Alors on est en sécurité.

La fille avale la chose indéfinie qu'elle mâchait.

— Elle porte un chapeau, annonce Lincoln.

— Tu aimes les chapeaux ? demande la fille en touchant son béret.

Il hoche la tête. Il y a des années, il regardait les gens sur les trottoirs, les piétons, les cyclistes, il tendait le doigt et nommait leurs couvre-chefs. *Chapeau. Casque. Chapeau. Chapeau. Casque.*

— Je ne les ai pas vus de mes propres yeux, intervient la femme âgée en repliant sa jambe avec une grimace. Je serais tombée droit sur eux si Kailynn ne m'avait pas trouvée. Et vous ?

— On était près de la sortie quand on les a vus, répond Joan. Et puis j'ai couru jusqu'à l'enclos du porc-épic.

La femme regarde Lincoln en souriant. Un gentil sourire, complètement détaché de tout ce qui se passe autour d'eux.

— Tu as fait semblant d'être un porc-épic ? Avec des aiguilles pointues ?

La femme tapote la tête de Lincoln d'un doigt recourbé et retire précipitamment sa main.

— Aïe !

Lincoln se met à rire. Un son détonant, bouillonnant. La lumière de la fenêtre tombe sur le visage de la femme et son expression est chaleureuse, concentrée. Joan est prise d'une intuition.

— Vous ne seriez pas professeur ? demande-t-elle.

La femme incline la tête, esquisse un léger sourire.

— Institutrice. Cours élémentaire deuxième année. Trente-six ans. J'ai pris ma retraite l'an dernier.

— Quelle école ?

— Hamilton.

À un cocktail ou un déjeuner, Joan aurait répondu : « Oh, j'ai une amie qui a envoyé ses deux enfants à Hamilton », et elles continueraient à papoter toutes les deux comme cela se fait d'habitude, mais cet échange de banalités sonnerait faux au vu des circonstances. Elle n'agira pas comme si tout était normal. Et elle ne veut pas en savoir davantage sur ces gens.

« Kailynn », a dit la femme. La fille s'appelle Kailynn.

— Quand vous avez vu les hommes, reprend Joan, vous avez vu des otages ?

— Des otages ? répète la fille. Pourquoi tireraient-ils sur les gens s'ils voulaient prendre des otages ?

Joan secoue la tête. Ça n'a pas de sens. Peut-être que d'essayer de faire coller les pièces du puzzle ensemble est en soi une perte de temps et d'énergie.

— Tu veux essayer mon chapeau ? demande Kailynn à Lincoln.

— Non merci, réplique-t-il.

La fille se retourne, soulève le couvercle d'un carton sur sa gauche – un froissement de cellophane – et elle en extirpe un sachet.

— Tu sais quoi ? J'ai des Z'animos !

Malgré la maigre lumière, Joan surprend l'éclair blanc des dents de Lincoln.

19 h 32

LINCOLN A PRESQUE FINI LES Z'ANIMOS. Il a bon appétit, et Joan estime que c'est bon signe. À la seule idée de manger quoi que ce soit, sa propre gorge se noue.

Et elle n'est peut-être pas la seule. L'instit a fini par céder aux propositions répétées de Kailynn, mais elle ne semble pas déterminée à manger le cookie qu'elle a sorti du sachet. Elle le tient entre son pouce et son index, et elle tapote dessus d'un ongle vernis.

Kailynn n'a apparemment pas de problème d'appétit. Elle vient d'ouvrir un autre sachet. Et elle se balance encore de gauche à droite, faisant voler ses cheveux d'un côté à l'autre.

Elle rend Joan complètement dingue.

— Vous savez ce que je voudrais vraiment ? demande la fille tout en mastiquant. Des beignets d'oignon. Peut-être de la purée de patates douces et un épi de maïs, mais pas du genre congelé. Vous avez une friteuse ?

Joan secoue la tête. Tout comme l'instit.

— J'ai supplié mes parents, poursuit Kailynn. Je les ai suppliés d'en acheter une, parce que c'est généralement moi qui prépare à dîner, et la poêle à frire, ce n'est pas pareil.

Avec une friteuse, je pourrais faire des beignets d'oignon ou des bâtonnets de mozzarella. Du poisson pané. Eh bien, je vais vous dire, il se pourrait que ma mère se sente tellement mal qu'elle m'en achète une, après toute cette histoire de fusillade.

Personne ne lui répond.

Kailynn s'essuie les mains sur son jean et baisse les yeux sur Lincoln.

— Alors, comment tu t'appelles ?

— Lincoln, répond-il la bouche pleine.

— Comme Abraham Lincoln ?

— Oui.

Joan n'est pas étonnée que la fille ne lui demande pas son nom à elle. Personne ne s'intéresse plus à son nom depuis qu'elle a un enfant.

— Tu sais qui est Abraham Lincoln ? interroge la fille.

— Oui, déclare Lincoln. Le président. Il s'est fait assassiner.

Joan ne peut s'empêcher de lui sourire. Certes, il est bizarre qu'elle soit charmée par le mot « assassiné », mais quand même… Combien de gamins de quatre ans le connaissent ? C'est un vestige de l'époque où il se passionnait pour les présidents – encore une phase qui appartient au passé –, où il savait que le président Reagan aimait les *jelly beans*, Nixon le bowling, et Obama le basket. Il adorait la perruque de George Washington, le fauteuil roulant de Franklin Roosevelt.

Quand ils jouaient au docteur et qu'elle l'examinait, elle lui disait qu'il avait une otite ou mal au ventre, et il lui disait qu'elle avait la polio. Un match de foot sur le porche de devant : il voulait être Gerald Ford, et elle faisait Ronald Reagan. « Gerald Ford contrôle le ballon et… Gerald Ford marque ! Ronald Reagan essaie de reprendre le ballon à Gerald Ford ! Ronald Reagan est hors-jeu ! »

— Il gardait des papiers dans son chapeau, explique Lincoln.

— Comment avez-vous su que nous étions dehors, Kailynn ? s'enquiert Joan.

Elle se demande à quel point ils étaient visibles quand ils sont sortis des ténèbres, alors qu'elle essayait d'examiner tout ce qui les entourait, centimètre par centimètre, sans laisser une seule feuille non retournée. Elle se rappelle aussi le Koala Café plongé dans le noir devant lequel ils sont passés en sortant de la Zone forestière, avec les chaises sur les tables, et aucun signe de vie, mais évidemment, il pouvait y avoir des gens à l'intérieur. Les employés auraient pu se réfugier dans la cuisine, ou être accroupis derrière les caisses enregistreuses, à quelques pas de l'endroit où elle avait posé la main sur la porte. Peut-être qu'elle était passée devant une dizaine de personnes terrées dans des endroits sûrs, qui les regardaient par les vitres assombries, et peut-être qu'elles l'avaient tous laissée passer sans se manifester.

De petits doigts tendus, des mains qui battent l'air.

Elle pourrait en parler aux autres. Cette idée n'arrête pas de lui tourner dans la tête. Elle pourrait évoquer bébé, elle pourrait même aller le chercher, le ramener ici, s'absoudre de ses péchés, et elle se dit qu'elle ne le fait pas parce que si on lui tirait dessus, alors que deviendrait Lincoln ? Et si la pièce n'est pas vraiment insonorisée, et si les cris du bébé attirent l'attention des tueurs, provoquant leur mort à tous ? Mais en réalité, aucune de ces raisons n'est celle pour laquelle elle se tait.

Elle ne peut pas imaginer les mots sortir de sa bouche. Elle ne peut pas s'imaginer en train d'en parler à qui que ce soit.

Kailynn est en train de lui répondre.

— Et puis j'ai entendu le distributeur automatique. On capte les vibrations à travers le mur. Au moment de ma pause, il m'arrive de sortir et de me payer un Snickers, et j'entends le bruit que ça fait. Alors j'ai regardé dehors et je vous ai vus juste au moment où vous vous cachiez dans les plantes. J'ai attendu un peu et j'avais prévu de venir vous chercher quand vous reviendriez devant la porte, mais vous n'êtes pas ressortie. Alors j'ai ouvert la porte et je suis venue vous chercher. Ce n'est pas sûr, dehors.

Joan n'arrive toujours pas à comprendre cette gamine. Avec ses Z'animos et son bavardage soûlant, insignifiant, elle n'a pas l'air spécialement héroïque, mais elle a pris le risque de les mettre en sécurité, on ne peut pas le nier.

Kailynn époussette les miettes de son jean.

— Je vous promets qu'ils ne peuvent pas entrer. Vous n'avez pas à vous en faire.

Peut-être que cette fille n'est ni héroïque ni écervelée. Peut-être qu'elle a juste l'assurance des gamines de seize ans. Elle fait à nouveau voleter ses cheveux, les passant d'une épaule sur l'autre, d'un côté, de l'autre, d'un côté, de l'autre.

Joan détourne le regard. Elle se sent mieux quand elle ne l'a pas directement dans son champ de vision. L'instit a le bon réflexe : elle a les yeux fermés, silencieuse, en retrait. Elle tient toujours son gâteau auquel elle n'a pas touché, et elle joue avec en le faisant passer entre ses doigts comme un talisman.

Comme si elle sentait que Joan la regarde, la femme rouvre les yeux.

— Tout ira bien, dit-elle d'un ton à la fois calme et légèrement condescendant, et Joan se demande pourquoi elle dit cela maintenant, et pourquoi elle a choisi ces mots précis.

— Vraiment ? rétorque Joan, sans doute plus sèchement qu'elle ne voudrait.

— Dieu ne nous aurait pas amenés aussi loin pour nous laisser mourir.

Joan s'oblige à sourire. Elle ne prend pas la peine de lui répondre qu'elle ne pense pas que ce soit Dieu qui les ait amenés ici, pas du tout. Qu'est-ce que ça signifie, de toute façon ? Est-ce lui aussi qui a amené les tireurs ? Ces cadavres sur le béton, est-ce lui qui les a guidés là ?

— Jusqu'à maintenant, on a eu de la chance, reprend l'instit en se frottant le genou. Quelqu'un veille sur nous.

— C'est une pensée agréable, convient Joan.

Et maintenant, c'est elle qui a l'air condescendante. La vérité c'est qu'elle se sent condescendante, elle déteste la coiffure trop parfaite de cette femme et ses réponses naïves. Ce n'est pourtant pas sa faute si elle croit à ces bêtises.

Joan fait une nouvelle tentative.

— C'est gentil à vous de dire ça, ajoute-t-elle, et sa voix est plus agréable, cette fois.

Elle apprécie que la femme se contente de hocher la tête avant de refermer les yeux.

Lincoln laisse tomber son sachet vide par terre et se relève. Il doit se sentir à l'aise, parce qu'il s'éloigne, fléchit les genoux et se redresse. Il bondit vers le mur du fond, où il va vraisemblablement trébucher sur le couvercle d'un carton d'assiettes jetables ouvert. Enfin, c'est bon de voir qu'il prend un peu le large.

— Tu vas trébucher sur ce carton, l'avertit Joan.

— Mais non, rétorque-t-il.

Elle le regarde. À côté d'elle, la fille balance toujours ses cheveux.

— Vous savez ce que mon père faisait quand j'étais petite ? dit cette dernière. Quand on jouait à cache-cache.

— Vous ne pouvez pas la fermer ? la coupe Joan brusquement. Merde ! Juste un petit moment, essayez de la fermer, s'il vous plaît.

Elle regrette ses paroles dès qu'elles ont quitté ses lèvres, puis elle surprend l'expression de Lincoln, et c'est encore pire.

— Maman ! s'exclame-t-il, les yeux écarquillés.

Joan inspire profondément. Elle ne se souvient pas de l'avoir jamais déçu. L'instit rive aussi sur elle un œil réprobateur. Et l'expression du visage de Kailynn est encore plus terrible, blessée.

— Je sais que je parle beaucoup. Je suis désolée.

— Non, c'est moi. Je regrette. Je n'aurais pas dû dire ça. Allez-y, parlez-moi de votre papa.

Elle ne s'attend pas vraiment à ce que la fille se remette à parler. En réalité, quelque part, elle espère que Kailynn est le genre d'ado ultra-sensible, boudeuse, qui va faire la tête et se renfermer dans sa coquille. Mais non, il faut croire qu'elle est résiliente.

— Eh bien, reprend Kailynn, prudemment, pleine d'espoir, comme si elle espérait que Joan allait changer d'avis, on jouait à cache-cache. Avec mon papa. C'était toujours ma sœur et moi qui nous cachions et papa nous cherchait, mais il le faisait en respirant très fort et en faisant des grands pas effrayants, et nous on tremblait en l'entendant approcher. Et puis, quand il n'y avait plus aucun bruit, on savait qu'il était tout près, et il était là. Avec sa main, il nous attrapait sous le lit, ou il tirait les draps de la buanderie, et on criait, on criait. Il adorait nous faire peur. Ça le faisait rire.

Joan se dit que le père de cette fille devait être un connard. Non que ça ait la moindre importance.

— Une fois, continue-t-elle, j'étais cachée dans le placard et il a ouvert la porte à la volée. J'ai été tellement surprise que je suis tombée à la renverse sur une étagère. Je me suis coupé le bras, et je saignais, mais genre plus de sang que je n'en avais jamais vu sortir de moi. Je n'arrêtais pas de pleurer.

— Et ? Il a ri ? demande Joan, pour dire quelque chose.

— Non. Il m'a relevée, et j'ai vu qu'il se sentait vraiment mal – il n'arrêtait pas de répéter qu'il était désolé. Il a enroulé une serviette en papier autour de ma coupure, et il m'a prise sur ses genoux, mais je pleurais toujours. Il m'a dit d'être courageuse, et je lui ai répondu que je ne pouvais pas parce que je saignais. Alors il a pris un couteau sur le comptoir et il s'est coupé le bras, il s'est fait une entaille, juste comme ça, devant moi. Il saignait, lui aussi, et il a tendu le bras et il m'a dit : « Respire avec moi, mon petit bébé, respire bien à fond. On va respirer ensemble, toi et moi. » Alors c'est ce que j'ai fait. Ensuite on s'est mis des pansements sur nos coupures.

Joan voit tout ça. Elle le voit plus clairement qu'elle ne voudrait. Elle voit les larmes couler sur le visage de Kailynn, elle avait sûrement des couettes quand elle était petite, peut-être avec des barrettes, elle voit un petit bras qui saigne, et un père qui se fait saigner.

Elle sourit à la fille. Une fille qui a vu des hommes brandir des armes à feu, et des gens s'écrouler, morts. Une fille qui a quitté sa cachette pour venir en aide à des gens qu'elle n'avait jamais rencontrés.

— Des fois, respirer, ça aide, admet Joan.

Kailynn incline la tête vers l'avant, faisant bouger ses cheveux, et du coup ce mouvement n'exaspère plus Joan. C'est une habitude d'enfant, se dit-elle. Un réconfort, peut-être, la sensation de ses cheveux qui voltigent.

— Je voudrais qu'il soit avec moi, là tout de suite, murmure Kailynn doucement.

Joan se penche un tout petit peu vers elle. C'est le premier signe, depuis qu'ils sont enfermés dans cette pièce ensemble, que la fille semble vraiment comprendre la situation dans laquelle ils sont, qu'elle en ressent réellement la portée.

— C'est normal, dit Joan.

— Et vous, vous voudriez que votre père soit là ?

Joan fait le tri parmi les réponses possibles.

— Eh bien, répond-elle, mon père avait beaucoup de gros fusils.

Kailynn part d'un petit rire, un petit gloussement silencieux. Joan sent que quelque chose se libère en elle, et elle ne sait pas très bien si cette libération est bonne ou mauvaise.

— Pourquoi est-ce vous qui faites à dîner ? demande-t-elle.

— Papa et maman travaillent tard. Et puis j'aime bien faire la cuisine.

— Ma fille faisait des gâteaux, déclare l'instit sans ouvrir les yeux. À cinq ou six étages. Quand elle était toute petite, déjà. Comme on en voit dans les boulangeries.

Joan l'observe : elle a l'air assez détendue pour pouvoir s'endormir à tout moment. Elle est tellement calme. Peut-être qu'elle prie. Joan veut bien admettre qu'il serait rassurant de croire qu'on veille sur eux ; que Dieu est avec eux. Elle aimerait le croire. Elle retourne cette idée dans sa tête quand Lincoln, qui fait des bonds sur place, tel un derviche mal coordonné, tombe en arrière après avoir trébuché sur le carton auquel elle lui avait dit de faire attention.

Soudain, la pièce est envahie de lumière. L'espace d'un instant, Joan est troublée, aveuglée, et puis en regardant son fils, elle voit que l'interrupteur est juste au-dessus de ses boucles en désordre. Elle plonge sur lui, l'éloigne du mur, plaque sa main sur l'interrupteur et éteint le plafonnier.

Ils restent tous silencieux dans le noir.

Elle s'entend respirer. Elle ferme la bouche, mais c'est pire quand elle respire par le nez. Elle trouve la main de Lincoln dans le noir, et il referme ses doigts sur les siens.

Il se blottit contre elle et ne bouge plus. Ils restent tous assis, à attendre.

— Ça n'a duré qu'une seconde, dit Kailynn au bout d'un moment, le plus long peut-être qu'elle a passé sans parler depuis qu'ils ont mis les pieds ici.

Et Joan est contente d'entendre sa voix.

— Ce n'est pas grave, rassure l'instit. Tout va bien.

Joan apprécie les efforts qu'elles font l'une et l'autre.

— Maman ? fait Lincoln d'une petite voix tremblante.

Elle s'est bien gardée de lui adresser un mot de reproche. Et pourtant, il a compris quelque chose, à cause d'elle, ou des autres. Elle a entendu dire que les enfants étaient comme les chiens : ils peuvent sentir la peur.

— Ça va, l'apaise-t-elle. Ça va. Tout va bien.

Une pièce pleine de lumière, éteinte, allumée, et éteinte. Comme un putain de phare, incitant tout le monde à rappliquer.

— Ça va, répète-t-elle en lui pressant la main.

Il a des tout petits doigts.

Il est tellement petit.

Le contact de ses jointures douces – aucune partie de lui n'est encore rugueuse ou calleuse, même pas ses talons ou ses coudes ; il y a des moments où elle passe le bout du doigt dessus après le bain, rien que pour voir s'il s'endurcit, espérant que non, et se sentant coupable de cet espoir, parce qu'il le faudra bien, évidemment –, la sensation de ses jointures et de ses ongles durs, lisses comme des petits coquillages, contre sa paume ouvre quelque chose en elle. Une chose qui s'est brisée il y a des heures, sauf que, jusque-là, elle avait réussi à faire comme si de rien n'était.

Elle s'interdit de le penser : il pourrait mourir.

Elle ne peut pas penser à des choses pareilles et continuer à fonctionner, or elle a besoin de fonctionner. Et puis elle n'a jamais voulu être de ces femmes qui interdisent à leurs enfants de manger de la pâte à gâteau crue ou d'aller tout seul au coin de la rue. Il faut gérer la terreur, ou on ne pourra jamais laisser son enfant passer la porte de la maison sans chaperon. Et voilà qu'ils sont là, alors que la mort pointe son museau sanglant, et elle n'y a pas réfléchi, pas vraiment, parce qu'elle a une vague idée de ce qu'elle va déchaîner si elle le fait, du grand gouffre béant qui s'ouvrira sous ses pieds. C'est ce qu'on fait quand on a un enfant, non ? On s'ouvre à une souffrance inimaginable, et on essaie de faire comme si de rien n'était.

Elle se concentre sur la main de Lincoln – sur des souvenirs de son rire maléfique, *mouah-ha-ha*, de son sourire quand il se réveille après sa sieste et qu'il la voit penchée sur lui – et la terreur recule.

Ils essaient probablement tous de trouver quelque chose à dire pour combler le silence quand des coups de feu retentissent dehors, assez loin pour qu'on puisse croire qu'il s'agit seulement de pétards.

Il y a un concert de différentes détonations et de petites explosions. Une voix marmonne si fort que Joan a l'impression qu'un taureau a appris à parler. Et juste au moment où elle fait le tri dans tous ces bruits, elle entend une espèce de choc qu'elle n'arrive pas à identifier. On dirait des feuilles de papier de cuisson qui tombent par terre. La cacophonie est composée de différents sons, et s'étend. Elle sait ce que doivent vouloir dire tous ces coups de feu, ce vacarme et ces hurlements.

Il se passe enfin quelque chose. On vient les chercher. Elle devrait sûrement éprouver du soulagement, se sentir excitée, mais elle n'arrive pas à éprouver grand-chose.

— Vous voyez, déclare Kailynn avec un mouvement de tête en direction de la fenêtre. La police.

— Oui, fait Joan.

— Ils ne devraient pas tarder.

— Oui, répète Joan en croisant les jambes.

Elle voudrait se lever. Bouger. Sa main se pose sur quelque chose de collant, par terre. Elle la relève, sûre d'avoir vu une serviette en papier pas loin, et Kailynn lui attrape le coude.

— Vous vous êtes fait mal au bras, remarque la fille, qui ne voit que la peau à vif près du poignet de Joan et pas l'entaille dans sa paume.

— Ce n'est pas grave.

— Il ne faut pas que ça s'infecte. On n'a rien pour soigner ça, ici. Mais au moins on peut mettre quelque chose dessus.

Avant que Joan n'ait le temps de protester, la fille plonge vers le comptoir et ouvre un tiroir. Elle se laisse retomber par terre, un petit chiffon blanc à la main et commence à l'enrouler autour du poignet de Joan.

— Il est bien propre, assure-t-elle.

Ses gestes ont quelque chose d'étonnamment efficace qui empêche Joan de protester. Elle se contente de regarder la gamine enrouler la serviette bien serrée et faire un double nœud, très vite.

— Là, dit Kailynn en s'appuyant en arrière sur ses coudes, les cheveux frôlant le carrelage. C'est mieux ?

— Oui, répond Joan.

Et à vrai dire, c'est moins douloureux maintenant que le tissu appuie dessus.

Elle regarde encore son poignet quand des coups de feu résonnent dans la pièce, d'une telle violence qu'ils se changent en quelque chose de tout à fait différent. Joan a un mouvement de recul, se cogne la tête contre le bord du comptoir et resserre son bras sur Lincoln, si fort qu'il regimbe un peu contre elle. Le bruit des balles les entoure de toute part – il retentit dans sa tête comme des cymbales.

Elle entend Kailynn hurler, et Lincoln lui crie quelque chose à l'oreille, mais elle ne distingue pas quoi.

Le vacarme est physiquement éprouvant, et elle résiste un moment au réflexe de se boucher les oreilles avec les mains. Ou de plaquer ses mains sur les oreilles de Lincoln. Elle s'est retournée, dos vers la porte, afin de lui faire un bouclier de son corps.

Elle a une pensée cohérente : quelqu'un a fait irruption dans le restaurant ; il y a quelqu'un devant la porte, et il essaie d'entrer. Elle ressent le fracas dans ses dents. À chaque détonation, elle est sûre qu'une balle va traverser la porte.

Les coups de feu cessent. Il y en a peut-être eu dix ou douze. Ils reprennent presque aussitôt.

Kailynn s'est relevée précipitamment et a reculé tout au fond de la pièce, faisant dégringoler des cartons autour d'elle. Des filtres à café et des gobelets en papier se répandent par terre. L'institutrice est presque debout, les mains cramponnées au comptoir.

Les tirs cessent à nouveau, et le silence est plus terrifiant que le bruit.

— Ils ne peuvent pas entrer, dit Kailynn.

Elle pleure, mais seul son visage trempé de larmes la trahit. C'est d'une voix forte qu'elle répète :

— Ils ne peuvent pas entrer.

Joan n'en est pas si sûre. Ce n'est qu'une porte en acier. Elle n'est pas magique. Il doit y avoir une limite à sa résistance. Elle caresse la surface, se demandant si elle pourrait pleurer aussi, mais non. C'est du gâchis, les larmes. Elle a appris, au cours de cette soirée, à desserrer les dents. À s'obliger à respirer : inspirer, expirer.

Respirer, ça aide.

L'écho des coups de feu retentit encore à ses oreilles.

— La fenêtre, murmure-t-elle, et elle est debout.

Elle soulève Lincoln et le dépose sur le dessus du comptoir. Elle grimpe derrière lui et pousse sur la fenêtre, qui s'ouvre, Dieu merci, presque sans effort. Une torsion et la poignée tourne : la vitre bascule vers l'extérieur, mais elle s'immobilise au bout de quelques dizaines de centimètres. L'espace entre la fenêtre et le cadre est assez large pour Lincoln, mais trop étroit pour elle. Les tirs n'ont pas repris – peut-être les hommes sont-ils en train d'échafauder une stratégie ? Et pourquoi n'ont-ils rien dit ? Est-ce qu'ils ne devraient pas chantonner leur chanson étrange ? Est-ce qu'ils sont tous les deux devant la porte, ou est-ce qu'il y en a un qui attend devant la fenêtre ? Et puis il y a un nouveau bruit, un choc plus fort contre la porte. Cette fois, elle ordonne à Lincoln de rester sagement assis sur le comptoir pendant qu'elle grimpe dessus.

Devant la fenêtre, la lumière est très vive. Plus du fait des lampadaires que du clair de lune. Elle ne va pas essayer de crier pour couvrir le vacarme. Kailynn s'approche d'elle, pose un pied sur le comptoir et grimpe en une fraction de seconde, en s'aidant de ses coudes et de ses genoux.

Le bruit, le choc – est-ce un bélier ? – vibre dans son crâne. L'instit secoue la tête.

Une main toujours posée sur Lincoln, Joan fait signe avec l'autre, si frénétiquement que sa main devient floue, et la femme secoue encore la tête.

— Je n'arrive pas..., commence-t-elle, et la suite est inaudible.

Le bruit change – un autre choc, une tonalité nouvelle. Une différente sorte d'impact contre la porte. Un cliquetis, et un craquement.

L'espace d'un instant, tout est silencieux – une bénédiction – et puis la porte bouge. Elle s'écarte à peine, de deux centimètres, pas davantage, si peu qu'au début Joan peut se persuader qu'elle ne l'a pas vu. Mais la porte continue à s'ouvrir, lentement, et elle sait qu'elle s'ouvre. Elle baisse les yeux sur son fils, et voit une miette sur sa joue. Kailynn est collée contre son dos, chaude, un peu tremblante, tandis que l'instit, debout près de la porte, recule. La lumière arrache des reflets à ses cheveux. Le moment s'étire, lentement, ralentit, ralentit, ralentit, et puis la porte s'ouvre en entier, d'un seul coup, et claque contre les étagères qui se trouvent derrière.

Un homme.

Joan ne peut s'empêcher de se dire qu'elle avait raison depuis le début : ce n'est même pas un homme. Il ne se rase probablement pas encore. Il ne porte pas de grosses chaussures comme elle l'imaginait. Il a des baskets aux pieds.

Une seconde.

Deux secondes.

Elle se glisse devant Lincoln, ses jambes pendent au bord du comptoir. Elle pense qu'elle le cache complètement, et peut-être y a-t-il une chance que le tireur ne le remarque pas – peut-être même pourrait-elle essayer de le pousser par la fenêtre sans que le tireur le voie ? Il y a un bloc de couteaux derrière elle, à une trentaine de centimètres, mais elle se garde bien de regarder dans cette direction.

Au lieu de cela, elle observe l'homme. Elle doit faire un effort pour lever les yeux au-dessus du long fusil qu'il braque vers eux tous – puis vers l'instit.

Il tient une hache dans l'autre main, mais il la lance derrière lui. Il porte un blouson trop grand et un jean trop serré par-dessus lequel son ventre déborde légèrement. Il a l'air assez fort, et en même temps il a quelque chose de mou. Elle tâte le comptoir derrière elle en réfléchissant à un moyen, si elle réussissait à attraper un couteau sans qu'il s'en aperçoive, de le lui planter dans le corps avant qu'il lui tire dessus, et s'il lui tirait dessus, est-ce qu'elle pourrait encore le poignarder, même si elle était mourante ? Le corps met quelques secondes à comprendre qu'il va mourir, et quelle force faudrait-il y mettre pour lui enfoncer le couteau dans le cœur ? Ou le cou. Le cou, ce serait peut-être plus facile, plus mou, pas de côtes pour empêcher la lame de pénétrer… Tout en cogitant, les doigts tâtonnant derrière elle, elle essaie de distinguer son visage.

Trois secondes.

Quatre secondes.

Elle n'y voit pas assez. Il a la tête inclinée, et elle n'aperçoit que de gros sourcils sombres. Les ombres la gênent, l'empêchent de distinguer les détails. Elle voudrait qu'il la regarde. Il tient son arme braquée sur la poitrine de l'instit, mais il a encore les yeux rivés au sol.

Joan veut voir son visage.

Sa main tombe sur le bloc de couteaux et elle passe le bout des doigts sur une poignée. Vaut-il mieux tirer le couteau, ou essayer de faire passer Lincoln par la fenêtre ? Mais si elle fait ça, même si elle se déplace assez vite, elle risque d'attirer le canon de l'arme dans leur direction – et il est peut-être déjà trop tard à présent, parce que le tireur lève les yeux, finalement.

Il regarde l'instit. Sans se retourner, il tend le bras derrière lui, la main plaquée contre le mur, tombe sur l'interrupteur et l'actionne, baignant la pièce de lumière. Joan plisse les yeux en attendant que sa vue s'adapte.

Il regarde toujours la femme, qui lui rend son regard en cillant, éblouie. Sa poitrine se soulève, retombe.

Cinq secondes.

Six secondes.

L'homme abaisse le canon de son arme et dit :

— Madame Powell ?

Elle se contente de le regarder, sans bouger, sans parler. L'élastique de la jambe de son pantalon est resté coincé autour de son genou, dévoilant un mollet pâle. Elle est arc-boutée contre le comptoir et son sweat-shirt révèle quelques centimètres de son ventre.

Lincoln bouge, enfonce son pied dans les côtes de Joan.

Dites quelque chose, pense-t-elle à l'intention de l'instit. *Faites quelque chose. Qui que vous soyez, dites-lui que vous êtes bien Mme Powell.*

La femme se redresse.

— Oui, répond-elle enfin, calmement, comme si on faisait l'appel, et elle tire sur son sweat-shirt.

La femme est la seule à avoir bougé. Joan, qui a la main sur la poignée du couteau, n'a pas essayé de le sortir du bloc. Elle jette un regard en coin vers Kailynn, et voit un film luisant sur ses joues. Elle voit qu'elle a les jambes tremblantes, de peur ou à cause de l'effort d'être restée perchée si longtemps sur la pointe des pieds.

Une coccinelle tombe du plafond sur le sol.

— Oui, répète l'instit, toujours aussi calmement. Je suis Margaret Powell.

Le tireur enlève sa main gauche de son arme, écarte et referme les doigts. Attrapant le vide. Encore et encore.

— Je suis Rob, dit-il, d'une voix assez forte pour que Joan la reconnaisse : c'est le tueur du colobe. Robby…

Il s'arrête, fronce les sourcils. Peut-être s'en veut-il d'avoir révélé son nom. *Et s'il réparait son erreur en les tuant tous ?* se demande Joan. Mais il se contente de regarder à nouveau ses pieds, abaisse encore son arme, et recommence.

— Je vous ai eue en CE2, ajoute-t-il. Robby Montgomery.

L'instit reste à nouveau muette. Trop silencieuse. Elle pourrait tenter de l'amadouer, mais il est clair qu'elle n'a aucun sens tactique. Peut-être qu'elle est pétrifiée par la peur, à moins qu'elle ne veuille pas admettre qu'elle ne se souvient pas de lui. Elle se contente de l'étudier, regarde ses cheveux qui tombent au-dessous de son col, son blouson trop grand et ses armes : le fusil dans sa main, une espèce de pistolet sous sa veste, et un autre gros truc en bandoulière sur son dos.

— Robby, dit Mme Powell, les mains toujours crispées sur son sweat-shirt.

Il hoche la tête.

— Robby Montgomery…

Il leur accorde alors un bref regard à tous. Il jette un coup d'œil à Kailynn, toujours accroupie sur le comptoir. Ses yeux passent sur Joan, il penche la tête, et elle sait qu'il voit Lincoln derrière son dos.

Puis il recule et se colle contre le montant de la porte.

— Par ici, déclare-t-il, sa voix remplissant toute la pièce. Sortez de là.

Son regard s'est à nouveau posé sur la femme – Mme Powell –, et il est impossible de dire si les autres sont inclus dans cet ordre. Il se peut qu'il épargne la prof, et qu'il revienne s'occuper d'eux. À moins qu'il ne la fasse sortir pour la tuer d'abord, avant de leur régler leur compte.

Mais quand Mme Powell fait un pas vers la porte, Robby Montgomery les invite tous à la suivre. Joan se laisse glisser par terre, prend Lincoln dans ses bras, lentement, tout en se demandant si elle ne devrait pas essayer d'emporter l'un des couteaux avec elle. Et puis elle se retourne – encore incertaine – et elle a laissé passer l'opportunité. Elle entend les pieds de Kailynn heurter le sol et cale Lincoln sur sa hanche.

Joan enjambe les gobelets en papier. Elle se concentre sur le sol. Quand elle relève les yeux, elle voit que Robby Montgomery pose la main sur le bras de l'instit alors que cette dernière s'apprêtait à franchir la porte.

— Vous ne vous rappelez pas de moi, hein ?

Mme Powell baisse les yeux sur sa main, et il lui lâche le bras. Comme d'habitude, elle met un moment à parler, mais une fois qu'il a ôté sa main, elle tend la sienne et pose deux doigts sur son poignet.

— Tu étais assis à côté de ce petit garçon qui s'était mis de la colle dans l'oreille. Harrison... Harrison quelque chose. Et tu aimais m'aider à agrafer les choses sur le tableau d'affichage. À afficher n'importe quoi. Tu adorais l'ôte-agrafes. Tu trouvais que ça ressemblait à...

— Des dents de vampire, dit-il, et il sourit.

— Maman ? appelle tout doucement Lincoln.

Son souffle chaud sent le fromage. Elle sait que ce qui l'intéresse, c'est l'allusion aux vampires. Mais elle regarde le sourire du tireur, et c'est une vision étrange. Elle n'est peut-être pas si différente de Lincoln après tout : elle pense que les méchants ne devraient pas avoir le droit d'être heureux.

Et puis Robby Montgomery leur fait un signe de tête, et ils avancent. Joan sort derrière Mme Powell en essayant de ne pas frôler Robby Montgomery ou son revolver au passage. Kailynn est juste derrière elle, et elle sent sa main se refermer autour de son bras, au-dessus de son bandage.

Ils se retrouvent donc dans le couloir, la lueur métallique et sombre de la cuisine devant eux.

— Écoutez, annonce Robby Montgomery, vous ne pouvez pas rester ici. Il faut que vous partiez. La police arrive par l'entrée, mais n'allez pas par là. Ils sont encore en train de tirer.

— Qui ça, « ils » ? demande Mme Powell.

— La police, répond-il spontanément. Et Destin. À moins qu'il soit déjà mort, mais il en avait pris son parti, et la police ne continuerait pas à tirer s'il était mort.

— Qui est Destin ? fait Mme Powell sur un petit ton pincé presque comique, comme si elle s'interrogeait sur le choix de la petite amie qu'il voulait inviter au bal de promo.

— Destin est la vedette du spectacle, explique Robby Montgomery d'une voix qui n'est pas la sienne : une voix de présentateur de journal télévisé, exagérément dramatique.

Joan s'écarte d'un pas. Elle n'aime pas ses voix factices.

Mme Powell fronce les sourcils, et Robby Montgomery semble s'en apercevoir. Quand il reprend la parole, il parle normalement.

— Vous voyez un char d'assaut sur pattes ? Eh bien, c'est Destin. Il s'est procuré le bon matos – des plaques niveau IV qui encaissent les balles de fusil, un casque des Blackhawk et tout ce qu'il faut. Vous ne voulez pas avoir affaire à lui. Et puis il y avait Mark avec moi, mais il m'a encore laissé tomber. Vous avez de la chance. Venez, vous ne pouvez pas rester ici.

— Maman ? murmure encore Lincoln.

— Pas encore, réplique Joan, si doucement que c'est à peine si elle s'entend elle-même.

Il les laisse partir.

Il les laisse partir.

Cette pensée est tellement énorme qu'au début elle n'arrive pas à l'intégrer. Et quand elle y parvient, elle a du mal à comprendre ce qu'il raconte. Il y a trois hommes impliqués dans cette histoire, dont ce gamin, et il lâche leurs noms comme si ça n'avait pas d'importance. Il ne devrait sûrement pas leur communiquer ce genre de détails : elle se demande s'il a bien conscience de ce qui se passe. De ce qui s'est passé, et va encore se passer. À moins qu'il l'ignore, et que, du coup, peu importe qu'il révèle leurs noms.

Cette dernière pensée est assez frappante pour l'amener à se retourner et à regarder par-dessus son épaule. Les gobelets en papier renversés comme des tourelles de château de sable. Les couteaux qui sont trop loin, maintenant. Le troisième homme, Destin, n'a pas l'air tout à fait humain. Elle imagine un monstre digne d'un film avec Arnold Schwarzenegger. Les monstres ne se laissent pas embobiner par les vieilles instits.

— La police…, commence-t-elle, mais il lui coupe la parole après un vague coup d'œil.

Apparemment, Robby Montgomery ne veut parler avec personne d'autre que Mme Powell.

— Par là, dit-il en indiquant avec le canon de son arme la porte latérale du restaurant. Par là, et descendez vers les lions de mer. Vous connaissez les lions de mer ?

Et donc, ils se dirigent tous vers la porte latérale – Kailynn en tête, Lincoln et elle au milieu, Mme Powell fermant la marche avec Robby Montgomery. La porte tient à peine sur ses gonds – il a dû la forcer pour entrer, et elle est surprise qu'ils ne l'aient pas entendu la fracturer, même derrière leur porte insonorisée.

Dehors, les lumières de la machine à Coca-Cola ont quelque chose de psychédélique après l'obscurité du restaurant. Au-delà des arbres, on entend encore un concert de cris et de coups de feu. Les feuilles de bananier claquent au vent, et elle s'engage le long de l'allée.

— Plus vite, lance Robby Montgomery, et Joan presse le pas.

III

Margaret Powell est bien consciente qu'il se peut qu'elle meure au cours des prochaines minutes, tuée d'une balle dans le dos par l'un de ses anciens élèves. Elle n'est pas vraiment étonnée.

Kailynn et l'autre femme marchent beaucoup plus vite qu'elle, et prennent de plus en plus d'avance, mais Robby n'est qu'à quelques pas derrière elle. Elle lui jette des coups d'œil par-dessus son épaule, à la dérobée. Il semble se prendre pour un soldat au Vietnam, à regarder à droite et à gauche, dans les arbres, et en d'autres circonstances, cela paraîtrait ridicule. Elle ne sait pas très bien s'il la protège ou s'il la mène à l'abattoir, et elle n'est pas certaine qu'il le sache lui-même. Il est clair que c'est un psychopathe. Ou quelque chose d'assez proche pour que ça ne fasse pas de différence. Même Hitler était gentil avec les petits chiots, non ?

Son genou lui fait mal. Elle est restée trop longtemps assise, et parfois c'est pire que de rester debout.

Ils sont depuis longtemps sortis de l'ombre du toit de chaume. On entend encore des coups de feu solitaires, vers l'entrée du zoo. Et Robby est toujours là, il les suit. Elle ne s'attendait pas à ce qu'il reste si près. Elle ralentit, regarde à nouveau derrière elle, et cette fois, elle n'essaie pas de masquer le fait qu'elle l'a remarqué.

— Tu viens avec nous ? demande-t-elle.

Il secoue la tête, mais il s'approche. Il est grand, et pourtant il est encore potelé comme un bébé. Il tient son fusil mollement, le laissant osciller comme un détecteur de métaux, en tout cas comme une chose qui ne tue pas les gens.

Elle en est arrivée à penser que plus elle lui parlera, mieux ce sera. Plus il entendra sa voix, plus il devra accepter qu'elle est une personne réelle. Une personne qui lui tenait la main quand ils marchaient en rang et qui l'aidait à lacer ses chaussures. (Elle ne se rappelle pas avoir fait ces choses pour lui, mais elle a bien dû le faire pour tous ses élèves, à un moment ou à un autre.)

— Vous marchez trop lentement, lui reproche-t-il. Il faut que vous alliez plus vite.

Elle s'arrête complètement et se tourne vers lui.

— J'ai soixante-huit ans. J'ai un genou en mauvais état. Je ne peux pas aller plus vite.

La mère s'est arrêtée, devant eux, son petit garçon dans ses bras. Elle regarde par-dessus son épaule. Margaret regrette qu'elle les attende.

— Reste à côté de moi, Robby, dit-elle de sa voix de maîtresse.

Cette voix qui faisait son petit effet sur tous les enfants auxquels elle a fait la classe. Elle sait que le message passe, qu'il comprend qu'elle aimerait sa compagnie ; généralement, c'est avec les enfants perturbés que ça marche le mieux, ceux après lesquels les autres enseignants crieraient, ou qu'ils enverraient dans le bureau du principal. Ces enfants sont ceux qui ont le plus besoin d'attention, et c'est le secret pour les gagner à sa cause.

Elle ne recherche pas sa compagnie, évidemment. La vérité, c'est qu'elle n'aime pas le savoir derrière elle. Elle veut le voir. Un autre secret : toujours placer les chahuteurs le plus près de votre bureau.

Elle n'est pas étonnée de l'avoir eu pour élève. Elle a imaginé une version de cette situation – imaginé, un nombre incalculable de fois, qu'une brute braquerait un jour un pistolet sur elle pour lui voler son sac à main et s'exclamerait : « Hé, c'est vous, madame Powell ? » Elle a eu tellement d'élèves – des milliers, au fil des ans –, et elle a toujours enseigné dans la même ville, alors elle tombe tout le temps sur d'anciens élèves à elle, dans les centres commerciaux, les restaurants, les parkings. Tous ces gamins de huit ans devenus des hommes en costume et des femmes en chaussures à talons.

— Madame Powell ! disent-ils tous, toujours souriants, et elle n'a jamais aucune idée de qui il s'agit, parce qu'ils ont grandi, bien sûr, mais elle sait qu'ils étaient ses élèves à la façon dont ils prononcent son nom.

Il arrive qu'elle se souvienne d'eux. Il arrive même qu'elle puisse se rappeler où ils étaient assis, ou ce qu'ils lui ont donné pour Noël. Ils la serrent dans leurs bras et ils lui racontent qu'ils sont avocats, docteurs ou vendeurs de voiture, qu'ils ont trois filles ou un fils à l'université. Ils veulent qu'elle sache ce qu'ils sont devenus.

Il y a les autres aussi. Ceux qui ne sont jamais revenus la voir, mais elle sait comment ils ont tourné. Demetrius Johnson a été le premier à se retrouver dans le couloir de la mort. Il a tué un garçon dans une bagarre pour un poste de télévision. Quand il était dans sa classe, il avait donné à une petite fille un coup de pied dans la jambe, assez fort pour la faire saigner. Pourtant il était très doué pour les puzzles, il avait un vrai don. Et puis il y a eu Jake Harriman, le plus gentil des enfants. Il ne lui a jamais posé le moindre problème, mais il était tombé dans une mauvaise famille, et il était couvert de bleus. Elle en avait parlé au principal, les services sociaux étaient allés les voir, mais c'en était resté là, et puis quelques dizaines d'années plus tard, elle a reconnu son visage aux informations : il avait tué une femme sur le parking du supermarché pour lui voler sa voiture. Couloir de la mort. Quant à Horace LeeBlock, il parlait trop fort, ne tenait pas en place. Il avait un mauvais fond, à l'époque déjà, et quand il l'embrassait, elle devait le forcer à se détacher d'elle. Couloir de la mort.

Elle voit leurs noms dans le journal, elle regarde leurs photos méconnaissables à la télévision. Si elle ne se trompe pas, elle a eu comme élèves quatre meurtriers, six violeurs et neuf voleurs à main armée. Elle ne cherche pas à tenir le compte, mais ils s'additionnent quand même. Trois de ses garçons et de ses filles ont été assassinés, dont une brûlée vive par son mari. Elle se rappelle une longue natte attachée avec des petits élastiques garnis de boules de plastique. Tout cela est horrible, et combien de fois la photo anthropométrique d'un monstre aux yeux morts lui a rappelé un petit garçon osseux aux coudes cendreux qui lui donnait envie de laisser définitivement tomber l'enseignement ! Le pire, c'est qu'elle n'est jamais surprise. Ils étaient déjà sur leurs rails avant même qu'elle ne les connaisse. Quand ils arrivaient dans sa classe, furieux et renfrognés, pleins de violence et de gros mots, ils avaient généralement des parents furieux, renfrognés, pleins de violence et de gros mots. Quand ils arrivaient vides et désespérés, c'est qu'ils avaient des parents vides et désespérés. La plupart du temps, elle voyait quel chemin ils allaient suivre, et elle ne pouvait rien y faire.

Parfois elle essayait, mais c'était comme souffler sur une maison de brique.

Ils sortaient de sa classe sans un regard en arrière.

Mais Robby… Ça n'a pas de sens pour elle, bien qu'elle ait encore du mal à se souvenir clairement de lui. Il ne pouvait pas arrêter de parler. Ça, elle s'en souvient. Pauvre petit, il avait une si grosse voix, comme s'il n'y avait pas de molette pour régler le volume, et alors que les autres gamins s'en sortaient en chuchotant, il se faisait pincer à chaque fois. Il était maladroit socialement, mais il ne posait pas de problèmes de discipline. Elle pense à un gamin costaud, qui riait trop fort aux blagues des autres enfants, qui disait « oui m'dame » chaque fois qu'elle lui demandait de se taire, et elle pense qu'il avait le respect des règles. Mais non, il n'avait pas le respect des règles, il voulait plaire. L'effet était le même, mais les causes étaient différentes.

Elle sent quand il se rapproche d'elle. Il sent légèrement l'oignon.

— Pourquoi faut-il qu'on se dépêche ? lui demande-t-elle tout bas, et elle se rappelle comment il insistait pour l'aider avec les panneaux d'affichage, mais elle ne peut pas se rappeler une seule conversation qu'elle ait jamais eue avec lui.

— Mark, lâche-t-il. En partie. Il va venir.

— C'est ton ami ?

— Oui.

— Si c'est ton ami, reprend-elle précautionneusement, tu ne pourrais pas lui dire de ne pas nous tuer ?

Elle regarde droit devant elle, pas vers lui, et il met un moment à répondre. Ils passent sous le chêne aux branches étendues, et il y a un poteau plein de flèches illisibles dans le noir, mais elle sait qu'ils suivent l'indication SORTIE du zoo.

— Il a des idées bien à lui, souffle-t-il enfin, puis il relève son fusil.

Elle s'apprête à crier aux autres de faire attention, mais il le braque vers la cime des arbres, tire plusieurs coups, et elle a l'impression que ses tympans ont explosé. Elle se palpe les oreilles, s'attendant à voir ses doigts pleins de sang.

C'est à peine si elle entend sa voix lorsqu'il s'écrie :

— Restez là où je peux vous voir !

Elle s'aperçoit que Kailynn, la femme et le petit garçon étaient sur le point de disparaître à un détour du sentier. Ils ne disparaissent plus – ils se sont statufiés.

— Ne vous arrêtez pas ! gueule Robby, de plus en plus frustré. Vous ne pouvez pas vous arrêter. Mais ne vous éloignez pas.

Il pointe à nouveau le canon de son fusil vers le sol. Les autres se remettent en marche, tout en jetant des regards en arrière. Elle sent battre le sang dans son mauvais genou.

— Tu leur avais dit de marcher vite, fait-elle remarquer.

Il ne répond pas. Elle se fige en le voyant tendre la main vers elle, mais il la prend par le coude pour la guider vers l'avant, assez doucement, sans lui faire mal.

— On doit tous aller vite, rétorque-t-il.

Il est clair qu'il veut qu'elle se taise, mais elle découvre que ce qu'il veut n'a pas vraiment d'importance. Elle n'a plus aussi peur de ce qu'il pourrait lui faire : la mort n'est plus aussi terrifiante qu'elle lui semblait. Ça aurait plus de sens si elle imaginait un ciel avec des rues pavées d'or, ou si elle rêvait tout éveillée d'une réunion déchirante avec ses parents – qu'elle aimerait revoir sous n'importe quelle forme, corps, âmes ou anges. Mais elle ne pense à rien de tout cela.

Toute sa vie, on lui a raconté que Dieu existe. C'est sûrement vrai. Elle a essayé de ne pas l'oublier. Elle lui a parlé. Mais elle ne pensait pas à Dieu tout à l'heure, quand le bord de ce comptoir lui rentrait dans le dos et qu'elle regardait dans le canon de l'arme : elle pensait que sa fille est grande maintenant. Cette dernière lui a bien fait comprendre qu'elle n'avait plus vraiment besoin d'elle. Ses parents sont morts, son ex-mari s'est remarié avec une femme plus jeune et plus grosse qu'elle, et elle n'a plus rien à faire. Elle n'est pas pressée de mourir, mais cette pensée ne la panique plus.

Alors elle avance en traînant la jambe et l'interroge :

— Tu as tué des gens, aujourd'hui ?

Il hausse les épaules. C'est la réaction la plus puérile qu'elle puisse imaginer.

— Ça veut dire que tu n'en es pas sûr ?

Il hausse à nouveau les épaules. Plus elle passe de temps avec lui, plus elle revoit l'élève de CE2 qui est en lui.

— Tu regrettes ? demande-t-elle.

Il se baisse pour passer sous une branche d'arbre.

— Non m'dame.

Alors pourquoi, se retient-elle de lui demander, *pourquoi ne m'as-tu pas tuée ? Si c'est tellement facile pour toi ?*

Ils sont presque au pied de la colline, passent maintenant sous l'arche de bois sculpté qui annonce PISTES AFRICAINES, et voilà : ils ont complètement quitté la zone Afrique. Il a toujours la main posée avec légèreté sur son coude. Pour quelqu'un qui lui a laissé le souvenir d'un véritable moulin à paroles, il ne parle pas beaucoup. Peut-être que le mal l'a changé. Peut-être que l'élève de CE2 n'est plus là, tout compte fait.

Kailynn et la femme disparaissent à nouveau derrière une courbe du sentier, et cette fois, il ne leur crie pas après. Ils se retrouvent seuls tous les deux, Robby et elle, et juste au moment où elle a renoncé à parler avec lui, il reprend :

— Vous savez quand on crève une ampoule ? C'est à ça que ça ressemble. Vous ne trouvez pas qu'il y a une certaine satisfaction à faire éclater les choses ? Comme les boutons, les cloques et les ampoules, et tout un tas de trucs enflés qui ne devraient même pas être là. Il y a quelque chose en vous qui vous donne envie de les crever. Ça devrait vous dire quelque chose. Parce que vous pensez peut-être que vous êtes solide, mais à la moindre piqûre, on n'est tous que de la peau, du pus, une infection, et je crois qu'on le sait. On invente des choses, vous savez ? Toutes les choses qu'on croit qui sont tellement importantes – rien de tout ça ne compte. Rien n'est réel. Et peut-être que ça vaut mieux de crever l'ampoule. Vous n'avez jamais pensé ça ? Que peut-être ça irait mieux si vous vous laissiez vous vider de votre sang ? Parce qu'à part ça, on n'est que des abcès suintants, pleins de pus et de sang, mais on fait comme si on était des putains de licornes – excusez-moi – des licornes, des fées ou je ne sais quoi, comme si on était beaux et magiques alors qu'on n'est que des poches de rien du tout.

Il inhale bruyamment. Margaret ne sait pas si c'est la gêne provoquée par ce monologue ou seulement le manque d'oxygène. Elle trébuche sur le sol inégal et manque de se tordre la cheville.

Elle a beau réfléchir, elle n'arrive pas à trouver une réponse qui lui semble aller dans le bon sens. Elle ne veut pas encourager ce discours sur les gens vus comme des poches pleines de pus. Elle fait tourner son bracelet autour de son poignet – un Kate Spade qu'elle a payé vingt dollars en solde.

— Tu penses que rien de tout ça n'est réel ?

— Je pense qu'on vit toute notre vie en faisant des choses stupides et en croyant à des stupidités, dit-il plus calmement.

Elle se rend compte qu'il essaie de la convaincre. Il expose ses arguments.

— Et donc tu as tué des gens parce que tu pensais qu'ils seraient mieux morts ?

— Je ne sais pas si je les ai tués. Ce n'est pas qu'ils soient mieux morts. Ce n'est pas comme si j'étais Jésus qui sauve les âmes ou je ne sais quoi. Mais ils ne sont pas plus mal. On ne peut pas être plus mal.

Elle avale sa salive, lui trouve un goût acide. Elle avait raison depuis le début : c'est un psychopathe, et il l'oblige à avancer si vite qu'elle trébuche presque à chaque pas. Elle n'entend plus la musique, mais les bruits qui lui parviennent de l'entrée du zoo sont plus forts – des voix, des voix d'hommes, beaucoup, et un *bang* métallique.

— Vous mangez encore des oranges pour déjeuner ? demande-t-il.

Elle est assez surprise qu'il ne prenne pas ses réponses en considération.

— Parfois.

— Vous découpiez l'écorce au lieu de manger autour.

Elle se demande comment il se rappelle ce détail.

— Oui.

Il s'arrête et racle quelque chose sous la semelle de sa chaussure. Elle ne veut pas penser à ce que ça pourrait être.

— Vous n'avez jamais appris à manier une hache ?

Elle réfléchit. Il était donc là l'année où elle avait eu deux arbres à abattre dans son jardin à six mois d'intervalle, et que le paysagiste lui demandait une somme absurde pour les couper. Après le second arbre, elle avait acheté une hache et était déterminée à apprendre à le faire elle-même. Tous les petits garçons de sa classe avaient été très intéressés par cette idée.

— Non, admet-elle. Je me suis écorché les mains sur le manche. J'ai fini par payer quelqu'un.

— Je vous imaginais dans votre jardin, en combinaison. Avec votre hache. Et puis vous alliez vous asseoir sur un rocking-chair sur votre porche de devant en buvant de la citronnade. Vous avez un porche de devant ?

— Non. J'avais une terrasse à l'arrière de ma maison.

— Vous habitez à la campagne ?

— Non.

— Ça m'a toujours fait envie.

— De vivre à la campagne ?

— Ouais. À un endroit où on peut se promener dans les bois.

Un éclair de lumière lui fait lever les yeux du béton à ses pieds. À travers les branches, elle voit le lac complètement éclairé. Quelques pas devant elle, il y a les rails du petit train. Kailynn, la femme et le garçon sont debout à côté.

Robby la lâche et indique le lac.

— Je remonte. Allez du côté des lions de mer et des oiseaux. Trouvez un endroit où vous cacher. Attendez que ce soit fini.

Il se retourne avant qu'elle se soit rendu compte qu'il s'en allait. Et elle ne saurait dire pourquoi elle repense à un moment – cela remonte à loin, Robby n'était sûrement pas dans sa classe à l'époque –, où elle faisait un cours de sciences sur les racines, et elle parlait de la mousse. Elle avait trouvé de grosses masses de mousse verte dans le parc, et elle avait fait passer ses élèves à la ronde pour leur montrer qu'elles n'avaient pas de vraies racines, mais les enfants n'avaient pas envie de parler des racines. Ils s'étaient mis la mousse sur la tête pour faire comme si c'étaient des cheveux ou ils avaient posé leur joue dessus pour voir ce que ça ferait de dormir dans la forêt sur un oreiller en mousse, alors elle avait laissé tomber le cours de sciences et s'était contentée de les regarder jouer avec la végétation.

— Viens avec nous, lui propose-t-elle.

Il s'arrête et se retourne vers elle, la bouche entrouverte.

— Pourquoi ?

Si elle était honnête, elle pourrait lui dire que c'est parce qu'il a un fusil et que s'ils tombent sur ses amis, cet arme pourrait leur être utile. Mais aussi, si elle était honnête, elle lui raconterait qu'elle est sûre de pouvoir le sauver. Elle sent l'excitation de cette certitude la traverser comme un éclair, aussi âpre que le raclement du cartilage usé contre l'os. Elle imagine la scène, se voit l'amener, les mains en l'air, à la police, lui rendre visite en prison et lui apporter de la tarte, si c'est autorisé, et lui écrire des lettres pour lui demander s'il préfère le chocolat ou la noix de coco. Elle pourrait le sauver, et même les sauver tous, et elle ne peut faire autrement que d'imaginer les gros titres racontant comment elle l'a convaincu de déposer les armes, comment elle a réussi à l'atteindre quand tous les autres ont échoué.

Il la regarde encore, dans l'attente. Elle doit mettre de côté toutes ces idées de secondes chances, de tartes et de mousse.

— On pourrait leur dire – à la police – comment tu nous as aidés, commence-t-elle. On pourrait leur dire…

Il lui sourit ; elle voit ses dents dans le noir. Il l'interrompt :

— C'est bon, madame Powell.

— Comment ça, c'est bon ?

Il se retourne à nouveau.

— Vous n'avez pas besoin de leur dire quoi que ce soit, fait-il de sa grosse voix de toujours, et elle entend clairement chaque mot.

Il remonte la colline sans se retourner une seule fois. Il s'en va.

19 h 49

LES NUAGES SONT REVENUS, plus épais, masquant la lune. Le plan d'eau s'étend devant elle, et Joan voit les décorations accrochées aux palissades et même celles qui semblent flotter à la surface. Un monstre marin multicolore clignote au milieu, et elle voit d'autres silhouettes éclairées sur les bords du lac. Derrière, évidemment, il y a le bruit qui provient de l'entrée du zoo.

En tournant la tête, elle peut apercevoir l'instit et Robby Montgomery, qui ont l'air de bien s'entendre, et elle halète presque sous l'effort qu'elle fait pour rester immobile. Ce n'est pas le moment de rester immobile. Il faut qu'elle bouge : qu'elle emmène Lincoln loin du fusil et de Robby Montgomery. Et puis, quand elle s'active, elle n'a pas besoin de réfléchir autant. Tout est plus simple quand elle se contente de marcher, si énergiquement que ses muscles la brûlent.

Il faut aussi qu'elle continue à avancer à cause de ce qu'elle croit distinguer à quelques mètres devant elle, de l'autre côté de la voie de chemin de fer. Elle fait bien attention à ne pas regarder.

Pourtant, bien que ça la démange de se remettre en marche, elle reste sans bouger devant les rails, indécise. Robby Montgomery leur a dit de ne pas quitter son champ de vision. Il les a menacés. Cependant, si elle prend à droite, un bouquet d'arbres protège le chemin qui mène vers les flamants et les lions de mer. Les ombres sont tentantes. Elle envisage de courir, de tenter sa chance, mais elle n'y songe pas longtemps, parce que le poids de Lincoln la fait légèrement pencher sur le côté et elle sait que Robby Montgomery ou ses balles les rattraperaient en un clin d'œil.

Et il y a encore la pensée de ce Destin – qui que ce soit – avec son armure blindée, et qui se promène animé de ses propres motivations.

— Qu'est-ce qu'il fait là-bas ? chuchote Kailynn, si près que ses cheveux effleurent son épaule, et sa main a trouvé son chemin vers son coude.

— Il perd du temps, répond Joan avec un pincement de culpabilité, parce qu'elle pensait que l'instit aurait dû charmer, enjôler et culpabiliser le tueur afin de le pousser à les aider, et que maintenant elle est révoltée de les voir l'un à côté de l'autre en train de discuter.

Elle fait un pas vers la gauche, s'éloigne de l'eau, Kailynn la tenant toujours, et au lieu de se libérer elle la prend par les épaules et la guide, en partie parce qu'elle sait qu'elle a besoin d'être réconfortée et aussi parce qu'il faut qu'elle l'empêche, ainsi que Lincoln, de voir ce qui est étalé par terre, derrière la voie de chemin de fer.

Finalement, Mme Powell descend toute seule vers le bas de la colline. Elle a visiblement un problème avec sa jambe – elle boite. Même le bruit de ses pas est maladroit, déséquilibré.

— Il est parti, annonce la vieille femme en arrivant auprès d'eux. Il a dit qu'il fallait qu'on se cache.

Joan jette un coup d'œil derrière elle. Et demande :

— Il est vraiment parti ?

— Il ne voulait pas venir avec nous.

Joan décide de ne pas commenter. Elle ne peut pas se permettre de perdre plus de temps, de réflexion ou de salive sur des questions sans importance.

— Vous êtes sûre qu'il ne se cache pas ? insiste-t-elle. Vous l'avez vu remonter vers le haut de la colline ?

— Absolument, confirme l'instit.

— Eh bien, venez, conclut Joan, et elle met un pied sur le rail du petit train, déterminée à rester face à la voie.

Les planches de bois sont si également espacées. Si joliment répétitives. Rien d'inattendu. Elle les suivrait jusqu'à la fin des temps.

Mme Powell lui met une main sur l'épaule. Elle a la poigne ferme.

— Il a dit d'aller vers les lions de mer, informe-t-elle en repoussant légèrement Joan.

Toute sa liberté de mouvement contrecarrée, tout son dégoût, sa rage, et jusqu'à la frustration que lui inspire la mauvaise jambe de l'instit font éruption d'un seul coup.

— Je n'irai pas là où il nous envoie ! s'exclame-t-elle, et elle fait un effort pour baisser d'un ton. Ne soyez pas idiote. Nous allons suivre la direction opposée, et aller le plus loin possible de lui et des autres.

— Mais pourquoi ne pas aller du côté des lions de mer ? objecte Mme Powell. Peut-être qu'il sait quelque chose. Il nous aurait déjà tués, si c'était ce qu'il voulait. Je connais ce gamin… Je crois qu'il…

— Vous ne le connaissez pas !

— Je me souviens…

— Vous ne l'avez pas entendu avec son copain, la coupe Joan. Vous n'avez pas entendu comment il est. Il s'ennuie.

Ce n'est qu'un jeu pour lui. Peut-être qu'il ne nous a libérés que pour nous retrouver ensuite, juste pour que ce soit plus intéressant. Je vous promets qu'il se fiche pas mal de notre bien-être.

Elle serre Lincoln plus fort contre elle et se concentre à nouveau sur la voie du petit train, sur les rails de fer lisses qui évoquent pour elle des forgerons, des outils et toutes sortes de choses fortes et inflexibles. Les bouts de roche argentés – trop gros pour être qualifiés de gravier – roulent sous ses pieds. Ils ressemblent aux cailloux que Hansel semait dans les bois.

Et puis Kailynn se remet à parler. C'est ça le problème quand on est avec d'autres gens : il y a toujours quelqu'un qui parle. Toujours quelqu'un pour compliquer les choses. Joan doit s'arrêter à nouveau. Elle a avancé de trois traverses, à peine quelques pas, le long de la voie.

— Pourquoi ne pas aller voir la police ? suggère Kailynn, qui a pourtant suivi Joan et se cramponne toujours à son tee-shirt.

Les coups de feu expliquent pourquoi ils n'essaient pas de rejoindre la police, mais Joan, qui s'était juré de ne plus regarder dans cette direction, se retourne quand même vers l'entrée du zoo. Elle jette un coup d'œil par-delà le plan d'eau, vers le monstre marin éclairé par des projecteurs qui le parcourent d'une vague orange et rouge vibrante.

Elle baisse les yeux – c'était inévitable – et ne peut s'empêcher d'observer les formes étendues sur le béton. Elles deviennent plus que des formes, et maintenant elle est incapable d'en détourner le regard. Elle garde une main sur la tête de Lincoln, son front fermement plaqué contre sa joue. Impossible de lui laisser voir ça. Mais à elle, rien n'échappe, chaque ligne, chaque courbe des deux corps immobiles. Il y a une sorte de justice dans le fait de les mémoriser. Elle le leur doit, à eux ou peut-être à Dieu.

Elle voit les semelles des sandales à hauts talons de la fille qui est à plat ventre, sa jupe orange vif, bordée de dentelle noire, trop courte, trop serrée sur les cuisses. Le garçon est sur elle, les bras écartés, lui faisant presque entièrement un bouclier de son corps. Il a sûrement pensé qu'il pouvait la sauver, et cela a sûrement été la dernière chose à laquelle il a songé. Le sang – plus de sang que Joan n'aurait imaginé – a giclé, éclaboussé et formé une mare tout autour d'eux. Elle sait que c'est du sang, parce qu'il brille d'une couleur foncée.

Son frère lui a raconté une fois, quand il suivait sa formation d'infirmier militraire, que les instructeurs prenaient des chèvres, leur coupaient les pattes, et qu'on leur demandait de les transporter d'un prétendu champ de bataille au prétendu poste médical sans qu'elles meurent vidées de leur sang. Sa tâche n'était pas d'empêcher les chèvres de mourir – elles étaient condamnées, de toute façon –, il devait juste faire en sorte qu'elles saignent moins vite, plus lentement, et il lui avait décrit la mare que le sang formait autour des pieds des infirmiers pendant qu'ils leur mettaient des garrots.

Le garçon a mis sa main sur la tête de la fille, sur ses cheveux. Il a la bouche ouverte.

Joan s'oblige enfin à regarder ailleurs – cela dit, elle ne pourra plus jamais faire autrement que de les voir, ce qui est juste –, et regarde par-delà le plan d'eau étincelant. Derrière se dressent le long bâtiment en bois de l'entrée et les comptoirs sinistres, démodés, de la billetterie, mais rien de tout cela n'est reconnaissable.

Bien que les divers spots fassent ressortir l'entrée du zoo, tout est flou, à la fois à cause de la distance et de la fumée. La brume réfléchit les lumières rouges et bleues qui sont probablement celles de la police. Elle voit les branches des perchoirs à perroquet qui dépassent au-dessus de la fumée, mais elles ne forment qu'un dessin abstrait. Tout est abstrait. Du côté des doubles grilles de fer – grandes ouvertes ? –, elle voit un amas de silhouettes noires, et elle est sûre que c'est la police, parce qu'ils sont vraiment très nombreux. Ça doit être le genre de policiers qu'on envoie pour gérer ce type de situation.

Elle perçoit un mouvement autour du bâtiment, peut-être une porte qui s'ouvre. Les forces de police se déplacent, et certains éléments s'avancent, formant une masse sombre.

Tout n'est que fumée, bruit et silhouettes. Elle écoute les coups de feu et baisse à nouveau les yeux sur les cadavres.

— Allez où vous voulez, déclare-t-elle à Kailynn et à l'instit.

Elle se met à courir en faisant bien attention à mettre les pieds sur les planches de bois, une planche après l'autre, de plus en plus vite, essayant d'éviter les gravillons épars. Elle a l'habitude – elle le fait depuis toujours – de remonter Lincoln sur sa hanche, en tiraillant sur sa cheville afin qu'il enroule plus fermement ses jambes autour d'elle, et il doit y être habitué aussi, parce qu'il obéit à ses signaux sans un mot. Son épaule lui fait mal – une douleur lancinante la traverse quand elle déplace son bras vers l'arrière et non vers l'avant – mais en dehors de cela, son corps tient le coup.

Elle s'est éloignée suffisamment vite pour se libérer de la poigne de Kailynn. Mais elle entend dans son dos l'une des deux femmes, ou les deux, faire crisser les pierres sous leurs pas. Elle-même retient ses sandales en crispant les orteils. Le *flap flap* de ses semelles commence à lui paraître plus fort, et elle espère que ses chaussures ne sont pas en train de se déchiqueter.

Voilà ce qu'elle n'a pas expliqué aux autres, parce qu'elle en a assez de perdre du temps, et qu'elle se fiche de ce qu'elles pensent : la piste va les emmener vers les limites extérieures du zoo, et même si Robby Montgomery leur a menti et s'apprête à les traquer, même si Destin, avec toutes ses plaques de blindage, les pourchasse, une fois qu'ils seront arrivés près de la palissade extérieure, ils arriveront peut-être à trouver un moyen de passer par-dessus. Peut-être que d'autres policiers les attendent là-bas. Des policiers qui ne sont pas impliqués dans un échange de tirs. Ou, dans le pire des cas, il y a des hectares et des hectares de bois dans le coin, et si elle arrive à trouver une cachette dans le noir, ils seront en sécurité, Lincoln et elle, jusqu'à ce que la police ait réglé leur compte à tous les tireurs.

Une guirlande d'ampoules blanches accrochée à des poteaux festonne la voie de chemin de fer, créant des flaques d'obscurité et, inévitablement, des traînées de lumière. Quelques pas à l'abri, puis la pleine visibilité, et ainsi de suite. Pour le moment, elle ne peut éviter la lumière : la voie est encadrée par l'étang sur la droite, bordée par une barrière en bois et un ruisseau sur la gauche, d'où monte un petit bruit cristallin, impatient.

— On est sur la voie de chemin de fer, annonce Lincoln, et il la déséquilibre en essayant de se pencher par-dessus son bras pour regarder par terre. On va se faire écraser par le train.

Elle se crispe en entendant sa voix. C'est un bruit de plus – une trace d'eux supplémentaire à suivre pour un éventuel poursuivant, et maintenant, deux questions tournent constamment dans sa tête : *Est-ce qu'ils peuvent nous voir ? Est-ce qu'ils peuvent nous entendre ?*

Elle ne laissera personne les retrouver.

— Passe tes bras autour de mon cou, chuchote-t-elle en prenant une inspiration tous les deux mots. Ici, les trains ne circulent pas la nuit.

Il semble accepter sa réponse, replace ses bras comme il faut, et sa tête rebondit contre son épaule.

Elle entend le bruit de ses pas, les pas derrière elle, et elle met un moment à se rendre compte qu'elle n'entend plus rien d'autre. La fusillade a cessé. La nuit est calme, mais le silence ne la rassure pas.

III

LE SILENCE EST AGRÉABLE. C'est ce que Robby attendait. Il imagine Destin, et même dans sa tête, Destin est immense, plus grand que nature. Ses bras sont comme ceux de Popeye, sans poignets. Il imagine Destin sur son cheval – son cheval ! – et il pense au jour où Destin l'a emmené en faire dans les collines, mais Robby a seulement fait semblant d'aimer ça. L'idée qu'il en avait était mieux que de le faire pour de vrai. Et puis il pense au tatouage représentant le monstre de Gila que Destin a sur le biceps, vraiment trop cool, et comment un jour Destin a dit que Robby avait un bon esprit d'équipe. Destin n'a jamais dit quoi que ce soit de Mark.

Des criquets ou quelque chose comme ça crissent dans les haies, et quand Robby passe à côté, ils se taisent. Tant mieux.

Il existe un jeu télévisé où un personnage en carton escalade une montagne comme Robby escalade cette colline, et si un joueur idiot répond mal à une question, le type en carton dégringole et disparaît. Il se contente de monter sans savoir quand il se fera éjecter du plateau.

Gauche, gauche, gauche, droite, gauche.

Il entend Mark marcher lourdement sur le ciment, plus haut, quelque part après la pancarte AFRIQUE. Il est à peu près sûr que c'est Mark – si c'était la police, elle viendrait de l'entrée du zoo. Il regarde par-dessus son épaule, il pense les voir se déplacer vers le lac, à travers la fumée.

Robby essaie d'aller plus vite, mais il ne peut pas parce qu'il est seulement en carton.

Et puis Mark est devant lui : il court, les bras volant dans tous les sens, complètement inefficace. Il ralentit à peine en voyant Robby. Ils se rentrent dedans, épaule contre épaule, Mark rebondissant comme une boule de flipper.

— Je crois qu'ils ont tué Destin, annonce Mark en continuant à descendre vers le pied de la colline. Je crois. Sûrement.

— Ouais, répond Robby en regardant Mark s'éloigner.

Un cafard court sur le ciment à côté de son pied, et le putain de cafard, ouais, celui-là, il est efficace.

— Tu sais qu'ils arrivent ! s'exclame Mark.

Il s'est arrêté, comprenant que Robby ne le suivait pas.

— Je sais qu'ils arrivent, confirme Robby.

Et il est fier que, pour une fois dans sa vie, Mark crie plus fort que lui. C'est Mark qui mériterait qu'on lui dise de se taire.

— Qu'est-ce que tu fais ? demande Mark.

Robby ne sait pas très bien. Il n'est plus sûr de rien, et ce n'est pas la pire des sensations. Tout est plus flou qu'avant. Il a été entortillé dans du papier absorbant, comme les sachets de pralines que sa mère lui envoyait pendant les six mois qu'il a tirés au centre correctionnel, ou bien il est comme les vermines mortes que Harding enveloppe dans la mousse brun-rouge avant de les enterrer. Mme Powell l'a plus ou moins retourné sur lui-même, et maintenant il est coincé au milieu. Quand il l'a vue dans la réserve, il l'a tout de suite reconnue, parce qu'elle n'a absolument pas changé en quatorze ans, sauf qu'elle a peut-être les cheveux plus clairs, et il avait du mal à croire qu'elle n'ait pas crié son nom comme elle le faisait quand il sortait de la queue à la cantine, et puis il s'est dit qu'elle ne savait pas qui il était, mais il n'avait pas pu se retenir de l'appeler par son nom.

— Robby ! hurle Mark. Viens !

Il va s'obliger à bouger dans une seconde. Il sait que Mark a les pétoches. Mais d'abord il faut qu'il pousse Mme Powell dans un endroit de sa tête où elle lui fichera la paix. C'était trop demander que d'espérer qu'elle comprenne, qu'elle voie qu'il accomplit quelque chose d'important, qu'il est bel et bien quelqu'un qui a réfléchi aux choses. Elle ne l'a pas vu. Ou peut-être que si. Peut-être que c'est pour ça qu'elle lui a demandé de rester avec elle. Peut-être qu'il a réussi à l'atteindre au final, et peut-être qu'elle pensera à lui après. Qu'elle se souviendra de lui.

Elle lui avait donné une orange. À l'époque. Elle lui avait donné une orange.

Est-ce que c'était lui, à l'époque ?

Il n'y avait pas repensé pendant des années, mais il a presque eu l'impression de sentir l'odeur d'orange quand il l'a vue. Il était assis à côté de son bureau, et ils faisaient une espèce de devoir sur table quand il a senti l'arôme dans l'air. Il avait toujours faim, à l'époque, quoi que sa mère puisse lui donner à manger ; il s'était levé et il avait essayé d'imaginer une raison d'aller à son bureau. Ses pieds commençaient à avancer et il s'était retrouvé devant Mme Powell, avant d'avoir trouvé une bonne question à lui poser. Il l'avait regardée couper une orange en quartiers, elle avait levé les yeux et lui avait dit qu'elle n'avait pas eu le temps de prendre son petit déjeuner ce matin-là. « J'aime bien les oranges, avait-il dit. J'aime bien l'odeur. »

Au lieu de le renvoyer à sa place, elle avait eu une sorte de rire et lui avait tendu un quartier du fruit, et il l'avait mangé d'une bouchée, en mordant au ras de l'écorce. Personne d'autre n'avait eu de quartier d'orange. Juste lui.

Il n'avait pas pu la tuer, et peut-être que c'était bien, mais il ne pouvait pas tuer les autres devant elle non plus. Même pas après cet affreux épisode avec la hache, qui était accrochée là, au mur, comme si elle avait été prévue pour défoncer une porte. Juste comme dans les films. Mais il ne pouvait pas les tuer, et donc il avait déraillé, comme toujours. Comment avait-il pu être si sûr de ce qu'il voulait, c'était si clair au début, et puis avoir fait exactement le contraire sans même s'en rendre compte ?

Sauf qu'il s'en fiche un peu ; ça, il le sait. Il est complètement entortillé.

— Je m'en vais, déclare Mark en courant de ce stupide pas désarticulé qui est le sien. Je ne vais pas rester les bras croisés en attendant qu'ils me trouvent.

— Destin est mort, dit Robby, sauf que ça résonne en partie comme une question.

— Je viens de te dire que oui, s'écrie son ami.

Robby se décide à bouger. La vérité, c'est qu'il ne veut pas vraiment être seul quand ça arrivera. Et peu importe où ils iront. La police les trouvera.

Il a l'impression de monter et descendre cette colline depuis toujours. La carapace d'un autre cafard – pas assez rapide celui-là – craque sous sa chaussure.

Les cafards, Destin les écrasait pieds nus.

Il disait que le meilleur remède contre les démangeaisons du sumac vénéneux était d'ôter la couche supérieure de la peau avec un rasoir et de verser de l'eau de Javel dessus, et

Robby l'avait regardé faire une fois, il avait regardé Destin sourire en versant l'eau de Javel.

Peut-être qu'il y a quelque chose après cette vie, parce qu'il paraît impossible qu'un homme comme ça puisse disparaître dans le néant.

Il aurait pu apprendre tellement plus de choses de Destin s'il avait eu davantage de temps. Ils ne l'ont rencontré qu'une dizaine de mois plus tôt, si ça compte de se rencontrer en ligne. Robby discutait avec Mark de ce qui serait la meilleure arme dans la jungle. Il pensait au M14, si vos hommes étaient de bons tireurs, ou peut-être au Stoner, soit semi soit complètement automatique, tandis que Mark pensait à l'AK-103, et ils avaient cherché sur Google pour trancher la question. Ils avaient cliqué sur quelques sites, et commencé à voir qu'il y avait des gens qui parlaient d'un peu tout, des grenades artisanales jusqu'à la façon de cuire la viande de cerf. Plus tard, ils avaient suivi un fil sur une famille sauvée par un shérif adjoint après trois jours dans un désert du Wyoming, et un type avait posté un commentaire comme quoi on ne devrait jamais aller nulle part sans une chaîne et un tire-fort. Ils n'avaient pas idée de ce que ça pouvait bien vouloir dire.

Et donc, ils avaient demandé au type, et le type, qui était Destin, leur avait expliqué. Destin savait tout sur tout, comment un bandana pouvait servir de filtre, de menottes et de garrot, et comment garder une arme de poing de rechange entre les épaules au cas où quelqu'un vous ferait mettre les mains derrière la tête. Tout ça. Robby avait toujours été impressionné par les gens qui savent plein de trucs. Et il se trouvait que Destin vivait non loin de leur ville, à une cinquantaine de kilomètres. Après tout un tas d'e-mails, ils s'étaient finalement rencontrés pour boire une bière, un jour.

Ils avaient parlé de toutes sortes de choses, ils s'étaient revus à nouveau pour boire un coup, et ils avaient eu de la chance, tellement de chance, qu'un type pareil ait envie de traîner avec eux. Et puis un jour, Destin avait dit : « Vous voulez vivre pour toujours ? »

Mark avait répondu : « Ouais. »

Et Destin avait dit : « Je sais ce qu'il faut faire pour ça. »

Il leur avait raconté comment Columbine avait tout changé pour la police. Avant que ces deux types tuent tout le monde dans l'école, quand la police recevait un coup de fil à propos d'un gars avec un fusil dans un endroit public, ils pensaient que c'était une prise d'otages, et ils attendaient que les gars du SWAT arrivent pour négocier. Mais Columbine avait réécrit les règles : maintenant, les flics se disaient qu'ils avaient peut-être affaire à un gars qui allait tirer sur tout le monde sans distinction, tuant le maximum de gens en un minimum de temps. Et donc les flics n'attendaient plus pour entrer : ils avaient un nouveau modèle de référence. Qu'un flic se pointe, ou qu'il s'en pointe vingt, ils se précipitaient tout de suite à l'intérieur, ils fonçaient sur le tireur et lui collaient une balle dans la tête le plus vite possible. Vous les admiriez probablement si vous ne saviez pas quels crétins ils étaient. Les flics s'exerçaient beaucoup à ce genre de situations, parce qu'après Columbine, ça n'avait pas arrêté. Encore et encore. Les dingues avaient un nouveau modèle de référence, eux aussi.

Destin adorait cette expression : « modèle de référence ».

Destin disait : « Les modèles de référence sont dangereux. Les modèles de référence vous apprennent à ne pas réfléchir. L'histoire ne se répète pas, Rob. Chaque seconde est une nouvelle chose. »

Destin disait : « Si vous êtes de ceux qui voient la vérité, vous devez essayer de vous éduquer. Montrez aux gens à quel point ils sont limités, et peut-être qu'ils essaieront de dépasser ces limites. »

Robby aimait cette idée. Il voulait montrer aux autres à quel point ils étaient limités.

Ils avaient tout plannifié point. Robby et Mark devaient entrer tranquillement dans le zoo, les armes entreposées quelque part, sans se faire remarquer. Destin arrivait de son côté, en brandissant directement ses armes, jouant le rôle d'un taré. Il était bon acteur. Il allait en faire des tonnes en éliminant tout de suite quelques personnes puis en prenant des otages qu'il cornaquerait vers l'un des bureaux de l'entrée. Robby et Mark se tiendraient à l'écart de la grille, comme ça s'il y avait un survivant, il ne les aurait pas vus. Destin devait convaincre la police qu'ils suivaient un certain scénario, mais en réalité leur vrai plan était complètement différent.

Robby et Mark étaient chargés de cette partie-là. Pendant que Destin jouait une situation de prise d'otages et tenait les flics à distance, Robby et Mark devaient aller à la chasse avec le zoo entier comme terrain de jeux. Ils pourraient tuer tous ceux qu'ils voudraient, comme ils voudraient. Pas de règles, pas de limites.

Et à la fin, les flics comprendraient qu'ils s'étaient fait manipuler. Ils verraient comment ils étaient restés assis sur leur cul tandis que le massacre continuait. Tous ceux qui avaient un téléphone ou une télévision verraient comment la police avait été minable. Dans le monde entier, les gens se rendraient compte aussi qu'ils n'étaient que des minables. Qu'ils vivaient leur vie comme de pauvres animaux stupides, qui ne pensaient jamais par eux-mêmes, et que Destin, Robby et Mark leur avaient donné un choc salvateur. Un éclair de génie. C'est le mot juste pour désigner quelqu'un ayant une vision que personne n'a eue avant.

Destin avait raison quand il disait que chaque seconde était une nouvelle chose, parce que Robby sait ce qui va se produire, et pourtant il n'arrive pas encore tout à fait à y croire. Il est encore là, alors que Destin est parti. C'était le plan, mais il a l'air différent, maintenant, à cette seconde. La fumée dérive dans l'air comme du brouillard. Robby la sent.

L'armure ne pouvait pas sauver Destin, évidemment. Elle ne servait qu'à prolonger la situation. Destin disait que tout ce qui avait de la valeur exigeait un sacrifice. Regardez Jésus. Regardez Galilée et Lincoln. « Oui, pensait Robby. Oui. » Tout le reste était facile. Destin parlait de façades et de réalité, il parlait d'un unique point d'entrée, de sorties et de périmètres, mais Robby ne se souciait guère des tenants et des aboutissants. C'était un tel honneur d'être choisi. Destin savait tout, et Mark était son meilleur ami, pour sûr. Mais c'était la fin qui l'avait convaincu.

Il va finir ce qu'il a commencé, et ce sera la seule chose qu'il aura bien faite jusqu'au bout. Il n'a peut-être pas été parfait, mais au moins il finira ça.

Comment ce sera, il se le demande, et il se demande comment c'est pour Destin, maintenant qu'il est mort. Il sait que les gens parlent d'anges ou de paradis, et sa mère a dit qu'elle aimerait que la mort ressemble au sommeil, bien au chaud dans son lit, avec des gens qu'elle aime lovés contre elle, dos contre dos, comme quand il était bébé, et qu'il dormait avec elle. Il se demande si elle pense à son père, ce connard, ou si elle n'en veut pas dans son paradis. Mais Robby ne veut pas sentir qui que ce soit à ses côtés, et il ne veut pas se sentir au chaud, aimé, ou plein de lumière, ou aucune de ces conneries. Il ne veut rien sentir du tout. Il espère que c'est comme quand on est dans une baignoire, quand on est complètement sous l'eau sauf le nez et qu'on n'entend et qu'on ne voit rien, et qu'on ne peut même pas dire si on a encore un corps.

Il espère que ce qui viendra ensuite est le néant. C'est ce qu'il y a de plus beau.

Il y a des gens à qui il manquera. Le vieil homme qui se rappellait toujours son nom quand il arrivait au comptoir du drugstore CVS, mais de toute façon Robby ne l'aurait plus jamais revu, à cause de son connard de patron. La dame à la caisse du magasin de vins et spiritueux qui lui sourit toujours. Sa grand-mère n'a pas d'autre petit-fils, alors ça compte aussi pour quelque chose. Mark, mais Mark ne pourra pas le regretter, parce qu'il aura disparu aussi. Sa mère, qui l'emmenait il y a une éternité chercher des beignets le samedi matin quand son père dormait, et après les beignets ils venaient ici, au zoo. Elle voulait toujours voir les oiseaux, bien que les oiseaux soient la chose la plus ennuyeuse du monde, et elle ne se souvenait jamais de la différence entre les lions de mer et les phoques.

« Les phoques », elle disait.

« Les lions de mer », il rectifiait chaque fois.

Mieux vaut ne pas penser à elle.

Mark dit quelque chose. Ils sont près de la voie de chemin de fer, et Mark radote depuis une éternité qu'ils doivent suivre ces stupides rails jusqu'à ce qu'ils arrivent à Dieu sait quelle rue – Cherry ? Dogwood ?

Rien de tout ça n'a d'importance. C'est un tel soulagement que rien de tout ça n'ait d'importance. Parce que, malgré le plan de fuite illusoire de Mark, la fin magnifique est presque à portée de main, et elle va les trouver, où qu'ils aillent. Tout ce que Robby a à faire est de garder son fusil à la main. Il n'a qu'à jouer son rôle, il n'a que ça à faire.

19 h 53

UN PETIT CAILLOU POINTU se glisse dans la sandale de Joan et elle perd brièvement le rythme. L'étang est derrière eux, à présent, et une épaisse muraille de bambous a surgi le long de l'étroit ruisseau sur sa gauche, de sorte qu'elle ne voit plus l'eau.

Kailynn est à quelques pas derrière elle. Mme Powell encore plus loin. Il est clair qu'elle a du mal à les suivre, même avant qu'elle ne leur crie :

— Continuez sans moi !

Joan ralentit. Elle ne va pas tellement plus vite que l'instit, avec Lincoln qui tire sur chacun de ses muscles.

— Vous vous en sortez bien, lance-t-elle dans son dos.

Elle ne sait pas vraiment pourquoi elle a dit ça, si c'est pour l'encourager ou si c'est pour couper court à une conversation interminable de plus.

Mais la femme ralentit, se met à marcher, et Kailynn s'arrête. Joan n'a pas le choix, elle s'arrête aussi.

— Je ne peux plus courir, dit l'instit. Mon genou ne veut plus rien savoir. Je vais bien trouver un endroit par ici où attendre que ça se tasse.

Joan hoche la tête et se retourne.

— On ne peut pas vous laisser toute seule, objecte Kailynn sans bouger.

C'est le problème. Ce n'est pas le moment de faire des manières et d'être poli, ce n'est pas le moment de bavarder. Ça va les tuer tous. Elles n'ont pas encore compris ça ?

Joan l'a compris, elle, et bien compris. Elle va les lâcher. Elle a suffisamment réfléchi aux options. Elle a couvert quelques mètres de la voie ferrée, en réussissant à ne pas regarder en arrière pour voir si les autres la suivaient, quand elle entend un coup de feu. Ça la fait sursauter, après de longues secondes – des minutes ? – de silence. Au-dessus de sa tête, l'une des ampoules blanches accrochées aux guirlandes explose, et sa première pensée ridicule est que l'ampoule a grillé. Et puis elle rapproche le son du verre brisé, et elle intègre le fait qu'elle a entendu sauter des échardes de bois et qu'une branche de lilas d'été s'incline au-dessus de sa tête.

Robby Montgomery s'est bien foutu d'eux.

Ou bien c'est Destin, la machine à tuer, qui les traque.

Les détails n'ont guère d'importance.

Il y a un nouveau craquement de bois, et une pluie de feuilles s'abat autour d'eux. Elle regarde derrière elle. Pour une fois, heureusement, personne n'a envie de parler – ils connaissent tous le bruit que font les balles, maintenant. Et elles se remettent toutes à courir, même Mme Powell, qui se mordille la lèvre. On lit la douleur dans chacune des rides de son visage, et personne ne peut rien y faire. Joan essaie de regarder au-delà de Kailynn et de l'instit, mais la piste tourne à droite puis à gauche, et elle n'y voit pas très loin.

Il n'y a pas d'autre coup de feu. Elle croit pourtant entendre marcher, quelque part.

D'ici vingt ou trente pas, ils arriveront au terrain de jeux, avec ses rochers massifs et son pont de corde. Puis les statues de grenouille et de tortue que Méduse a laissées dans son sillage. « Je suis une tortue, je suis une tortue », dit Lincoln quand il est aux toilettes, faisant du siège des toilettes sa coquille. Ou bien il se tortille sous une ottomane, ou il se met un oreiller sur le dos – « Je suis une tortue ».

Joan court plus vite. Sa respiration devient sifflante, ses poumons la brûlent. L'instit reste à peu près à leur niveau. Puis le terrain de jeux est dépassé, et voici qu'elles arrivent aux fontaines avec leurs jets bondissants.

Le manège, les animaux surpris en plein élan.

Son souffle rauque n'empêche pas Joan d'entendre la femme gémir à chaque pas. Elle regarde à nouveau derrière elle mais aucun signe des tireurs. Elle entend toujours, malgré tout, le bruit du gravier écrasé, dans le lointain. Elle ne pense pas qu'elle l'imagine.

— Éloignez-vous des rails, dit-elle par-dessus son épaule à l'instit. Allez vous cacher derrière le manège. Planquez-vous.

— Quoi ? fait cette dernière.

— Allez, madame Powell, siffle-t-elle, parce qu'elle ne se souvient pas du prénom de la femme. Restez juste derrière le manège, et ils ne vous verront pas.

Elle n'a pas le temps de s'expliquer. Elle ne voit personne, et donc, avec un peu de chance, Robby Montgomery, son ami ou la machine à tuer ne peuvent pas les voir non plus. Mais elle entend leurs pieds, alors peut-être qu'ils se laisseront guider par le son, aussi, et qu'ils suivront simplement la voie de chemin de fer, or elle a une dette envers l'instit, non ? Et puis ça simplifiera les choses, ça fera une personne de moins pour la ralentir. Mme Powell quitte les rails en boitillant, et disparaît derrière les rangées de chevaux de bois, de girafes et d'antilopes.

Elle n'est plus là.

Kailynn est encore derrière elle. Joan franchit une courbe et ne voit plus le manège, puis la voie fait un nouveau détour, et elle se retrouve au-delà de tout ce qu'elle connaît, dans l'autre monde du zoo, celui qu'on ne voit que du petit train, et elle n'entend plus personne derrière eux, mais elle n'en est pas sûre.

« Si on rasait un tigre, avait expliqué un jour le conducteur du train, on s'apercevrait qu'il a aussi la peau rayée. »

Heureusement, il fait noir. Pas l'obscurité complète de la campagne de son enfance, quand ils allaient camper, mais le noir de la ville. Presque noir. Ils sont sur l'arrière des enclos. Des bambous bouchent la vue, empêchant de voir les zèbres et les autruches, et ils sont entourés de bois épais, avec parfois des décorations lumineuses accrochées aux arbres – un fantôme lumineux, une guirlande de chauves-souris noires clignotantes, un squelette rigolard.

Il est désormais inutile de rester près des rails. Les bois ne sont qu'ombres et clair de lune. Ils peuvent disparaître entre les arbres. Elle entend Kailynn commencer :

— Vous croyez que… ?

Mais la brise emporte le reste.

Joan saute des rails, atterrit lourdement sur le sol, ses sandales se tordant sur les cailloux, mais elle se rattrape et s'engage dans les plantes grimpantes, les mauvaises herbes, les pommes de pin et les masses de bois pourrissant. Elle s'enfonce dans les feuilles mortes jusqu'à mi-mollet. Elle ne voit pas où elle met les pieds.

Là, devant eux, plus près qu'elle ne pensait, elle distingue ce qui doit être la palissade qui forme l'enceinte du zoo, presque invisible – rien d'opaque, juste un grillage. Il fait peut-être un mètre quatre-vingts, et elle pourrait l'escalader sans problème en enlevant ses chaussures. En entendant Kailynn s'arrêter derrière elle, Joan se rapproche au petit trot, met un doigt sur la barrière, pas sûre qu'elle ne soit pas électrifiée – elle devrait poser Lincoln par terre, mais elle n'a pas le temps, alors elle l'effleure tout doucement – et le risque paie. Pas de choc.

Ils peuvent y arriver.

Elle va caler Lincoln sur le grillage, l'aider à coincer ses pieds dans les interstices, à bien s'accrocher avec les doigts, et elle le suivra, elle se cramponnera d'une main tout en l'aidant à grimper, et ça n'ira peut-être pas vite, mais ils peuvent y arriver.

Et puis elle l'aperçoit. Au pied du grillage, du côté extérieur : un fossé d'un mètre cinquante de profondeur, au moins. Le fond n'est même pas visible. Elle n'a aucun moyen de le franchir avec Lincoln, quand bien même elle arriverait à le faire passer par-dessus le grillage. Cette idée de l'escalader avec lui est complètement foireuse, que Kailynn l'aide ou non. Ils feraient des cibles tellement faciles, exposés, sans défense, sur le grillage.

Elle se retourne et repart en courant dans l'autre direction, par-dessus la voie de chemin de fer, vers les animaux.

Elle enjambe d'un saut une souche morte et lâche un gémissement. Elle n'essaiera plus ça, pas avec ce poids de dix-huit kilos sur la hanche. Le sol est plein de trous qu'elle ne voit pas, et Lincoln pousse un cri quand il se cogne le menton sur son épaule. Il y a des troncs d'arbres abattus partout, des arbres morts ou moisis, les feuilles sont encore épaisses et profondes, et voilà qu'apparaissent de nouvelles guirlandes de chauves-souris lumineuses. Elle voit la silhouette des girafes sur leur gauche, à l'intérieur des palissades qui font sûrement deux mètres cinquante de haut.

Kailynn la tient à nouveau par le dos de son tee-shirt, elle sent sa traction sur le tissu. Elle entend sa respiration. Il n'y a pas eu d'autres coups de feu, ce qui est de bon augure pour Mme Powell, mais elles pataugent maintenant dans les feuilles, Kailynn et elle, leurs pas provoquent des craquements et des froissements, et elle distingue le crissement d'autres semelles sur les pierres. Et si elle peut entendre marcher les hommes, il est probable qu'ils les entendent eux aussi.

Si elle ralentit, le bruit de ses pas sera plus doux. Mais alors, ils ne feront que la rattraper plus vite. Elle tourne la tête et souffle à Kailynn :

— Ils sont derrière nous.

La fille lâche son tee-shirt. Et puis, sans un mot, elle pique un sprint vers la gauche, en direction des girafes, et c'est une bonne idée qu'elle parte dans une autre direction, parce que ensemble, ils forment une plus grosse cible. Ils ne sont pas davantage en sécurité à rester groupés. En réalité, elle voulait se débarrasser de Kailynn, pas vrai ? L'instit et la fille constituaient toutes les deux un problème plus qu'une solution.

C'est plus simple quand ils se retrouvent seuls, Lincoln et elle. C'est plus sûr.

Et donc Joan ne dit pas un mot alors que la distance s'accroît entre Kailynn et eux. Elle arrive encore à distinguer sa forme zigzagante lorsqu'elle trébuche elle-même – peut-être qu'une lanière de sa sandale a fini par se casser et que c'est ce qui l'a fait tomber, à moins que la lanière ne se soit cassée dans sa chute, elle ne le saura jamais – en tout cas, il y a un long moment de vertige, de panique quand elle sent Lincoln glisser hors de ses bras et qu'elle entend son jappement aigu. Elle l'entoure de son bras tout en essayant de se tortiller pour ne pas tomber sur lui. *Ne le lâche pas ne le lâche pas ne le lâche pas*, pense-t-elle pendant tout le temps de sa dégringolade. Elle réussit elle ne sait comment à se tourner suffisamment pour qu'il se retrouve à moitié sur son dos quand elle atterrit, mais son coude s'abat durement sur le sol, le choc lui fait lever les bras et il s'envole aussi, malgré tous ses efforts, et elle le regarde tomber, sa tête rebondissant sur les feuilles.

Elle s'est affalée sur son épaule et son coude gauche, la main repliée en arrière contre son côté, et elle s'est mordu la lèvre. Elle suce le sang, essaie de tendre le bras vers son fils, et son bras lui obéit docilement, mais pas sa main.

Il ne pleure pas, ce qui la terrifie. Elle ne voit pas son visage dans le noir, juste les contours. Mais il bouge, se redresse, un instant coincé sur le dos comme une tortue.

— Lincoln, chuchote-t-elle.

— On est tombés.

— Ça va ? demande-t-elle en rampant vers lui, et elle le cueille avec son bras valide.

— Ça va, répond-il en tendant la main vers son visage. Tu as la figure mouillée.

Elle essuie sa bouche ensanglantée, tend l'oreille.

Des voix.

Pas tout près, mais assez quand même.

Sa chaussure droite a disparu, envolée comme la fille. Son genou saigne, et sa main pendouille, inerte, mais ça ne lui fait pas très mal. Et si elle s'était foulé le poignet ?

Sans sa main, elle ne pourra pas le porter.

Elle entend autre chose dans les arbres, derrière eux. Une branche se déplace. Un craquement d'aiguilles de pin ou de feuilles. Des petits mouvements, peut-être n'est-ce que le vent, sauf qu'il n'y a pas de vent. Un écureuil ?

Elle se relève, ravale un cri en portant son poids sur son genou blessé et se remet debout. Le sol est froid et pas très ferme. Elle remue les orteils, envisage d'envoyer promener sa chaussure gauche aussi, et se ravise. Il y a trop de choses piquantes par terre, il est préférable d'avoir au moins un pied protégé. Elle s'avance vers Lincoln, bande ses muscles, mais son genou flanche et elle manque de tomber à nouveau.

Les bruits derrière elle changent : les craquements sont devenus des pas, lents, circonspects.

Les hommes arrivent, elle ignore complètement s'ils sont à dix pas derrière elle, ou à cent mètres, et la police ne s'est pas encore montrée à cet endroit. Son genou a du mal à supporter son poids, elle ne peut pas se servir de son poignet et elle n'avance pas assez vite. Des pointes s'enfoncent dans la plante de son pied nu.

Ils vont mourir, pense-t-elle, et elle se déteste pour cette pensée.

Non. Elle n'est pas un animal. Elle a d'autres ressources que le combat ou la fuite. Elle prend Lincoln par la main, lui chuchote que les hommes avec des fusils arrivent, et il court avec elle, mais il avance pesamment dans les feuilles, il est lent. Ils ne peuvent pas continuer comme ça.

Ils ne distanceront pas les tueurs à la course.

Des pas, toujours des pas.

Elle entend à nouveau le ruisseau, pas très loin. L'eau court, bouillonne sur les pierres. Lincoln trébuche. Elle le soulève avec sa main valide, le balance vers l'avant, le repose légèrement sur ses deux pieds sans cesser d'avancer.

Elle lève les yeux, examine les arbres. Ils pourraient y grimper – plusieurs chênes ont des branches étendues, fourchues, qui montent vers le ciel noir. Mais si elle se trompe, s'ils sont repérés, ils n'auront aucun moyen de s'échapper.

De plus, elle n'est pas sûre de pouvoir le soulever, et elle n'a pas le temps d'y réfléchir, mais le soulever, le soulever… Elle se creuse la tête, imagine de le mettre en sûreté quelque part.

Pas dans les arbres. Elle bifurque, progressant toujours sur le même rythme, étudiant le paysage clair obscur, parfois ponctué d'une décoration suspendue. Elle repère droit devant un fourré qui lui arrive aux épaules, et très feuillu. Elle mène son fils dans cette direction et passe la main à travers les branches à la recherche d'épines avant de soulever les branches du bas et de dégager un espace en dessous.

— Tu vas rester ici, dit-elle à Lincoln, sa main inerte doucement posée sur son dos, pour le guider. Mets-toi à plat ventre et rampe dessous. Ne fais pas de bruit. Ne m'appelle pas. Ne dis pas un mot. Je reviens tout de suite, mais si tu fais le moindre bruit, ils vont te tuer.

Il gémit, mais en même temps, il rampe. Elle ne veut pas lui laisser l'occasion de discuter et elle ne veut pas se donner l'occasion de réfléchir à ce qu'elle fait.

— Il faut que tu disparaisses, lui enjoint-elle, déjà debout.

Elle prend une seconde pour poser sa main sur la tête de son fils – si précieuse –, et laisse retomber les branches. Il disparaît, mais on voit encore ses pieds, alors elle tend la main et lui fait légèrement replier les jambes.

Ensuite, elle se remet à trotter, une sorte de course clopinante qui la fait ressembler à une héroïne pathétique de film d'horreur. Elle repousse la douleur, allonge le pas, accélère, et tant pis pour son genou. Une araignée de la taille d'un ballon de plage avec une ampoule à l'intérieur est accrochée à un arbre, les pattes molles. La créature se fend d'un sourire dévoilant des dents dégoulinantes de rouge.

Elle pense que Lincoln ne bougera pas, à la fois parce qu'elle le lui a dit, parce qu'il fait tout noir dehors, et qu'il ne sait pas où il est. Il n'est pas du genre à errer tout seul, surtout quand il a peur. Il ne bougera pas. Mais le bruit – ça, c'est un autre problème. Elle ne lui fait pas confiance pour ne pas faire de bruit.

Elle frappe le sol avec ses pieds, de toutes ses forces. Les feuilles explosent sous ses pas, se changent en poussière. Elle attrape une branche pendante et la casse en deux. Elle imagine que le bruit qu'elle fait rappelle plus l'éléphant que la femme. Quand elle estime qu'elle est assez loin de Lincoln, elle pousse un cri, un bref staccato, « Ah ! », dont elle pense qu'il portera à une certaine distance, puis un long soupir audible, très fort. Elle serre sa main blessée contre son ventre. Elle se remet à taper des pieds, se déplace le plus vite possible, parce que, bien qu'elle veuille les attirer vers elle, elle ne veut pas mourir non plus.

Elle entend les hommes s'avancer derrière elle, régulièrement, faisant beaucoup de bruit eux-mêmes. Elle éprouve un sursaut de satisfaction où se mêlent la soif de sang et la peur.

Elle passe devant l'enclos des éléphants, et sur sa gauche un bâtiment banal, de plusieurs étages, portant l'inscription CENTRE DE RECHERCHES SUR LES GROS ANIMAUX en grandes lettres. Les gouttières d'argent et le toit de zinc brillent au clair de lune. Elle se force à avancer, giflée par des rameaux feuillus. Elle passe sous une guirlande basse de lumignons en forme de citrouille. Son genou la lance, et elle pense à l'instit, à sa claudication ; elle veut la croire en sûreté derrière le manège. Elle pense aux mains de Kailynn qui tiraillaient sur son tee-shirt, et sa chaleur lui manque, même son bavardage d'écervelée ne la dérangerait pas. Elle a de si jolis cheveux, pareils à des rubans rouges volant au vent.

Si Lincoln voit briller une lumière, et s'il est intrigué, est-ce qu'il bougera ? Ou si un insecte rampe à côté de lui, et s'il veut lui échapper ? Ou s'il croit entendre sa voix ? Elle perd les pédales, la panique s'empare d'elle, alors elle court plus vite. Elle pense à des poubelles vides, solides, sûres, et elle se souvient du bébé qu'il a été, tellement facile, qui mangeait bien, qui dormait bien, et puis il y a eu une période où il pleurait de façon ininterrompue, elle avait beau faire, rien ne le calmait, et elle se rappelle les vagues de rage et de frustration qui l'amenaient à se demander – fugitivement : « Et si je l'enfermais dans le placard, et si je le laissais dedans ? » Et si la mère du bébé avait eu les mêmes pensées, multipliées par mille, par la terreur, l'épuisement et l'exaspération, est-ce que Joan ne pourrait pas comprendre que, dans une seconde de faiblesse, elle se soit débarrassée du bébé et enfuie ?

Non. Impossible.

Bon, et si les hommes s'étaient rapprochés, comme maintenant ? Et si l'autre mère avait déposé son bébé et essayé d'attirer les hommes loin de lui ? Et si c'était ça ? Joan voit la femme courir, les cheveux dans la figure, les bras vides.

Elle l'a probablement mal jugée.

Le sol devient meuble sous ses pieds. Des feuilles, du compost et des épines de pin, suppose-t-elle, et puis – avec son pied chaussé – elle marche sur autre chose, une chose qui lui noue la gorge. C'est mou et en même temps ça a une certaine consistance, la consistance à nulle autre pareille de la chair et des muscles. Elle a un mouvement de recul et réalise que, quoi que ce soit, c'est beaucoup trop petit pour être humain. Elle baisse les yeux et dans la vague lueur, elle repère la pointe triangulaire d'une aile et une tête ronde.

Un oiseau. Un oiseau mort.

À la maison ils ont un livre sur les Grecs anciens et leurs sports, et Lincoln lui a dit qu'à l'époque, on jouait au hockey avec un oiseau mort, et que quand une équipe marquait un but, l'oiseau revenait à la vie et s'envolait.

Lincoln. Elle oblige ses pieds à repartir.

Elle entend des carillons à vent.

Jadis, quand son oncle l'emmenait à la campagne en voiture, elle avait remarqué que le clignotant tictaquait exactement sur le rythme d'un exercice de diction qu'elle venait d'apprendre – « L'habit se coud-il ? Le grain se moud-il ? L'habit se coud ! Le grain se moud ! » Le clignotant pépiait sur le même rythme à chaque fois, et il était parfaitement clair, parfaitement évident qu'il articulait ces mêmes paroles. Et maintenant le carillon à vent tinte le nom de Lincoln, tout comme les feuilles sous ses pieds : *Lincoln Lin-coln Lin-coln.*

Elle a réussi – les hommes sont maintenant loin de son garçon – mais elle n'a pas réfléchi à la suite : comment va-t-elle se débarrasser d'eux ? Elle ne peut pas les remmener vers lui. Elle n'est même pas sûre qu'ils la suivent encore. Elle ne les entend plus, en fait, leurs bruits sont couverts par ceux de ses propres pas et de sa respiration haletante. Elle s'arrête.

Rien. Rien que les feuilles et les carillons à vent.

Elle ne s'arrête pas longtemps. Peut-être qu'elle a semé les hommes, mais peut-être qu'ils sont derrière elle. Peu importe, elle est restée trop longtemps éloignée de Lincoln. Il faut qu'elle retourne vers lui ; elle pourra toujours changer de direction si elle a l'impression que les hommes ont retrouvé sa trace.

Difficile de faire des plans tout en évitant les troncs d'arbres et les broussailles. Et difficile de s'orienter – dans quelle direction devrait-elle aller ? Les arbres se ressemblent tous. C'est alors qu'elle s'érafle l'épaule sur l'écorce écailleuse d'un énorme pin, et au même moment elle entend le torrent.

Elle est tellement désorientée qu'elle ne sait plus par où se trouve la palissade extérieure, et quel chemin prendre pour rejoindre Lincoln, mais elle sait que le ruisseau la ramènera dans la bonne direction. Le bruit de l'eau contribuera à masquer ses pas, et quand elle repèrera l'araignée suspendue, elle saura qu'elle est sur la bonne voie.

L'obscurité est plus complète dans cette partie des bois. Elle ne distingue même pas le sol, alors elle ralentit parce qu'elle ne peut plus se permettre de se tordre une cheville.

Elle se rend compte qu'elle ne sent plus son bras, rien du tout de l'épaule à la main, et peut-être que ça devrait l'inquiéter, mais sur le moment c'est une pure bénédiction. Elle continue à suivre le bruit de l'eau, et dans l'obscurité, elle manque de mettre le pied dans le torrent avant de le voir. Elle glisse légèrement sur les feuilles et tente de scruter les profondeurs de l'eau – juste une faille dans le sol de la forêt. Il n'est pas très large et elle pourrait facilement le franchir d'un bond si ses deux jambes fonctionnaient normalement.

Le ruisseau est étroit, mais la rive fait un bon mètre de hauteur, et elle est abrupte. Elle ne peut pas dire la profondeur de l'eau. C'est une chose de rien du tout, noire, brillante. Elle croit voir un petit pont un peu plus loin, en aval, ou en amont, peu importe, et elle se demande bien qui pourrait emprunter un pont par ici, mais il la ramènera vers Lincoln. Et puis, encore une fois, doit-elle vraiment traverser le cours d'eau ? Lincoln est-il de ce côté ou de l'autre ? Elle se frotte le front, furieuse contre elle-même, parce qu'elle a besoin de toute sa lucidité, de toute sa concentration.

Et puis elle entend à nouveau des bruits de pas dans les bois, alors qu'elle était persuadée qu'ils avaient perdu sa trace. Elle les entend approcher, et elle repense à son père – ses mains énormes – faisant sauter les têtes des colombes.

Lincoln, Lincoln, Lincoln. Leurs pieds dans les feuilles entonnent son nom, eux aussi.

Soudain, elle les voit. Deux ombres en marche. Plus près qu'elle ne pensait. Elle ne peut pas prendre le temps de regarder si Robby Montgomery est l'un d'eux. Au lieu de cela, elle se laisse tomber à plat ventre sur le sol.

Bientôt, ils vont lui marcher dessus comme sur un oiseau mort avec leurs grosses chaussures. Elle pose les paumes des deux mains par terre, et pousse, se fait rouler vers le bas de la berge du ruisseau, s'orientant de telle sorte que ses pieds glissent dans l'eau en premier, la ralentissant.

Elle s'enfonce dans l'eau sans un bruit.

Le froid lui coupe la respiration, et elle ferme les yeux très fort parce que si elle perd une lentille de contact, elle n'y verra plus rien. Puis elle les frotte, cligne des yeux, et une fois qu'elle a repris pied, elle s'efforce de trouver de nouveaux repères. L'eau lui arriverait à peine aux genoux si elle était debout, mais elle est étendue presque horizontalement, presque recouverte par l'eau. Elle ne voit rien au-delà de la berge du ruisseau. Elle étale les mains dans l'eau, écrase le lit du ruisseau gluant entre ses doigts, et puis elle marche sur les mains, comme un phoque, traînant son corps derrière elle.

Elle suppose que si les hommes l'avaient vue, elle aurait déjà entendu des coups de feu.

L'eau froide affûte tous ses sens. Elle a conscience de chaque empreinte de main qu'elle laisse dans le torrent, chaque pierre qui frotte contre son genou, chaque goutte d'eau qui éclabousse sa joue, chaque centimètre qui la rapproche du pont. Elle pense que – si elle ne se fait pas tuer – elle a peut-être eu une idée brillante sans le vouloir. Elle peut récupérer Lincoln ainsi – en flottant, sans faire un bruit. Elle n'a qu'une chose à faire : laisser les hommes passer le long du cours d'eau où elle se dissimule, et elle n'aura qu'à suivre le courant vers l'aval pour retrouver Lincoln.

Elle arrive au pont en quelques secondes, se retourne et se tapit dans l'alcôve. Sa tête frôle le dessous des planches de bois. Il ne fait pas chaud, et elle enroule ses bras autour de ses genoux. Des bouts de choses molles – des algues ? – lui frôlent le bras, et elle déteste l'idée de ne pas voir ce qu'il y a sous la surface, mais d'un autre côté, ça veut dire que les hommes ne peuvent rien voir non plus.

Il n'y a aucun bruit, en dehors du clapotis du ruisseau. Elle s'accroupit plus bas. Elle a moins froid dans l'eau que dehors. Le pont forme une arche, et elle regarde par le demi-cercle de vide entre la passerelle et l'eau.

Et les voilà qui apparaissent : elle voit deux paires de pieds sur la berge. Au-dessus de leurs genoux, le pont lui bouche la vue. Une paire de pieds saute par-dessus le torrent, un long bond aisé, un pied puis l'autre. Elle est contente qu'il n'ait pas remarqué le pont ou qu'il n'ait pas pensé à l'emprunter. Elle attend que la seconde paire de jambes fasse le saut, mais ces jambes-là ne bougent pas.

Allez, pense-t-elle. *Vas-y !*

Non, le deuxième homme ne franchit pas le torrent. Au lieu de cela, le premier repasse par-dessus – quelqu'un l'a-t-il rappelé ? – et se rapproche du second comme pour discuter.

Elle pense qu'ils ne resteraient pas là s'ils l'avaient repérée. À moins que ce ne soit encore le jeu, qu'ils tentent de la débusquer. Elle s'enfonce plus profondément dans l'eau, incline la tête, y plonge sa joue afin d'avoir une meilleure vue des deux hommes. Ils lui tournent le dos. L'un d'eux a la forme massive et le blouson informe de Robby

Montgomery. L'autre est plus petit, étroit d'épaules. L'ami de Robby, sans doute.

Ils sont là, se dit-elle. *Tous les trois.*

Quelque part, il y a l'instit, la fille, Lincoln, le monstre cuirassé sans visage, et, suppose-t-elle, la police. Quelque part, il y a un bébé qui hurle dans une poubelle, et une mère disparue. Joan pense à son fils, à ses bonhommes en plastique, et comment parfois ils ne sont pas là où l'on s'attend à ce qu'ils soient. Il arrive que Thor tombe derrière un coussin du canapé, et alors Iron Man devient le nouveau héros de ses histoires ; ou que le Joker perde une arme, alors Poison Ivy devient la méchante. On refait le casting. On repense tout.

Les hommes sont à une vingtaine de pas environ. Il lui vient à l'idée qu'elle a oublié son sac quelque part. Elle commence à s'inquiéter de l'hypothermie. Elle pense à son oncle, à une histoire qu'il lui avait racontée : ils étaient adolescents, son meilleur ami Larry et lui, et ils roulaient sur un pont au-dessus de la rivière Tennessee quand une femme qui venait d'en face s'était déportée vers leur file. Leur voiture s'était écrasée dans les rambardes de sécurité du pont, et les deux garçons avaient été projetés à travers le pare-brise dans le fleuve. « Est-ce que ça t'a fait mal quand tu as traversé le pare-brise ? lui demandait-elle. Est-ce que tu as eu mal quand tu es tombé dans l'eau ? Est-ce que tu as touché le fond ? » Son oncle n'avait pas pu répondre à toutes ses questions. Il ne se rappelait rien à partir du moment où sa tête avait heurté le tableau de bord quand il avait freiné, jusqu'à ce qu'il reprenne conscience sur la berge de la rivière. Il avait perdu ses chaussures. « Est-ce que tu les as enlevées quand tu nageais ? Est-ce que tu les as perdues quand tu as volé dans les airs ? » Elle était fascinée par tout ce qu'il lui racontait – la sensation de la boue entre ses orteils, le fait que la conductrice de l'autre voiture ait les cheveux blancs – mais c'étaient les parties qu'il n'arrivait pas à lui raconter dont elle rêvait éveillée. Elle s'y voyait, elle voyait toutes les choses dont il ne se souvenait pas.

« Est-ce que tu as sauvé Larry ? lui demandait-elle. Est-ce que tu as appelé au secours ? »

Il lui répondait : « Je suis resté là. Je suis juste resté là, allongé dans la boue, à regarder. »

Elle laisse à nouveau vagabonder ses pensées. Son cerveau s'engourdit. Comme ses pieds, au point qu'elle commence à avoir peur de ne plus pouvoir tenir debout, sans parler de marcher. Et elle ne pourra rien pour Lincoln si elle ne peut pas marcher.

En attendant, les hommes se contentent de rester plantés là.

Non. Ils se déplacent – séparément. Le plus maigre s'éloigne de l'eau, et Robby Montgomery le prend par le bras. Mais il se dégage, il y a une autre sorte de mouvement qu'elle a du mal à distinguer dans l'obscurité, et puis elle perd le gringalet de vue.

Robby ne bouge pas pendant un moment, et elle s'apprête à prendre le risque de repartir quand elle voit quelque chose d'autre arriver. Deux pieds et deux jambes qui approchent prudemment. Et Joan reconnaît ces jambes maigrichonnes et ce jean étroit avant même de voir la grosse masse de cheveux.

Elle voit le moment où Kailynn remarque Robby devant elle – le corps de la fille tout entier se raidit. Elle voit le moment où Kailynn remarque que l'autre tireur est là aussi – elle se retourne, fait un quart de tour sur elle-même. Elle tient quelque chose dans ses bras.

Joan n'entend pas ce qu'ils se disent. Si elle recule un peu plus loin sous le pont, elle ne pourra plus rien voir du tout.

Peut-être que ça vaudrait mieux.

Elle s'enfonce un peu plus dans l'eau.

KAILYNN RETIENT UN HURLEMENT en voyant l'animal filer juste devant elle, dans les aiguilles de pin, puis il s'immobilise, les pattes de devant levées, et elle le reconnaît. C'est une marmotte. Elle ne croit pas que la région compte des marmottes sauvages, mais il y en a toute une famille dans le Coin des petits, et elle devine que les hommes ont démoli ce bâtiment comme tous les autres, alors peut-être que des moutons, des chèvres et des poneys Shetland courent aussi un peu partout dazns le zoo. Et voilà que la marmotte se traîne vers elle. Elle reste donc immobile, et la laisse se frotter à sa jambe.

Elle n'a jamais vu celles du Coin des petits faire autre chose que se réfugier contre le mur du fond de leur enclos, parce que tous les animaux de la Ménagerie détestent les enfants. Mais peut-être que celle-là est traumatisée. Peut-être qu'elle cherche un peu de réconfort.

Elle se penche très doucement. On est censé tendre la main vers un chien et le laisser venir vers vous, et elle pense que d'une certaine façon les enfants sont pareils, et cette marmotte aussi. Elle la prend bien par en dessous, et apparemment, ça lui plaît. La marmotte se blottit tout contre elle alors qu'elle se dirige à travers les arbres, ses petites pattes jouant avec le bout de ses cheveux. Sa sœur fait ça aussi, se coller tout contre elle quand elle a peur. Kailynn fait quelques pas – il y a un moment qu'elle ne court plus. À quoi bon ? Elle ne sait pas où elle est, et elle ne sait pas où elle devrait aller.

Ce n'est pas vrai. Elle devrait chercher Lincoln et sa mère. Elle aurait dû arrêter de courir il y a cinq minutes, quand elle les a vus tomber, mais elle n'a pas pu obliger ses jambes à ralentir, et quand elle a enfin réussi à reprendre le contrôle de ses mouvements, elle était toute seule. Ils sont probablement morts maintenant – Lincoln avait de si jolis cheveux, et il lui avait souri – et peut-être qu'ils ne seraient pas morts si elle ne les avait pas fait entrer dans le cagibi. Elle pensait bien faire ; elle pensait les aider, mais peut-être que ce n'est pas vrai. Peut-être qu'elle voulait simplement ne plus être seule. Sa petite sœur l'a suppliée de ne pas changer de chambre, parce qu'elle a parfois peur la nuit, et qu'elle aime se blottir contre elle – comme une marmotte –, mais Kailynn n'est pas sûre de rester parce qu'elle le lui demande. Comment pourrait-elle savoir si elle le fait pour elle-même ou pour sa sœur ? Parce que dans un cas, ça fait d'elle quelqu'un de bien, et dans l'autre elle n'est qu'une égoïste. Et si elle est égoïste, alors elle a probablement tué ce garçon et sa mère.

Elle caresse la tête de la marmotte.

Elle voit une lumière devant, et au début, elle se dit qu'elle a peut-être trouvé le moyen de retourner vers la partie principale du zoo, puis elle se rend compte que la lumière vient d'une large forme au milieu des arbres, et elle ralentit en arrivant à une tente de style militaire assez grande pour dix personnes ; à côté, il y a une Jeep accidentée. La tente est éclairée de l'intérieur, elle voit les silhouettes en ombres chinoises de trois hommes, assis en cercle, et pendant un instant elle croit mourir de peur avant de comprendre que ce ne sont que des mannequins. Encore une installation pour Halloween.

Elle recule, change légèrement de trajectoire, s'éloignant de la lumière.

Elle regrette de ne plus avoir de Z'animos. Ou d'Oreos, ou de cookies aux pépites de chocolat. Elle déteste le goût qu'elle a dans la bouche. Son père se moquerait d'elle, de penser à des cookies à un moment pareil – elle sait qu'il se moquerait –, et elle repense à la fois où elles étaient restées toutes seules à la maison, sa sœur et elle, et où elle se versait du thé quand elles avaient entendu un grand bruit dans le salon, suivi d'un rire terrifiant. Elles avaient couru dans la salle de bains, mais dès qu'elles s'étaient enfermées dedans, Kailynn s'était rendu compte qu'elle avait oublié son téléphone, or elle en aurait besoin si elle devait appeler la police, alors elle avait entrouvert la porte un tout petit peu. Il y avait un homme juste devant elle, et elle avait hurlé une seconde avant de reconnaître son père qui riait à gorge déployée.

Il adore leur faire des farces. Elle pense que ça lui rappelle l'époque où lui-même était enfant, avant de devoir porter des costumes-cravates, suivre des conférences et nettoyer le vomi du chat. Il était fils de pasteur, et il avait eu deux accidents de voiture avant d'avoir seize ans. Il jetait des balles de baseball dans les fenêtres, exprès. Une fois, il avait attrapé vingt-trois chats en un après-midi, et les avait lancés sur un toit en les tenant par la queue.

Un chahuteur, c'est comme ça qu'il appelle son moi enfant. Les autres gamins avaient peur de lui. Même les grandes personnes avaient peur de lui.

Les gens disent qu'elle est une gentille fille. Elle n'a pratiquement que des A et des B. Presque jamais de C. Elle met son argent sur un compte épargne à la banque. Mais maintenant, elle voudrait être le genre de fille qui met le feu à une poubelle plutôt que celle qui fait ses devoirs. Elle voudrait savoir faire peur aux gens. Elle voudrait avoir travaillé hier au lieu d'aujourd'hui, elle voudrait avoir un spray au poivre, comme le lui a conseillé sa mère, et elle voudrait un Mars glacé, et elle voudrait être chez elle, au lit, avec des oreillers bien rebondis, et elle voudrait avoir attrapé ce petit garçon, Lincoln, par la main, avoir pris la fuite avec lui et l'avoir sauvé. Elle voudrait être une de ces femmes dans les jeux vidéo, avec des revolvers sur les hanches et dans le décolleté. Elle voudrait que son père puisse encore la prendre dans ses bras et la porter, mais elle est trop lourde.

Elle sent que la marmotte tremble dans ses bras. Chaque son qu'elle entend lui fait penser à des pas. Elle s'arrête, écoute, et décide que ce n'est que le bruissement des feuilles.

Son père était le genre de personne qui aurait dû devenir un psychopathe – c'est ce que les gens disent, non ? Que ceux qui torturent des animaux quand ils sont petits sont de futurs tueurs en série ? Mais au lieu de ça, il est devenu son père et il n'y a pas un poil de méchanceté en lui. Elle l'a déjà vu pleurer devant des publicités à la télé.

Elle entend un clapotis, droit devant, et elle pense encore que ce sont des bruits de pas. Elle se rapproche prudemment pour voir si elle distingue quelque chose entre les arbres.

Elle voit le ruisseau et elle croit entendre une voix, mais quand elle s'arrête pour écouter, elle n'entend rien d'autre. Elle passe derrière un arbre, et elle attend, et elle regarde. Elle reste immobile pendant ce qui lui paraît être un long moment tout en caressant la marmotte, et s'avance prudemment jusqu'au bord du cours d'eau, en se demandant si elle ne devrait pas le traverser. Puis – ses professeurs disent qu'elle a un problème de concentration, qu'elle est parfois dans la lune – elle lève les yeux, et elle voit Robby.

— Hé, salut, dit-elle.

Comme si elle l'avait croisé à l'école en train de ranger ses livres dans son casier, et pas debout là avec son arme et ce qu'elle croit être des cartouchières passées sur son épaule. Elle est gênée de lui avoir dit salut, et elle pense que c'est idiot, aussi, d'être gênée, mais elle ne peut pas revenir en arrière.

Et puis elle sent quelqu'un d'autre derrière elle, et quand elle se retourne, il y a un autre homme.

Il est plus petit que Robby, c'est celui qui était venu au restaurant, plus tôt, et il lui avait paru plus grand à ce moment-là. À présent elle le regarde et elle pense qu'il n'a pas l'air plus fort qu'elle, le genre de garçon qu'elle pourrait battre au bras de fer, mais il a une arme à feu dans chaque main, un fusil et un pistolet. Il lui sourit, un sourire amical qui lui assèche encore plus la bouche.

— Vous faites ami-ami ? demande-t-il, et il est clair qu'il parle à Robby.

Robby ne répond pas. Il n'a pas prononcé un mot.

Kailynn se place de façon à pouvoir les tenir à l'œil tous les deux. Elle fait deux pas en arrière, en se retournant pour ne pas tomber dans le torrent. Elle tient la marmotte trop serrée, et la petite bête se débat un peu contre elle. Elle espère qu'ils ne lui feront pas de mal. Elle fait un troisième pas, puis un quatrième, et une branche craque sous son pied, la faisant sursauter.

Ils se contentent de la regarder. En bougeant, les arbres produisent des ombres mouvantes sur leurs visages, des ombres tellement épaisses qu'elle ne peut rien deviner de leur expression.

— Une petite dernière pour la route ? propose celui qu'elle ne connaît pas.

Au début, elle est soulagée parce qu'il lâche ses deux armes par terre. Mais ensuite il se rue sur elle, si vite qu'elle n'a même pas le temps de lever les mains avant qu'il la fasse se retourner, le dos collé contre sa poitrine dure comme l'acier.

— C'est ça, votre grande évasion ? fait Robby.

Elle garde les yeux rivés sur lui. Elle ne détournera pas le regard. Elle ne sait pas pourquoi, mais ça paraît important.

— Vise un peu ses cheveux de vermine ! dit celui qui la tient. Tu ne t'es jamais demandé si tu pourrais briser le cou de quelqu'un à mains nues ? Mon cousin dit que ça ne marche qu'au cinéma, qu'on a trop de muscles dans le cou, mais je n'ai pas l'impression qu'elle soit très musclée.

Kailynn ne voit pas celui qui parle à cause de la façon dont il la tient. Il passe ses mains dans ses cheveux, saisit ses tresses, lui renvoie la tête en arrière, brutalement, et elle sent que certaines des extensions de sa tignasse se détachent, ça lui fait comme des petites piqûres sur le crâne. Il tire jusqu'à ce qu'elle ait le visage tourné vers les arbres et que sa gorge soit ployée en arrière. C'est tout juste si elle réussit à garder les yeux sur Robby.

Elle voudrait dire quelque chose de courageux. Elle voudrait cracher à la figure du type qui la retient, le mordre, ou lui dire qu'il n'est pas assez fort pour lui faire quoi que ce soit avec ses bras fins comme des cure-dents, mais elle ne peut pas parler parce qu'il lui a mis ses doigts sur la gorge, et il appuie si fort qu'elle va sûrement avoir des bleus.

Elle regarde Robby. Il tient toujours son fusil. Elle ne peut rien déduire de son expression.

— À l'aide ! essaie-t-elle d'articuler.

— Je vous avais dit d'aller vers les lions de mer, dit Robby, ou du moins elle pense que c'est ce qu'il a dit.

Kailynn donne un coup de pied, et elle croit avoir atteint le tibia du plus petit, mais ça n'a pas l'air de le gêner.

Les nuages se déplacent au-dessus des arbres. Elle a les deux mains crispées sur les poignets du type, les ongles enfoncés dans sa peau, et elle a lâché la marmotte.

Elle pense à son père. Comment il avait balancé les chats sur les toits. Il racontait qu'il avait fait comme au lancer de disque, et la satisfaction qu'il éprouvait quand il les lâchait et qu'ils volaient à travers les airs.

Elle a de la peau sous les ongles. Du sang sur les doigts. L'homme gémit à son oreille, et tout ce qu'elle ressent à présent, c'est ce type enroulé autour d'elle. En réalité, il lui prend la tête à deux mains et la lui tourne, un de ses doigts enfoncé dans une partie molle de son oreille. Elle hoquète, cherche de l'air. Ça fait mal.

Robby prononce quelque chose.

— Ça y est presque, souffle la voix à son oreille.

Quelqu'un se met à crier. Elle n'entend pas bien, et elle n'est même pas sûre que la voix soit réelle, mais les mains autour de sa gorge relâchent leur étau. Elle se rattrape avec ses deux mains en tombant. Les feuilles collent à ses doigts ensanglantés.

Elle prend une profonde inspiration, qui n'a pas l'air humaine.

Elle cherche la marmotte dans les feuilles, ne la voit pas, puis elle lève les yeux sur Robby. Il est immobile, et elle est plus furieuse contre lui que contre l'homme qui essayait de lui arracher la tête.

Mais Robby regarde derrière elle. Kailynn se retourne. Elle a encore affreusement du mal à respirer, et elle voit une femme patauger à travers le torrent comme un monstre des marais.

— Robby Montgomery !

Voilà ce que crie la femme, juste une fois, à moins qu'elle l'ait dit plein d'autres fois, et que ce soit juste la première fois que les oreilles de Kailynn l'entendent vraiment.

C'est la mère de Lincoln, qui est trempée comme une soupe. Son fils n'est pas avec elle, ce qui panique Kailynn.

La marmotte est à côté de son pied. Elle la ramasse, toute chaude. Tout le monde bouge, sauf elle.

La mère de Lincoln sort de l'eau.

L'homme qui étranglait Kailynn plonge vers les armes à feu qu'il avait laissé tomber à terre.

Robby lève son propre fusil vers la femme.

— Mme Powell m'a dit de vous dire..., commence la mère de Lincoln, assez près pour que Kailynn entende l'eau goutter sur les feuilles.

L'étrangleur tient son pistolet, mais il l'a ramassé par le mauvais bout, et il le retourne entre ses mains tout en essayant de faire face à la femme. Robby a relevé son fusil vers le ciel, mais il ne l'a pas lâché. Kailynn a l'impression d'avoir quelque chose coincé dans la gorge.

— Mme Powell a dit qu'elle voulait vous parler, reprend la mère du gamin. Elle a dit qu'elle voulait à nouveau vous parler.

Kailynn comprend que la mère de Lincoln essaie de se positionner devant elle. Elle se rapproche peu à peu. Maintenant, l'eau du torrent qui coule de ses cheveux éclabousse les chaussures et les cuisses de Kailynn.

Robby Montgomery les regarde toutes les deux.

— Ça n'a pas d'importance, lâche-t-il en abaissant son arme vers elles.

Et Kailynn pense que si, ça en a un petit peu. Juste trois secondes de plus, et maintenant l'étrangleur les vise avec son pistolet, et elle pense à son père et à ses chats.

Elle lance la marmotte.

Elle n'a pas bien visé – elle n'atteint ni l'étrangleur ni Robby. Mais la marmotte passe tout près de la tête de l'étrangleur qui sursaute, perd l'équilibre et tombe dans les herbes. Robby Montgomery baisse les yeux sur son ami, puis Kailynn ne peut plus rien voir parce que la mère de Lincoln s'est jetée sur elle, lourde et trempée. Elle est plus forte qu'elle n'en a l'air. Elle relève Kailynn, l'entraîne, lui crie quelque chose à l'oreille, la pousse par-dessus la berge du torrent et puis dans l'eau.

Kailynn tombe la tête la première, boit la tasse, et les armes commencent à faire feu.

20 h 05

JOAN ENTEND LES BALLES, mais elle ne les sent pas. Les tirs sont espacés, et elle reste tête basse, le menton au ras de l'eau, alors que ses mains et ses pieds s'enfoncent dans la boue et les algues. Elle se demande si Robby Montgomery et l'autre peuvent les voir clairement. C'est à peine si elle distingue ses propres mains à travers l'eau, alors sûrement qu'ils ne peuvent pas la voir mieux qu'elle-même, et ça explique pourquoi elle n'est pas encore morte.

Elle sent une pierre s'enfoncer dans sa cuisse, une explosion de douleur. Kailynn s'étouffe dans l'eau, peut-être qu'elle vomit, même, mais elle rampe vers le pont aussi vite que Joan peut la pousser.

À présent, elles sont sous le pont. Pas en sûreté, mais un peu plus quand même, pendant quelques secondes du moins. Les coups de feu ont cessé.

— Continue à avancer, chuchote-t-elle à Kailynn.

Les deux paires de pieds s'approchent déjà du pont, parce que, évidemment, où les deux filles pourraient-elles être allées, sinon vers le pont ?

Elle repousse la fille vers l'arrière, hors de l'abri du pont, elles reculent, et l'espace d'un instant, les planches en bois lui cachent complètement les hommes. Puis elle distingue vaguement le contour de leurs têtes ; ils ne bougent plus. Ils donnent l'impression de se chamailler, comme si chacun essayait d'entraîner l'autre dans une direction différente. Si c'est une dispute, elle ne dure pas longtemps, parce qu'ils sautent bientôt tous les deux par-dessus le torrent et s'enfoncent dans les bois de l'autre côté.

Elle se demande si Robby Montgomery a jamais tiré avec son arme – il ne l'a pas tuée quand elle sortait de l'eau, toute molle et sans défense – mais ce n'est pas le moment d'y réfléchir.

— Tout va bien, dit-elle à Kailynn, qui a trébuché, disparu sous l'eau et s'est redressée en crachotant.

Elle passe un bras sous le dos de la fille et la relève en essuyant l'eau qui ruisselle sur son visage. Les cheveux de la fille pèsent sur son bras, et son cou a l'air si fragile, mais ce n'est pas le moment de s'arrêter, alors elle continue à la pousser en avant.

Elles se déplacent à nouveau alors que Joan regarde Robby Montgomery et l'autre s'éloigner du torrent et s'enfoncer dans les bois d'un bon pas. Mais elle ne peut s'y fier ; elle ne peut se fier à rien du tout.

Maintenant sa jambe la lance, et elle commence à se demander si ce n'est pas autre chose qu'une pierre qui lui a fait mal. Elle se concentre sur le froid de l'eau, la gadoue sur ses mains, et repense à la première fois où elle a emmené Lincoln près du lac. Il a regardé l'eau, méfiant, et lui a demandé : « On a des hippopotames en Amérique ? » Il n'y a rien au monde qu'elle veut davantage que sentir son petit corps peser sur elle.

Les deux filles sont maintenant à une bonne distance du pont, dans l'eau noire jusqu'au ventre. C'est à peine si Joan distingue les deux tireurs : ils se sont métamorphosés en ombres. Elle déplace plus rapidement ses mains et ses pieds lorsque l'un des hommes lève un bras en direction du torrent, et quelqu'un jette une pierre dans l'eau.

Joan sait aussitôt que ça ne peut pas être vrai, mais c'est pourtant ce bruit-là que ça fait – une pierre ricochant sur l'eau, trois ou quatre fois. Une demi-seconde après l'éclaboussement initial, elle entend quatre détonations en succession rapide. Et puis l'un des hommes tombe à genoux avec un fort gémissement.

Elle comprend, enfin.

Des balles touchent non seulement l'eau, mais le sol, aussi, soulevant les feuilles – pas une tempête de coups de feu, rien qui ressemble à ce qu'elle a vu dans les films, mais une série de coups, bien séparés. Plutôt ce qu'elle se rappelle de la chasse aux tourterelles : un coup de feu, son père rechargeait, un autre coup de feu et ainsi de suite.

Elle regarde en direction des hommes, et voit que c'est Robby Montgomery qui est tombé à genoux par terre. Elle distingue la courbe de ses larges épaules, et la forme de son blouson. L'autre homme court.

Quelqu'un tire sur les tireurs.

Les coups de feu ont dû déloger des lucioles qui filent à travers les arbres. Robby Montgomery s'affaisse sur les coudes, et puis il ne bouge plus du tout. Elle ne le reconnaît plus, c'est juste une forme sombre sur le sol. Un tas de feuilles. Une bûche.

L'autre continue à courir.

Joan tourne la tête vers le torrent et voit enfin la police arriver. Ils sont en deux groupes, et se déplacent en triangle : un homme devant, deux derrière lui, un de chaque côté, et ça lui rappelle les vols d'oies sauvages, sauf qu'il y a un quatrième homme à l'arrière aussi.

Un troisième groupe arrive à travers les arbres, des sauveteurs qui viennent d'un peu partout. Ils sont en formation, groupés afin de constituer une masse hérissée d'armes, ils ont un rembourrage à la taille qui leur donne une silhouette d'extraterrestre, et ils sont complètement silencieux. Les tirs ne cessent pas – elle entend les balles presque une par une, un son sifflant dans l'air, un son distinct de la détonation – et le bruit ne fait que s'amplifier. D'autres armes. D'autres balles volent au-dessus d'elle, impactant le sol à quelques pas. Elles n'ont plus atteint l'eau après la première salve de tirs, mais elles sont encore trop proches.

Elle s'enfonce le plus possible dans l'eau.

L'homme qui court hurle, mais elle ne distingue pas ses paroles.

Les lucioles s'envolent toujours, en rythme.

Elle réussit à coordonner suffisamment ses mains et ses pieds pour se repousser en arrière, plus loin, mais son poignet foulé la trahit et elle s'enfonce sous l'eau. Maintenant, c'est Kailynn qui l'aide à se relever. Elle a une algue entortillée autour du bras – non, ce sont les doigts de la fille qui lui serrent le poignet, s'enroulent autour du bandage qu'elle lui avait fabriqué. Joan recrache de l'eau par le nez.

Allez, allez, allez, se dit-elle.

Personne ne vous dit à quoi ça ressemble.

Personne ne vous dit qu'on ne peut pas distinguer les bons des méchants, que ça fait tellement de bruit que non seulement vous êtes assourdie, mais qu'en plus vous êtes aveuglée, parce que vous ne pouvez pas vous empêcher de fermer les yeux, que le bruit et le mouvement viennent de partout, et que vous ne savez plus de quel côté aller.

Elle ne comprend pas pourquoi il y a tellement de fumée.

Un des hommes – un gentil ? – est presque arrivé au torrent, il n'en est qu'à quelques pas, et il a l'air très grand. Il est à la pointe du triangle, il ne court ni ne marche, mais combine plutôt les deux, et avance d'une démarche rapide et fluide. Il se rapproche suffisamment pour qu'elle puisse remarquer une sorte de casque antibruit sur ses oreilles, mais elle ne voit pas son visage – elle voudrait voir son visage. Elle ne veut pas se dresser comme un diable surgissant de sa boîte et le surprendre, parce qu'elle ne serait qu'une forme de plus dans le noir, et qui sait ce qu'il pourrait faire s'il était surpris ?

Son arme est levée, et elle voit bel et bien un éclair quand il presse la détente. Elle ne savait pas qu'on pouvait voir les balles quitter le canon.

Elle comprend que ce n'étaient pas des lucioles qu'elle a vues.

Elle aperçoit l'homme qui n'est pas Robby Montgomery tomber à terre, mais continuer à tirer. Il s'abrite derrière un pin, et il est presque invisible derrière, selon l'angle…

Bouge ! se répète-t-elle.

Il y a un mouvement précipité dans l'air devant elle. Cette fois, une traînée de chaleur frôle sa joue dans un souffle.

Elle se dit que Lincoln erre peut-être dans les bois, et que se passera-t-il s'il tombe au beau milieu de la fusillade, ou sur un autre groupe d'hommes qui tirent ? Dieu sait combien de policiers il peut y avoir ici, descendus du ciel – apparemment quand ils se sont enfin décidés à faire leur boulot, ils n'ont pas mégoté – et Lincoln ne comprendrait rien à tous ces coups de feu. Il ne comprendrait rien du tout, et ils le tueraient en un clin d'œil. Il est tellement petit, il serait sûrement difficile à voir dans ce tourbillon de corps et de fumée…

Il y a un autre *plouf !* dans l'eau, à côté de ses pieds. Elle est à quatre pattes, encore très bas, mais elle va plus vite, Kailynn à ses côtés. Joan se dit que si les coups de feu s'arrêtent, elle appellera à l'aide, et elle veut croire que la police reconnaîtra une voix de femme et qu'ils ne la tueront pas. Mais la fusillade ne cesse pas. Kailynn et elle continuent d'avancer, leurs mains et leurs genoux battant l'eau comme des pagaies sur un canoë, ignorant le froid, ignorant son corps entier, ses poignets fragiles, ses pieds engourdis et tout ce qu'il y a de faible en elle. Elle regarde par-dessus son épaule mais n'arrive pas à distinguer une seule forme humaine. Peut-être que la police pourchasse le tireur dans les bois. En tout cas, il n'y a plus que les arbres et le bruit des balles qui s'estompe.

Elles restent un petit moment dans l'eau – sur des kilomètres, lui semble-t-il, mais elle se doute que ça ne fait pas plus d'une centaine de mètres.

— Sortons d'ici, murmure-t-elle à Kailynn, et pour la première fois, elle se rend compte qu'elle n'a pas prononcé un mot jusque-là. Ça va ?

— Où est Lincoln ? demande la fille alors qu'elles sont plus ou moins remontées sur la berge boueuse.

Joan perd l'équilibre et doit se rattraper.

— Je l'ai caché sous un buisson. Il faut qu'on aille le chercher. Les balles..., dit-elle, et puis elle s'arrête, à bout de souffle.

Elle se redresse tant bien que mal. Sa jupe colle à ses cuisses, miraculeusement en un seul morceau, et Kailynn se relève aussi. Joan l'aide en la prenant par le bras et pense qu'elle est le contraire de Lincoln, si dense, si compact. Les os de la fille lui font l'impression d'être en porcelaine, comme du verre soufflé, ou les anses d'une tasse de thé.

La fille lui rappelle toutes sortes de choses précieuses. Joan ne sait pas pourquoi elle a mis aussi longtemps à s'en apercevoir. Comment pourrait-elle voir quoi que ce soit si elle n'était pas capable de voir cette fille, là devant elle, avec ses rubans rouges en guise de cheveux et ses jambes comme des baguettes, qui prépare du poulet frit et dont le père se fait saigner pour la consoler ?

— Vous l'avez caché ? demande Kailynn.

— Ils arrivaient, explique Joan, et sa vision se brouille légèrement.

Elle se stabilise. Elle prend sa jupe à deux mains et la relève au-dessus de ses genoux. Elle baisse les yeux. Elle marche sur des aiguilles de pin, mais elle ne perçoit plus aucune différence entre le pied chaussé et l'autre. Tant mieux. C'est un atout, cette absence de sensation. Elle court, et elle se sent bien, comme quand elle a couru quinze ou seize kilomètres, désincarnée, l'esprit déconnecté. Sauf qu'elle n'arrête pas de trébucher, de se rattraper aux arbres. Elle doit être encore attachée à son corps, parce qu'il est faillible.

— On va le retrouver, dit-elle à Kailynn.

— On va le retrouver, répète Kailynn.

Les cheveux de la fille se soulèvent au gré de sa course, et Joan réfléchit à l'idée stupide qu'elle a eue de se jeter devant les tireurs, sans savoir quoi dire en dehors du nom de Mme Powell, comme si c'était un talisman, une épée magique capable de vaincre Robby Montgomery. Elles ont eu de la chance de ne pas se faire tuer toutes les deux, mais elles sont vivantes, Kailynn et elle, alors peut-être que ce n'était pas un si mauvais plan après tout.

Joan ne sent plus aucune partie de son corps, sauf sa jambe. La douleur remonte jusqu'à sa hanche, et elle n'arrête pas de trébucher. Pourtant elle court, et rien n'a l'air familier, mais alors que la panique commence à se faire sentir, elle aperçoit entre les arbres l'araignée suspendue – juste un grumeau lumineux, informe, alors elle avance dans cette direction. Elle appelle doucement son petit garçon, en ralentissant. Elle est à dix pas de lui. Cinq pas de lui, et elle appelle à nouveau son nom.

Pas de réponse.

— Il était là ? questionne Kailynn.

— Il est là, affirme Joan.

Elle s'approche de l'araignée et tend le bras, tape sur l'une de ses pattes, la faisant se balancer. Elle est sûre que c'est la même araignée. Elle parcourt les bois du regard – le buisson, lequel était-ce ?

Là. Elle pense qu'il est là.

Les coups de feu ralentissent dans le lointain, comme du popcorn presque à point.

Joan court vers le buisson, et puis elle se retrouve en train de ramper. Le temps qu'elle atteigne les branches, elle a la tête plaquée au sol et ses genoux s'enfoncent dans la terre. Elle soulève les branches, regarde dessous.

Il n'est pas là.

— Lincoln ? Lincoln ! appelle-t-elle tout de même, incapable de détourner le regard de la terre vide, des branches vides, de l'espace où il n'est pas.

— Lincoln ?

Elle voudrait crier plus fort, mais sa voix refuse de l'aider. À nouveau debout, elle part dans une direction, s'arrête, repart dans une autre.

Elle n'arrive pas à réfléchir à une méthode de recherche. Elle n'a pas de schéma à suivre. Il ne s'éloigne jamais. Il ne lui lâche jamais la main. Elle l'avait perdu, une fois, à la foire, elle l'avait retrouvé en trente secondes.

— Lincoln ? murmure-t-elle plus bas, au lieu de crier. Lincoln !

Cette fois, elle hurle. Tout à coup, elle retrouve la voix, et son nom retentit fort, et longtemps, et tant pis si quelqu'un l'entend. Kailynn l'appelle, elle aussi.

Son fils l'a trop bien écoutée. Où qu'il soit, il ne fait pas un bruit. Elle était absolument sûre qu'il aurait trop peur pour s'aventurer en dehors de sa cachette ; elle a eu tort, et maintenant, quoi ?

Il y a des possibilités qu'elle n'envisagera pas.

Elle n'aura pas à les envisager tant qu'elle continuera à bouger.

Elle décide de décrire des cercles, en courant, de plus en plus larges, autour du fourré où elle l'a laissé. Elle tombe en avant, lourdement, sur les mains. Elle se relève.

Joan regarde dans les broussailles, se précipite vers toutes les branches qui remuent, retourne auprès de l'araignée qui oscille doucement, passe devant vingt arbres rigoureusement identiques, devant une souche évidée, devant un long rideau de lierre drapé sur un sapin. Un fantôme de plastique suspendu, non éclairé, en forme de cloche.

Elle s'arrête, piétine sur place, et remarque quelque chose de bizarre. Elle se penche, s'aperçoit qu'elle a les orteils en sang. Mais elle ne le sent pas, alors ça n'a pas d'importance.

Kailynn est encore là, quelque part, tout près ; elle appelle le nom de Lincoln.

Joan se concentre sur le sol, qui lui faisait l'impression d'être le même carré de feuilles et de bois mort interminablement répété, mais à présent qu'elle se focalise dessus, elle distingue des détails. Le clair de lune permet de voir des champignons et des touffes d'herbe. Un ballon éclaté, la ficelle encore attachée. Un chaudron de sorcière en plastique enfoncé, retourné. Une unique guirlande d'ampoules blanches troue l'obscurité. Elle évite la lumière et soulève les branches d'un saule. Elle repasse devant le sapin couvert de lierre, écarte le lierre. Dense, impénétrable. Aucune chance qu'il soit là.

Il n'y a pas de mots pour ce qu'elle sent monter, palpiter dans sa poitrine. C'est une sorte de cri, mais avec des poings et des griffes. Elle ne le laissera pas sortir.

Elle revoit l'araignée lumineuse, maintenant réduite à une forme vague dans les arbres ; elle se retourne pour voir tout ce devant quoi elle est passée, la stupide guirlande de lumières blanches, une masse qui pourrait être des glycines mortes. Elle s'en approche, les glycines sont assez larges pour le dissimuler. Sur sa gauche il y a à nouveau le chaudron, et ce coup-ci elle voit ce qu'elle n'a pas vu la première fois.

Elle s'arrête net.

Le chaudron est incliné de telle sorte qu'il pourrait y avoir quelque chose dessous. D'une certaine façon, ça pourrait vouloir dire qu'il est posé sur une petite cheville, ou un pied.

Je suis une tortue, je suis une tortue, je suis une tortue.

Elle pense à lui, caché sous une ottomane, avec juste la tête qui dépasse.

Elle sait qu'elle a raison avant même de soulever le chaudron, elle sait qu'elle a suivi un fil ténu qui va de son propre cerveau à celui de son fils. Il y a un million de ces fils entre eux, de cerveau à cerveau, des fils qui lui disent quand il a faim, quand il va se mettre à pleurer, ou qu'il voudra prendre des marshmallows pour faire des bottes à son petit astronaute. Parfois, les fils s'emmêlent : après tout, ils lui avaient dit qu'il resterait dans le fourré. Mais c'est un fil parfait, doux, chaud comme la fourrure de Sarge, et argenté comme le casque de Thor… et le fil la conduit à lui.

Elle soulève le pauvre chaudron en plastique d'une main, et dessous il est roulé en boule comme un culbuto. C'est la même position qu'elle se rappelle avoir prise dans son enfance, lors des exercices d'alerte aux tornades. Il a les bras sous la tête, et il ne lève pas les yeux.

Elle bascule le chaudron sur le côté. Se laisse tomber à genoux.

— Lincoln ?

— Maman, dit-il en la regardant enfin, souriant.

Encore une fois, son corps lui refuse son aide. Elle n'arrive même pas à tendre les bras vers lui, alors c'est lui qui bouge, la faisant bouger aussi. Elle le prend sous son bras, le tire à travers les feuilles, et il est tout contre elle, si chaud. Si compact, si lourd.

La chose pareille à un cri qui est en elle s'évapore à son contact, se dissout dans l'air, le sang et les os. De sa main valide, elle caresse son fils. Il a l'air assez calme, mais il a le visage trempé.

— Tu sais ce que j'étais ? lui demande-t-il à l'oreille.

Elle ne peut pas le dire tout de suite. Elle a la gorge nouée. Et puis elle répond :

— Une tortue.

— Oui ! chuchote-t-il, extatique, en enfouissant ses mains dans les cheveux de sa mère. Pourquoi tu es toute mouillée ?

Il lâche ses cheveux humides. Elle capture ses mains entre les siennes, l'enveloppe de ses bras. Elle est glacée jusqu'à la moelle des os, et peut-être qu'elle ne s'est jamais sentie aussi soulagée de sa vie.

— Je suis tombée dans le torrent, précise-t-elle.

— Oh. C'est quoi, ces bruits ? On tire ? On tire encore ?

Elle a presque cessé d'entendre les détonations.

— La police est là. Pourquoi tu ne répondais pas quand je t'appelais ?

— Je ne t'entendais pas. J'étais disparu.

Elle se relève et prend ses mains entre les siennes, parce qu'elle n'est pas sûre de pouvoir le porter. Ils devraient peut-être retourner vers l'entrée du zoo – ce qui se passait là-bas est sûrement terminé.

— Il va bien ? interroge Kailynn en arrivant derrière eux, hors d'haleine.

— Oui, fait Joan en avançant d'un pas. Il va bien. Viens.

Elle remarque les feuilles dans les cheveux de la fille alors qu'elle se met à marcher à côté d'elle.

— Qu'est-ce qui ne va pas ? demande Kailynn.

Joan ne sait pas pourquoi la fille pose cette question, et puis elle remarque qu'elle est à nouveau tombée à genoux. Elle est troublée, au départ, par l'impression d'humidité du sol.

Elle a mal.

Elle a entendu des gens qui avaient reçu une balle dire qu'ils ne l'avaient pas sentie – qui a dit ça ? C'était vrai, ou c'était de la frime ? Elle le sent, là, tout de suite. Ça lui rappelle la fois où son père lui avait accidentellement refermé la porte sur la main quand elle était petite – il ne savait pas qu'elle était derrière lui –, et la douleur était si forte qu'elle n'avait pas senti le moment précis où elle avait commencé.

Kailynn lui prend la main, et la tire pour la relever. Joan baisse les yeux, voit que le sang coule si vite de sa jambe qu'il forme une mare par terre.

Kailynn arrête de la tirer.

— Oh, dit-elle, son visage si près du sien, et ses doigts se font tout doux. Oh.

Joan se palpe le côté. Elle a le flanc mouillé aussi, et elle ne peut plus obliger ses jambes à bouger. Elle entend quand même les bruits de pas dans les bois, pas assez loin, et elle n'est pas certaine que la fusillade ait vraiment cessé.

L'endroit n'est pas sûr.

— Emmène-le, enjoint-elle à Kailynn en indiquant Lincoln d'un mouvement de menton. Retournez vers les enclos. Asseyez-vous quelque part et attendez que la police vienne vous aider.

Elle aime cette image. Pas les policiers pareils à des ombres dans les bois, mais un mur compact d'hommes et de femmes en uniforme, sans leurs armes. Ils diront à son fils que l'incident est terminé. Ils le mettront en sûreté. Ils trouveront Mme Powell, ils s'occuperont de son genou, ils vérifieront tous les coins et recoins, et même les poubelles. Ils retrouveront un bébé et une mère, et le bébé et la mère seront réunis. Évidemment, ça ne peut finir que comme ça.

Lincoln se cramponne à elle des deux mains.

— Non, s'écrie-t-il en secouant la tête, les yeux écarquillés. Non !

— Allez, lui dit-elle, et elle le repousse loin d'elle.

Puis elle l'attire à nouveau, parce qu'elle ne peut pas s'en empêcher, ne peut pas le laisser partir sans le serrer contre elle à nouveau. Elle est sur un genou, l'autre jambe étendue derrière elle. Elle entoure son fils de ses bras, presse son visage contre sa tempe et respire son odeur, qui est toujours changeante et toujours la même ; là, il sent le pain. Elle essaie très fort d'obliger toutes les cellules de son corps à mémoriser cet instant – la main qu'il lui passe dans les cheveux, sa peau douce tendue sur sa pommette, *maman* – afin de garder quelque chose avec elle pour toujours, ce sentiment précis qu'elle a de lui.

— Tu es mon petit garçon que j'aime. Allez, va avec Kailynn, intime-t-elle, et puis non, elle se rend compte que ce n'est pas juste : il a besoin de plus que ça, il a besoin de comprendre. Il faut que j'attende ici, mon cœur. Un tout petit moment. Jusqu'à ce que les docteurs arrivent.

Il pleure.

Elle s'oblige à lâcher les doigts de son fils, s'oblige à le laisser partir complètement, alors qu'elle ne peut pas supporter l'instant où sa peau devient une chose séparée de sa peau à elle.

— Je veux rester avec toi, gémit-il.

Kailynn le prend par la main, ils entrelacent leurs doigts. Il la suit, dit « d'accord » de cette petite voix tremblante qui est la sienne, et c'est alors que le flou se fait dans la tête de Joan. Elle perd la trace de tout ce qui l'entoure pendant un long battement de paupières, et puis elle rouvre les yeux.

Elle trouve les lumières accrochées entre les arbres magnifiques. Elle ne sait pas comment elle ne l'a pas vu plus tôt. Ce sont de longs colliers de perles blanches, ou de lunes, il y a une boule orange vif dans le lointain, plus le reflet sur les arbres des lumières bleues et rouges qui clignotent quelque part.

Elle est encore à genoux. Non, à plat ventre. Elle va bientôt se lever, mais pour l'instant elle regarde Lincoln courir, tenant la main de Kailynn. Il se déplace plus vite qu'elle ne pensait, de sa démarche habituelle, sans grâce, qu'elle aime tant, ses pieds volant sur les côtés. Il ne va pas vite, pas droit, mais chaque partie de lui remue : les épaules, les pieds, les mains, les coudes, tout bouge dans tous les sens. Il n'est pas bâti pour l'aérodynamisme, son garçon.

Elle sent un goût de sang. Peut-être qu'elle s'est encore mordu la lèvre.

Plus il s'éloigne, plus il a l'air grand, et elle est suffisamment consciente pour se rendre compte que ce n'est pas normal. Mais il remplit toute l'image devant elle, masquant les branches tombantes des pins. Il n'y a que lui. Et les lumières. Des lumières vives, qui s'étirent dans le ciel comme les rubans accrochés à l'arbre de mai quand elle était en sixième, dans sa robe lavande, les yeux levés vers le ruban qu'elle tenait, long, ondulant – « Faites attention, les filles, disait Mme Manning, qui était en charge de l'opération, c'est compliqué » – et elle tissait son ruban avec les autres, dessus, dessous, les rubans aux couleurs de sorbet remplissaient le ciel, et au bout de tous les rubans, deux mains bien serrées – les doigts de Kailynn accrochés à l'ourlet de son tee-shirt, la main de Kailynn tenant celle de Lincoln, les rubans s'entrecroisant – et voilà comment sont les lumières, tout de suite. Magnifiques.

Il y a des choses magnifiques qui existent. Il suffit de leur prêter attention.

Ses cheveux sont tombés dans sa bouche, et elle secoue la tête. Le sol en dessous d'elle est trempé.

Lincoln. Elle ne sait pas où il est. Il faut qu'elle relève la tête.

Elle perd le fil à nouveau, et quand elle réussit à tourner la tête, elle l'aperçoit au loin, avec ses cheveux emmêlés, il est entouré de gens habillés tout en noir, à genoux. C'est bien quand les adultes font l'effort de ne pas le dominer de toute sa hauteur. Mais elle ne sait pas s'il est vraiment en train de parler à un policier, ou si ses pensées à elle sont devenues visqueuses.

C'est l'histoire d'un petit garçon appelé Steve, qui deviendra Homme-Cheval en grandissant.

C'est une histoire de robots et de lasers.

C'est une histoire de quand je me marierai, maman. J'aurai une femme. Elle s'appellera Lucy. J'aurai cinq garçons et cinq filles. Mais ils grandiront dans mon ventre, pas dans le sien à elle, comme chez les hippocampes.

Elle veut écouter son histoire. Elle va fermer les yeux pour mieux l'écouter.

Il faut qu'elle garde les yeux fermés, parce que les rubans de lumière sont trop brillants.

Pas des rubans. Une lampe.

Un homme qui tient une petite lampe torche est penché sur elle.

— Madame ? dit-il – il s'agenouille, et la lumière a disparu. Tout va bien. (Elle sent qu'on lui appuie quelque chose fortement sur la jambe.) Cramponnez-vous une seconde. On va s'occuper de vous.

Il porte une chemise noire, et il a quelque chose de brillant sur la poitrine. Elle pense que ça pourrait être M. Simmons, un professeur qu'elle avait en CM2. Il avait lu une de ses rédactions et il lui avait dit qu'elle serait quelqu'un, un jour.

— Lincoln, murmure-t-elle.

— Votre petit garçon ?

L'homme écarte les cheveux de son visage, tout doucement.

— Un petit bonhomme aux cheveux bruns ?

Elle a les yeux fermés. Elle va les rouvrir.

— Lincoln, répète-t-elle.

Elle croit l'avoir dit.

Elle croit que le temps passe. Elle sent qu'on la soulève, qu'on l'emmène. Il y a des voix, mais elles ne disent pas de vrais mots. Il y a davantage de lumières. Des formes se déplacent autour d'elle.

Elle sent le contact de petits doigts sur sa main.

Elle bouge légèrement, et la main de Lincoln se glisse dans la sienne. Elle croit qu'il dit son nom. Elle croit sentir sa respiration, chaude, sa peau contre la sienne. Le bout de ses doigts papillonne dans sa paume et lui raconte toutes les histoires qu'elle a un jour entendues.

Remerciements

Merci à Laura Tisdel, mon amie, d'avoir redonné vie à ce rêve ridicule qui était le mien de découvrir un jour une éditrice qui serait aussi brillante que drôle, notamment lors de soirées pyjama. Cela résume d'ailleurs très bien ce projet : une brillante soirée pyjama à longue distance. Toute ma gratitude à Frankie Gray et Anne Collins qui ont contribué à sculpter ce livre en une version plus profilée, meilleure. Je suis immensément reconnaissante à Kim Witherspoon de m'avoir conseillé d'y ajouter un peu de complexité, et cela avec une combinaison impressionnante de compétence et de charme. À William Callahan qui m'a aidée par sa lecture intelligente, réfléchie, et grâce à qui le livre sera éternellement plus riche. Merci, Jason Weekley, pour votre connaissance des armes et pour avoir vérifié certains faits, vous m'avez beaucoup aidée. Merci aussi à mon frère Dabney qui m'a expliqué ce qui arrive quand on tire sur divers objets (et merci pour les chèvres).

Merci à ma mère, Gina Kaye Phillips, pour toutes les histoires amassées au cours de quarante ans d'enseignement.

Merci à Hannah Wolfson pour une conversation très bénéfique, au début du projet, et à Donny Phillips pour ses escapades félines. Je tiens aussi à citer les références de ce texte : il s'agit de *Bonne nuit, Lune*, de Margaret Wise Brown, du *Bandit de grand chemin* d'Alfred Noyes et du *Train pour l'enfer* de Robert Bloch.

Enfin, merci à Fred, le meilleur des maris et le meilleur des lecteurs.

PARUS DANS

LA BÊTE NOIRE

Tu tueras le Père
Sandrone Dazieri

Les Fauves
Ingrid Desjours

Tout le monde te haïra
Alexis Aubenque

Cœur de lapin
Annette Wieners

Serre-moi fort
Claire Favan

Maestra
L. S. Hilton

Baad
Cédric Bannel

Les Adeptes
Ingar Johnsrud

L'Affaire Léon Sadorski
Romain Slocombe

Une forêt obscure
Fabio M. Mitchelli

La Prunelle de ses yeux
Ingrid Desjours

Chacun sa vérité
Sara Lövestam

Aurore de sang
Alexis Aubenque

Brutale
Jacques-Olivier Bosco

Les Filles des autres
Amy Gentry

Dompteur d'anges
Claire Favan

Ragdoll
Daniel Cole

Kaboul Express
Cédric Bannel

Domina
L. S. Hilton

Tu tueras l'ange
Sandrone Dazieri

Les Survivants
Ingar Johnsrud

À PARAÎTRE DANS

LA BÊTE NOIRE

Le Tueur au miroir
Fabio M. Mitchelli
(octobre 2017)

Sous son toit
Nicole Neubauer
(octobre 2017)

La Griffe du diable
Lara Dearman
(novembre 2017)

Retrouvez

LA BÊTE NOIRE

sur Facebook et Twitter

Vous souhaitez être tenu(e) informé(e)
des prochaines parutions de la collection
et recevoir notre *newsletter* ?

Écrivez-nous à l'adresse suivante,
en nous indiquant votre adresse e-mail :
servicepresse@robert-laffont.fr

Cet ouvrage a été composé et mis en pages
par Étianne Composition
à Montrouge.

CET OUVRAGE
A ÉTÉ ACHEVÉ D'IMPRIMER
SUR ROTO-PAGE
PAR L'IMPRIMERIE FLOCH
À MAYENNE EN SEPTEMBRE 2017

Dépôt légal : septembre 2017
N° d'édition : 56203/01 – N° d'impression : 91512

Imprimé en France